佛山经济转型升级中的人才高质量发展研究

李远辉 著

九州出版社
JIUZHOUPRESS

图书在版编目（CIP）数据

佛山经济转型升级中的人才高质量发展研究 / 李远辉著. -- 北京 : 九州出版社, 2020.5

ISBN 978-7-5108-8852-6

Ⅰ. ①佛… Ⅱ. ①李… Ⅲ. ①人才—发展战略—研究—佛山 Ⅳ. ①C964.2

中国版本图书馆 CIP 数据核字（2020）第 012698 号

佛山经济转型升级中的人才高质量发展研究

作　　者　李远辉　著
出版发行　九州出版社
地　　址　北京市西城区阜外大街甲 35 号（100037）
发行电话　（010）68992190/3/5/6
网　　址　www.jiuzhoupress.com
电子邮箱　jiuzhou@jiuzhoupress.com
印　　刷　武汉市卓源印务有限公司
开　　本　710 毫米 ×1000 毫米　16 开
印　　张　14.25
字　　数　215 千字
版　　次　2021 年 4 月第 1 版
印　　次　2021 年 4 月第 1 次印刷
书　　号　ISBN 978-7-5108-8852-6
定　　价　68.00 元

本著作是广东省哲学社会科学“十三五”规划项目（项目名称：“一带一路”背景下广东省民营企业国际化战略选择、管理模式与绩效的关系研究；项目编号：GD17XGL27）、佛山市2020年社科规划项目（项目名称：佛山经济转型升级中的人才高质量发展研究；项目编号：2020-GJ105）的研究成果。

本著作受佛山科学技术学院高水平理工科大学建设专项资金、广东省社会科学研究基地“创新与经济转型升级研究中心”资助。

目 录
CONTENTS

第一章　绪 论

第二章　人才高质量发展理论综述

第三章　人才高质量发展评价指标体系的构建

第四章　佛山及主要城市人才质量发展水平评价

第五章　佛山市各区人才发展现状及问题

第六章　佛山市各类组织人才发展现状及问题

第七章　佛山市人才高质量发展面临的主要挑战

第八章　佛山市人才高质量发展面临的主要机遇

第九章　推动佛山市人才高质量发展的主要路径

第十章　佛山市人才高质量发展的保障措施

第一章 绪 论

一、研究背景

（一）高质量发展背景

1. 新时期国际竞争的变化：从“量”的竞争到“质”的竞争

改革开放以来，我国经济高速发展，GDP 总量从 1979 年的 1782.8 亿美元增加到 2019 年的 143429.0 亿美元，全球占比从 1.79% 提升至 16.34%，成为世界第二大经济体，如表 1-1[①]所示。1979 年，我国 GDP 总量是美国的 6.79%、日本的 16.90%、德国的 20.23%、法国的 29.04%、英国的 40.61%、意大利的 45.29%。而到了 2019 年，我国 GDP 总量分别是这些国家的 66.94%、282.24%、372.97%、528.18%、507.33% 和 716.70%。

除 GDP 以外，我国其他一些主要经济指标也跃居世界前列甚至是第一：2018 年，我国总储蓄 6.19 万亿美元，高于美国（3.82 万亿美元）、日本（1.38 万亿美元）和德国（1.11 万亿美元）[②]，居世界第一；2019 年，我国工业增加值为 5.59 万亿美元，占世界比重的 24.06%，高于美国（3.55 万亿美元）、欧盟地区（3.53 万亿美元），居世界第一；我国制造业增加值为 3.9 万亿美元，高于欧盟地区（2.32 万亿美元）、美国（2.33 万亿美元）和日本（1.03 万亿美元）[③]；青壮年和逐渐进入的劳动年龄段（15-64 岁）人口有 9.89 亿人，占世界比重的 19.75%，居世界第一，表明我国拥有着丰富的劳动力资源。

---

①数据来源：快易理财网（https://www.kylc.com/）。

②德国的数据为 2019 年。

③美国、日本的数据均为 2018 年。

表 1-1　1979—2019 年世界主要国家 GDP 总量　单位：亿美元

	1979	1984	1989	1994	1999	2004	2009	2014	2019
中 国	1782.8	2599.5	3477.7	5643.3	10940.0	19553.5	51017.0	104756.9	143429.0
美 国	26273.3	40376.1	56415.8	72872.4	96306.6	122137.3	144489.3	175217.5	214277.0
日 本	10550.1	13183.8	30549.1	49070.4	45620.8	48151.5	52313.9	48504.1	50817.7
德 国	8813.5	7251.1	13989.7	22050.7	21942.0	28091.9	33978.0	38839.2	38456.3
法 国	6139.5	5306.8	10252.1	13939.8	14926.5	21157.4	26902.2	28521.7	27155.2
英 国	4389.9	4614.9	9268.9	11404.9	16824.0	24169.3	24109.1	30638.0	28271.1
意大利	3936.8	4378.9	9286.6	10992.1	12520.2	18032.3	21912.4	21591.3	20012.4

另外，从增速来看，四十年间增长了 80.5 倍，年均增长 11.6%。尤其是 2010 年以后，在许多发达国家如日本、德国、法国和意大利 GDP 增速放缓、英国略微下降的情况下，我国 GDP 总量增长更是出现拐点，呈现快速上升态势，并一举超过除美国、日本以外的其他发达国家，如图 1.1 所示：

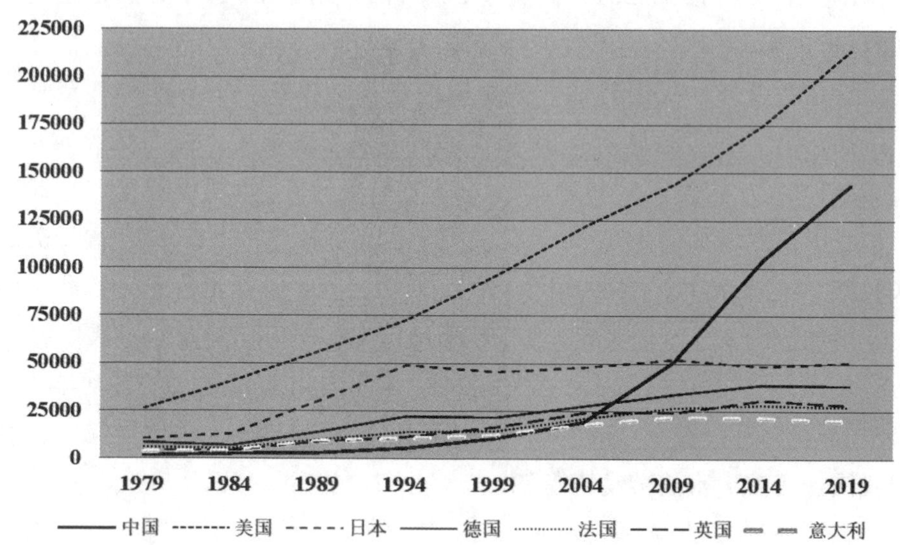

图 1.1　1979—2019 世界主要国家 GDP 走势图 [①]

①数据来源：https://www.kylc.com/。

然而，从结构方面来看，我国与发达国家仍然存在不少差距：2019年，人均GDP为16784美元，排名世界第72位，是其他发达国家平均人均GDP水平的90.1%，分别为美国、日本、德国、法国、英国和意大利的25.71%、38.82%、29.94%、33.95%、34.46%和37.98%，如表1-2所示。三大产业中，服务业增加值占GDP比重为53.9%，而世界主要发达国家如美国、日本、德国、法国、英国和意大利分别为81%、70%、62.39%、70.34%、71.04%和66.27%，从中可以看到，我国服务业占GDP比重仍低于世界主要国家的水平；从人均月收入水平来看，2019年我国民众人均月收入水平为1071美元，普遍远低于发达国家水平，不及美国、日本和德国的三分之一，不及英国和意大利的一半。此外，一些实证研究也进一步证实，我国经济发展同发达国家确实还存在不少差距：例如，2017年，美国劳动生产率是我国的7.2倍；德国与法国的产能利用率均超过84%，而我国仅为76.85%；研发投入强度与OECD国家2.4%的平均水平相比，仍有一定差距；与发达国家相比，我国每百万人科技人员数仍然偏低；人均专利申请方面，韩国、日本和美国每万人拥有专利申请量分别为40.75、25.07和18.72件，而我国仅为9.71件；人口城镇化率方面，发达国家均超过75%，处于成熟阶段。而我国仍处于30%～70%的区间，属于发展阶段；2000—2014年间，尽管我国节能工作已取得良好成效，但粗放型的增长模式仍较为明显。总体而言，与发达国家相比，投资效率偏低、高技术产品出口附加值不高、产出波动较大、收入分配差距较大等方面仍是我国经济高质量发展的短板（史丹、李鹏，2019）。另据产业信息网上公布的数据显示，2018年，发达国家互联网渗透率普遍高于80%，其中阿联酋最高，为99%，丹麦、瑞典、德国、荷兰、美国、韩国、瑞士和英国均超过95%，有17个国家均超过90%。全球互联网渗透率平均值为57%，而我国仅为57.7%，刚过平均水平，与发达国家还存在近40%的差距。

表 1-2 2019 年世界主要国家经济发展结构情况[①]

	人均 GDP（美元）	服务业增加值占 GDP 比重	人均月收入（美元）
中国	16784	53.9%	1071
美国	65280	81%	4056
日本	43235	70%	4099
德国	56052	62.39%	4430
法国	49435	70.34%	--
英国	48709	71.04%	2606
意大利	44196	66.27%	3227

2. 新时期国内矛盾出现的新变化：不平衡不充分的发展

经济发展的不平衡、不充分，包括东西部地区发展、各省市发展以及城乡发展的不平衡、不充分等诸多方面。具体来看，一是东西部地区发展、各省市间发展的不平衡。2019 年，GDP 总量排名第 1 位的广东是排名第 31 位的西藏的 63.4 倍，排名靠前的 4 个东部地区（广东、江苏、山东、浙江）GDP 总量之和是排名靠后的 4 个西部地区（甘肃、宁夏、青海、西藏）的 19.9 倍。人均可支配收入排名第 1 位的上海市为 69442 元，是排名第 31 位甘肃的 3.6 倍。排名前 5 的东部地区省份（上海、北京、浙江、天津、江苏）平均可支配收入是排名后 5 位的西部地区省份（青海、云南、贵州、西藏、甘肃）的 2.61 倍，如表 1-3 所示。二是城乡发展的不平衡。根据国家统计局公布的城乡统计数据，2019 年，城镇和农村居民人均收入分别为 42359 元、16021 元，前者是后者的 2.6 倍。人均消费支出方面，城镇和农村居民分别为 28063 元、13328 元，前者是后者的 2.1 倍。

---

①数据来源：https://www.kylc.com/、https://www.ceicdata.com/。

表 1-3　2019 年全国 31 个省市、自治区 GDP、人均收入及消费支出情况①

地区	GDP（亿元）	人均可支配收入（元）	地区	GDP（亿元）	人均可支配收入（元）
广东	107671.07	18818	重庆	23605.77	15133
江苏	99631.52	22675	云南	23223.75	11902
山东	71067.50	17775	广西	21237.14	13676
浙江	62352.00	29876	内蒙古	17212.50	15283
河南	54259.20	15164	山西	17026.68	12902
四川	46615.32	14670	贵州	16769.34	10756
湖北	45828.31	16391	天津	14104.28	24804
福建	42395.00	19568	新疆	13780.00	13122
湖南	39752.12	15395	黑龙江	13612.70	14982
上海	38155.32	33195	吉林	11726.80	14936
安徽	37114.00	15416	甘肃	8718.30	9629
北京	35371.30	28928	海南	5308.94	15113
河北	35104.50	15373	宁夏	3748.48	12858
陕西	25793.17	12326	青海	2965.95	11499
辽宁	24909.50	16108	西藏	1600.00	12951
江西	24757.50	15796			

一些实证研究也充分论证了我国地区间发展存在的不平衡、不充分现象。王成新等（2019）基于 1978—2016 省级数据实证研究结果表明：尽管我国省际发展不平衡程度有所减缓，但发展不平衡不充分的矛盾却仍然严峻。沈肇章、陈西晨（2020）基于广东省 21 个地级市面板数据分析发现，

①数据来源：国家统计局官网或对外新闻发布。

广东省内全要素生产率的地区差异明显，珠三角地区全要素生产率高于粤东西北地区。此外，一些学者还认为，不平衡不充分发展还体现在精神文明建设、民主法治建设、社会建设与治理、生态文明建设等诸多领域（邓纯东，2019）。

就佛山市而言，五区之间的不平衡不充分发展较为明显。如表 1-4 各项指标所示：南海和顺德发展明显高于三水和高明，各项指标在五区之间差值较大。GDP 指标中，顺德是高明的 3.6 倍，两者相差 2284.44 亿元；规上工业企业数，南海是高明的 4.91 倍，两者相差 1990 家；工业总产值方面，顺德是高明的 2.34 倍，两者相差 4014.2 亿元；商品零售额方面，顺德区是 4032.39 亿元，而高明区仅为 149.37 亿元，前者是后者的 27.00 倍，相差 3883.02 亿元；常住居民人均可支配收入方面，顺德为 54038 元，高明为 34162 元，前者比后者多 19876 元，高出 58.18%；常住居民人均生活消费支出方面，顺德为 39342 元，比高明多 17307 元，高出 78.54%。另外，根据佛山市统计年鉴数据，2018 年，佛山市城镇居民收入为 50737 元，而农村仅为 29765 元，前者是后者的 1.70 倍，多出 20972 元；常住居民人均生活消费支出方面，城镇为 34053 元，农村为 19906 元，前者是后者的 1.79 倍，多出 14147 元。

表 1-4　2018 年佛山市及各区主要经济发展情况①

范围	GDP（亿元）	规上工业企业数（家）	工业总产值（亿元）	固定资产投资（亿元）	商品销售额（亿元）	常住居民人均可支配收入（元）	常住居民人均生活消费支出（元）
全市	9935.53	6206	21591.08	4265.79	11964.16	49630	34053
禅城区	1855.06	617	2106.97	706.47	3990.66	48905	34585
南海区	2809.09	2499	6227.85	1315.62	3547.63	50753	33449
顺德区	3163.93	1722	7003.59	971.76	4032.39	54038	39342
高明区	879.49	509	2989.39	475.30	149.37	34162	22035
三水区	1227.96	859	3263.28	796.64	244.11	34937	22251

①数据来源，《佛山统计年鉴 2019》。

3. 高质量发展的一系列国家战略的推出

针对复杂多变的全球竞争环境以及国内经济发展中不平衡、不充分问题，党中央、国务院高度重视，并做出了一系列关于高质量发展的顶层规划和战略部署。2017 年，习近平在党的十九大报告首次提出“高质量发展”概念，并指出“我国经济已由高速增长阶段转向高质量发展阶段，正处在转变发展方式、优化经济结构、转换增长动力的攻关期”，要“推动经济发展质量变革”。同年 12 月 18 至 20 日，在举行的中央工作会议上，习近平强调：“中国特色社会主义进入了新时代，我国经济发展也进入了新时代，基本特征就是我国经济已由高速增长阶段转向高质量发展阶段。推动高质量发展，是保持经济持续健康发展的必然要求，是适应我国社会主要矛盾变化和全面建成小康社会、全面建设社会主义现代化国家的必然要求，是遵循经济规律发展的必然要求。”随后，2018 年和 2019 年的国务院政府工作报告中均多次强调要“推动高质量发展”，并先后出台了一系列关于高质量发展的政策文件，如表 1-5 所示：

表 1-5　2018 年以来党和国家关于高质量发展的政策

序号	标题	发文字号	发文机关	发文时间
1	国务院关于印发新时期促进集成电路产业和软件产业高质量发展若干政策的通知	国发〔2020〕8 号	国务院	2020. 8. 4
2	国务院办公厅关于同意建立国务院推进贸易高质量发展部际联席会议制度的函	国办函〔2020〕58 号	国务院办公厅	2020. 7. 27
3	国务院关于促进国家高新技术产业开发区高质量发展的若干意见	国发〔2020〕7 号	国务院	2020. 7. 17
4	国务院办公厅关于支持国家级新区深化改革创新加快推动高质量发展的指导意见	国办发〔2019〕58 号	国务院办公厅	2020. 1. 17
5	国务院办公厅关于促进全民健身和体育消费推动体育产业高质量发展的意见	国办发〔2019〕43 号	国务院办公厅	2019. 9. 17
6	国务院办公厅转发交通运输部等部门关于加快道路货运行业转型升级促进高质量发展意见的通知	国办发〔2019〕16 号	国务院办公厅	2019. 5. 7

续表

序号	标题	发文字号	发文机关	发文时间
7	国务院关于促进综合保税区高水平开放高质量发展的若干意见	国发〔2019〕3号	国务院	2019. 1. 25
8	国务院关于推动创新创业高质量发展打造“双创”升级版的意见	国发〔2018〕32号	国务院	2018. 9. 26
9	国务院关于积极有效利用外资推动经济高质量发展若干措施的通知	国发〔2018〕19号	国务院	2018. 6. 15

与此同时，在中央一系列高质量发展战略部署下，广东省和佛山市先后做出相应规划，推动高质量发展。2018 年，广东省出台《关于在构建推动经济高质量发展的体制机制上走在全国前列的行动方案》《广东高质量发展综合绩效评价体系（试行）》，明确提出要推动广东高质量发展走在全国前列。2018 和 2019 年，在佛山市政府工作报告中，分别有 6 处和 9 处提到要推动和实现“高质量发展”。由此可见，在转变发展方式、优化经济结构、转换增长动力的攻关期，从国家到地方，党和各级政府都高度重视高质量发展。因此，深入研究我国经济由高速增长转向高质量发展，探究其转向路径，符合当前时代发展的迫切需要。

表 1-6　2018 年以来广东省和佛山市关于高质量发展的主要政策

序号	标题	发文字号	发文机关	发文时间
1	广东省人民政府关于促进高新技术产业开发区高质量发展的意见	粤府〔2019〕28号	省政府	2019. 3. 18
2	关于促进民营经济高质量发展的若干政策措施	—	省委、省政府办公厅	2018. 9. 3
3	广东省促进经济高质量发展专项资金（金融发展）管理办法	粤财金〔2019〕43号	省财政厅 省地方金融监管局	2019. 7. 16
4	佛山市全面建设国家创新型城市促进科技创新推动高质量发展若干政策措施	佛府〔2019〕1号	佛山市政府	2019. 5. 6
5	佛山市进一步扩大对外开放实现利用外资高质量发展若干政策措施的通知	佛府〔2019〕6号	佛山市政府	2019. 1. 25

（二）人才发展背景

1. 人才总量稳步增长

从国家层面来看，中华人民共和国成立以来，在教育、卫生医疗事业以及职称技能制度改革等一系列因素的推动下，我国人才总量稳步增长。据中组部、人社部和国家统计局最近组织开展的一次全国人才资源统计工作统计数据显示：2017 年，我国人才总量为 1.75 亿人，占我国人口总量的 12.59%，比 2009 年增加 0.61 亿人，增长 53.5%。其中，党政人才、企业经营管理人才、专业技术人才、高技能人才、农村实用人才、社会工作专业人才资源总量分别为 729 万人、4334.1 万人、7328.1 万人、4501 万人、1692.3 万人和 75.9 万人。每万名劳动力中研发人员达 48.5 人，比 2010 年增长 14.9 人；主要劳动年龄人口受过高等教育的比例达 16.9%，高技能人才占技能劳动者的比例达 27.3%，农村实用人才占农村劳动力的比例达 3.3%，分别比 2010 年上升 4.4%、1.7% 和 1.1%；党政人才、企业经营管理人才和专业技术人才中大学本科及以上学历所占比例达 42.4%，比 2010 年上升 8.2%。另外，根据国家统计局官网公布的数据，2009—2019 年十年间，我国累计共有初中及以上毕业生 2.98 亿人，其中初中毕业生 1.52 亿人，高中毕业生 0.79 亿人，高等教育毕业生 0.67 亿人；2009—2018 年，累计有中等职业学校学生 4392.5 万人，其中有 2923.8 万人获得中等职业学校（机构）①职业资格证书。累计有技工学校毕业生数 862.3 万人，网络专科毕业生 794.7 万人，网络本科毕业生 607.2 万人。此外，根据《国家中长期人才发展规划纲要（2010—2020 年）》，2020 年我国人才总量将达到 1.8 亿人，约占我国总人口的 12.9%，这意味着我国平均每 100 人当中就有近 13 位人才。

从佛山市来看，根据《佛山市人力资源和社会保障事业发展“十三五”规划》，2020 年，佛山人才总量将达到 172.6 万，比 2009 年的 93.7 万人

①中等职业学校未含技工学校数据。

增加 34.4 万人，增长 84.2%，增速高于全国平均水平。其中，经营管理人才 29.97 万人、专业技术人才 53.83 万人、技能人才 78.38 万人、社会工作人才 0.82 万人、农村实用人才 8.07 万人，分别比 2009 年增长 17.2%、75.3%、62.6%、113.0%、74.3%。另外，从人才占人口比重来看，2020 年佛山市人才占人口比约为 21.3%，远高于全国平均水平。

2. 人才分布不均，结构性矛盾较为突出

从全国来看，当前人才结构性矛盾主要体现在：一是人才区域分布不均。受经济发展水平、优质教育卫生等资源分布的影响，我国人才主要集中在长三角和珠三角地区，以江苏、浙江、上海、广东等一些东部沿海地区和北上广深苏杭等一线城市以及一些发展比较好的省会城市如成都、西安、武汉等地为主，而中西部地区、广大农村、边远山区以及三四线城市、非省会城市人才较少。二是人才供求不平衡。一方面，高校毕业生又持续增加，从 1998 年的 82.98 万人快速增长到 2019 年的 834 万人，二十余年间增长了近十倍，学生就业面临巨大压力。另一方面，中高端人才、新领域、新专业类人才等各类人才有效供给不足，一些地区为此还专门编制了人才紧缺目录，以解决急需人才的短缺问题。三是高层次人才占比不高。一些行业领军型人才、拔尖人才、高职称、高技能人才等比较紧缺，尤其是在一些经济不发达地区，高层次人才占比更是低之又低。一些偏远地区和边远山区，甚至中等层次人才占比也是非常低的。四是行业分布不均衡。一些新技术、新能源和新材料领域如 5G 技术、区块链、人工智能、3D 打印、无人驾驶等方面的人才紧缺，以及跨国经营领域的法律、金融等人才短缺。五是人才效能地区间差异较大。汪玉莲（2019）通过对科技人才效能综合评价的实证研究结果表明：假设全国科技人才效能平均值为 1，则东、中、西三个地区分别为 2.23、0.67 和 0.27，东部地区分别是中、西部地区的 3.33 倍和 8.26 倍[①]。

①根据第 44 页表 4.2 中数据取均值计算而得。

从佛山市来看，人才分布不均和结构性失衡现象同样存在。人才分布方面，五区人才主要分布在顺德和南海两个区，禅城居中，高明和三水偏少。以“全市分区城镇非私营在岗职工年末人数”为例，2018 年底，顺德和南海分别有 66.92 万人和 47.02 万人，而高明和三水仅为 13.13 万人和 11.47 万人，顺德分别是高明和三水的 5.09 倍和 5.83 倍。又如，全市各类学校专任教师中，南海和顺德分别为 4.13 万人和 3.49 万人，而三水和高明仅为 0.89 万人和 0.56 万人，南海分别是三水和高明的 4.64 倍和 7.38 倍①。结构性失衡方面，从需求来看，依据《佛山市重点产业紧缺人才目录》，传统优势产业（如家电家具制造、陶瓷建材、金属材料加工与制品等）、战略性新兴产业（如新一代信息技术、新材料、节能环保、生物医药等）、先进制造业（如智能制造装备、汽车及零配件等）人才较为紧缺。职称要求上，上述重点产业紧缺人才都亟须中级及以上职称。而从供给来看，佛山市以及周边的广州有着大量的大学毕业生。

3. 地区间人才争夺战愈演愈烈

人才是第一资源，是提升城市竞争力的关键要素，是推动创新创业、引领国家和地区经济结构转型升级的重要动力引擎。然而，与其他一般资源不同的是，人才资源因其有着高价值性、稀缺性、能动性和创造性等特点，也由此引起了全社会的广泛关注。为争夺人才资源，各地纷纷使出浑身解数，从安家、落户、医疗保健、子女入学等多方面提供优厚待遇，人才争夺愈演愈烈。正如马抗美（2018）所说的那样，一些城市的“人才争夺战”呈现白热化趋势，其来势之猛、涉及面之广、影响力之大，都是前所未有的。各地人才政策呈现出趋同（喻修远，王凯伟，2019）、措施差异性小（李蕾，2018）等现象。甚至一些城市出台政策后，其下辖的各区也会通过拔高标准从相邻地区抢夺人才，出现“同室操戈”的情况。这种人才争夺战，一方面，一定程度上扰乱了正常的人才流动市场，提高了人才使用成本。

①根据《佛山统计年鉴 2019》计算而得。

从另一方面也反映出当前各地在人才发展方面“重引进、轻培养”、短期拿来主义现象比较突出，没有形成与时俱进、贴合地方实际的政策和配套的服务设施，一些地区缺乏容纳人才的良好载体如科研平台和团队，因此很难达到资源优化配置。

4. 党和国家人才强国战略的推出

改革开放以后，以经济建设为中心使得科技进步和人才发展受到高度重视，尤其是进入 21 世纪以来，中共中央、国务院在《2002—2005 年全国人才队伍建设规划纲要》中首次明确提出了人才强国战略[①]。随后，人才强国战略被写入历次国家发展规划纲要。“十一五”规划纲要提出，要牢固树立科学人才观，促进人口大国向人力资本强国转变。“十二五”规划纲要提出，实施人才强国战略要从“推进”转变为“大力实施”，要求加强现代化建设需要的各类人才队伍建设，为加快转变经济发展方式、实现科学发展提供人才保证。“十三五”规划纲要提出，实施人才优先发展战略，把人才作为支撑发展的第一资源，加快推进人才发展体制和政策创新，构建有国际竞争力的人才制度优势，提高人才质量，优化人才结构，加快建设人才强国。“十四五”规划纲要提出，要在人才发展体制机制、人才评价、人才培养等方面入手，激发人才创新活力。由此不难看出，从“十一五”到“十四五”，党和国家都高度重视人才发展工作，并将它提升至国家长期发展战略，不断加以巩固、加强和深化。

①刘贵芹，石国亮 . 人才强国战略的提出及其重大意义 [J]. 思想理论教育导刊，2004(5):32-36.

二、研究意义

（一）理论意义

第一，本研究将对高质量发展的研究从经济、文化、社会、生态等领域拓展至人才领域，有助于丰富现有对高质量发展的研究成果。目前，对于全面把握高质量发展内涵及其建设路径，理论研究尚处于探索阶段，各分领域还有待深化。事实上，高质量发展内涵十分宽泛，囊括诸多领域，不仅包括经济领域的高质量发展，也包括社会、文化、生态、国家治理等领域的高质量发展。学者们对其概念的界定也并不受制于一个维度，而是多维度视角甚至是综合起来界定。例如，李变花（2005）认为增长质量涵盖要素生产率、技术进步、人力资本、经济结构等多个方面。陈海梁（2006）认为增长质量涵盖经济效益、经济结构、科技进步、环境保护、竞争能力和人民生活水平等七个方面。任保平（2018）认为高质量发展包括经济增长质量、国民经济运行质量、经济发展质量、公共服务质量、对外贸易质量、高等教育质量和经济政策质量。然而，尤其值得注意的是，在诸多领域的高质量发展中，人才领域的高质量发展不容忽视。党的十八大以来，习近平多次对人才工作做出了一系列重要指示，并且深刻指出，发展是第一要务，人才是第一资源，创新是第一动力，要牢固确立人才引领发展的战略地位。党的十九大把人才强国战略列为决胜全面小康的七大战略之一，赋予人才工作新的时代内涵。因此，如何正确把握人才高质量发展的时代需要，深入研究人才高质量发展的客观规律，构建更加科学的人才高质量发展方略，推进更有质量的人才机制体制建设，有效制定高质量的人才政策，是当前我国经济研究与现代化经济建设亟须解决的重要理论与实践课题。

第二，有助于丰富对人才发展的研究。从现有的人才发展研究来看，主要集中于以下几个方面：一是对人才发展总体环境评价和建设的研究，如徐坚成（2012）探讨了优化创业型创新人才发展环境的对策；陈珉（2014）分析比较了温州及其周边地区的人才发展环境；梁文群等（2014）对全国30个省（自治区、直辖市）的高层次科技人才发展环境进行评价与比较；林道谧和路江涌（2015）研究了移动互联网产业海归人才发展创新创业环境；田兴国等（2017）研究了高校创新型科技人才发展环境；李欣等（2018）研究了科技人才发展的环境影响因素；孙健和王保玲（2019）研究了北京高端金融人才发展环境；王见敏等（2019）研究了贵州省人才发展环境；崔宏轶等（2020）评析了深圳科技创新人才发展环境。二是对人才发展政策和制度的研究。如刘玉雅和李红艳（2017）分析比较了京沪粤苏浙五地的人才政策；闫治国（2017）探讨了高校高层次人才发展体制机制改革问题；李帮彬和方阳春（2017）分析了杭州市创新人才发展政策；霍丽霞等（2019）以北京市为例分析了地方高校青年科技人才发展政策；陈杰等（2019）分析了1978—2018年间广东省高层次人才政策各阶段的主要内容和主要特征；张大力和葛玉辉（2020）分析了河南省科技人才政策关注的焦点；任嵘嵘等（2020）研究了科普人才政策在25年的演变历程和发展趋势，等等。三是对某一特定领域如某个地区、某个行业、某个类别人才发展的研究。例如于海波等（2014）对我国31个省市的战略人才发展状况进行实证比较研究；贺岚（2015）研究了协同创新模式下科技创新人才发展问题；张晓慧和胡青善（2016）以东莞为例研究了制造业城市的企业人才发展问题；严利和叶鹏飞（2017）研究了长三角城市群发展过程中创新创业人才发展问题；曾红颖（2018）探讨了雄安新区人才发展战略，等等。此外，还有一些研究围绕人才培养的模式、方式方法来展开研究，如基于高校某类人才的培养，基于企业某类人才的培训、职业发展规划等。

从上述现有关于人才的研究可以看到：人才研究的视角、对象、内容、方法等非常多，其结论为我国各地区人才工作实践提供相应的理论指导。但与此同时，也应进一步看到还存在许多研究的空间：例如在研究对象上仍然可以继续基于不同地区、不同行业、不同类别人才进行扩展，也可以继续在研究内容例如人才评价、人才环境、人才培养、人才效能等领域进行延伸，还可以在研究的方法上作进一步扩展，等等。从目前来看，在高质量发展战略背景下，对人才高质量发展的专项研究并不多见，涉及人才高质量发展的评价指标体系设计、评价结果的应用等地研究仍然较少。事实上，人才高质量发展既是一种观念，也是一种模式，背后还折射出相应的体制机制、政策、环境等诸多方面，以专著的形式对其系统展开研究可以进一步丰富现有的人才发展理论。

（二）实践意义

文献检索发现，以“佛山人才”为主题的研究并不多，仅有百余篇，且大多数属于中微观领域如高校、职业院校的各类人才培养、能力提升、某专业人才、企业人才等的研究为主。从中、宏观层面研究全市人才高质量发展的文献较为少见，以相关专著开展专题研究更是少之又少。而从佛山来看，其既非直辖市又非省会城市，但却是一个经济发展排名前 20 名的城市，可以说是创造了城市发展的奇迹，本身有着独特性，值得挖掘研究。由此可见，当前相关人才的研究还未能及时跟上佛山经济社会发展的步伐和需要。

具体而言，本研究在实践上具有以下意义：

第一，面对环境资源约束严峻、市场竞争激烈、全球贸易摩擦、新冠疫情等的压力，依托人才高质量发展来推动佛山由传统数量型的经济增长模式转向新时代质量型的发展，符合佛山转型升级的需要。与此同时，面对日趋激烈且白热化的人才争夺形势，如何以国际化视野引才、育才、用才、留才，加快形成与佛山产业转型升级、经济高质量发展相匹配的人才规模、结构及生态体系，是佛山转型升级中亟待解决的重要问题。本研究基于佛山产业和人才发展等的实际，对佛山人才高质量发展内涵和路径展开探讨，研究结论能够为一些相关部门的人才工作和人才政策实践提供理论支撑。

第二，推动佛山人才高质量发展须加快形成相应的指标体系等，创建并不断完善良好的制度环境。目前已有的评价指标体系还不能全面体现人才高质量发展。因此，本项目结合地方实践和国内外研究成果，试图构建人才高质量发展指标体系，对推动佛山市建立高质量发展的指标体系具有一定的应用价值。

三、研究内容

本书主要以党和国家实施高质量发展战略、人才强国战略以及广东省和佛山市经济转型升级为背景，在系统梳理国内外相关研究成果的基础上，重点对人才高质量发展的内涵、主要特征、发展领域及其内容、指标体系、佛山及其相关地区人才高质量发展现状评价、各种有利不利影响因素、发展路径以及发展对策等方面问题展开分析研究。具体而言，包括以下几个方面的内容：

1. 高质量发展文献和理论综述

系统全面梳理近三年来党和国家领导人有关高质量发展的重要论述、会议精神以及各级政府各部门制定的政策文件等材料。同时，检索并回顾分析近三年来关于高质量发展的文献。结合以上两方面的分析，总结高质量发展的内涵、主要领域、特征、目标、内在要求、动力、实施路径、考核指标体系等内容，构建相应的理论框架，使之系统化、结构化，从而全面掌握高质量发展理论，为进一步研究人才高质量发展奠定理论基础。

2. 探索人才高质量发展理论

由于可供直接参考的人才领域高质量发展研究文献非常少，本项目将结合高质量发展理论和人才发展相关理论，对人才高质量发展理论进行探索。具体内容包括：（1）人才高质量发展的内涵及特征。即人才的高质量发展如何体现？它与人才的高速发展有何不同？与人才高素质有何区别和关联等。（2）人才发展到高质量发展的理论依据。即为什么要进行人才高质量发展？有何理论根据。本研究将试图从劳动生产率理论、劳动力市场供求理论、社会资本再生产理论、资源配置理论、内生经济增长理论和供给侧结构性改革理论展开剖析。（3）人才高质量发展指标体系。即衡量人才高质量的依据和标准是什么？不同地区人才高质量发展水平或程度的测度指标有哪些？各级指标选择的依据，权重大小等。

3. 探讨构建人才高质量发展评价指标体系并展开应用

一是依托人才高质量发展理论，初步探索一套可行的、能够用于评价包括佛山在内的各地区人才高质量发展水平的指标体系。具体内容包括：指标构建的思路及框架、指标选择的理论依据以及构建的原则、指标选取的方法，指标体系构成、释义及权重的设计。二是指标设计完以后，搜集相关数据并对佛山及周边城市以及国内其他一些典型城市的人才高质量发展水平进行评价。具体包括说明数据来源和数据处理过程，并对相关城市人才高质量发展水平评价，重点评价考察佛山当前人才高质量发展水平在全国主要的一些城市的相对位置，结合佛山经济社会发展，剖析两者匹配情况。

4. 分析总结佛山市人才高质量发展现状

具体研究内容分区域、分类别从两方面展开：（1）佛山市各区人才发展现状及问题，包括人才存量、流动、需求、培养等方面的状况，人才发展面临的主要问题。（2）总结分析佛山市各类人才发展现状及问题。包括民营经济人才、高层次产业人才、教育类人才、医疗卫生类人才和农村实用类人才等。

5. 归纳总结佛山市人才高质量发展的制约因素

分析佛山市人才发展高质量发展的制约因素，如各地区人才争夺战、新冠疫情和全球贸易摩擦、地区经济发展不平衡、人才结构性矛盾和企业人才环境等带来的不利影响。进一步剖析制约因素背后的深层次原因，主要包括体制机制是否存有障碍、供需结构是否失衡、人力资本是否不足、水平高低以及传统的发展理念等。

6. 归纳总结佛山市人才高质量发展的有利条件

推进人才高质量发展将是一项长期而又艰巨的任务，必将遇到各种困难和挑战。因此，佛山市在推进人才发展从高速度到高质量转向的过程中，应充分利用各种有利条件。本研究将对这些有利条件展开深入分析。具体将从产业集聚、企业转型升级、区位优势与区域经济一体化、城市升级与城市环境改善、人口、高等教育以及周边地区房价等方面来展开分析。

7. 佛山市人才高质量发展的实现路径和主要对策

推动佛山市人才高质量发展的路径应该是多元而非单一，否则路径会狭窄而非宽阔。为此，本研究拟从以下几方面探讨发展路径：（1）以人才队伍建设来推动人才高质量发展。从产业和企业发展的角度，探讨供需平衡、结构匹配，推进人才供给侧改革，保障高质量的人才供给。（2）以人才体制机制完善来推动人才高质量发展。从人才工作理念、精准引进、有效培养、留用机制、激励机制等方面的改革创新探讨高质量的人才体制机制。（3）以人才政策的完善来推动人才高质量发展。基于人性需求理论和系统理论等，思考如何运用系统化思维来设计人才政策体系，系统谋划、人才发展体制机制改革、持续用力激发用人单位主体活力等。（4）以人才载体和平台的优质建设来推动人才高质量发展。探讨如何更好地发展和完善人才载体和平台的软硬件建设，使人才能够引得来、留得住，更好地实现“筑巢引凤”。（5）以其他人才环境的完善来推动人才高质量发展。基于人性需求理论和协调发展理论，思考如何建立高质量的人才友好环境，等等。

在对策建议方面，本研究将围绕佛山人才高质量发展路径提出一些具体的、可操作性的举措。拟从打破人才市场分割壁垒、完善人才市场、强化人才要素市场化配置、强化企业人才市场化主体责任意识、建立人才市场化评价体系、培育多元化人才服务供给主体、推动人力资源服务产业化、强化各种人才载体、平台和项目体质增效、提高佛山市中高等教育的规模和质量等诸多方面探讨政策。另外，本研究也将充分借鉴国内外其他地区做法以及企业和人才访谈，进一步修订相应的对策建议，将政策聚焦于人才“高质量”发展领域而非“高速度”发展领域。

四、研究方法

1. 文献分析法

文献分析法是在确定某一研究题目的基础上，搜集大量的相关文献和资料，并对文献进行整理概括的方法。为全面系统梳理高质量发展理论以便更好地探讨人才高质量发展的内涵、特征、理论依据、指标体系建设等内容，本书将广泛搜集整理相关政策文件和学术论文资料，从而为进一步的实践研究提供支撑，同时也使人才高质量发展的理论研究具备良好的逻辑和合理的科学依据。

2. 归纳总结法

本研究围绕佛山市人才高质量发展问题，在对相关人才发展背景、概况等进行分析和归纳的基础上，总结出佛山市人才高质量发展的有利因素和不利因素、机遇和挑战，提出相应的发展路径，从而对佛山市人才高质量发展有一个更加深刻的认识。同时，与当前我国高质量发展的时代背景和佛山市转型升级的现状相结合，运用现有的相关统计数据，对目前佛山市人才高质量发展状况等问题进行分析，用归纳总结法进行概括。

3. 系统分析法

通过对劳动生产率理论、劳动力市场供求理论、社会资本再生产理论、资源配置理论、内生经济增长理论以及供给侧结构性改革理论的阐述，全面分析佛山市经济和人才高质量发展面临的主要障碍以及背后原因，探讨相应的促进佛山市人才高质量发展的对策。

4. 定量和定性分析相结合

本研究通过问卷和访谈方式搜集相关企业和人才对佛山市人才发展的理解和认识，以及对佛山市人才高质量发展的意见和建议。定量分析将主要通过这些问卷中的一些内容尤其是半开放性和开放性问题进行本文分析，从而对这些“理解和认识、意见和建议”等方面进行描述。定量方面，将通过李克特五点量表法，利用 SPSS 统计分析，根据数据运算结果来揭示人才高质量发展水平，从而为提出佛山市加强人才高质量发展提出相应的对策举措。

五、可能的创新之处

第一，本书将对高质量发展的研究延伸至人才领域的高质量发展问题，探讨人才高质量发展的内涵、特征及其衡量标准、指标体系等系列问题，不仅能丰富现有关于高质量发展的理论研究，同时也丰富了人才发展理论。同时，结合特定地区实际探讨人才高质量发展的路径和对策，也有助于丰富转型时期地区经济发展的相关理论研究。

第二，本书重点围绕佛山地区的人才高质量发展问题展开专题研究，一方面梳理已有的一些相关研究成果并尽可能将其从碎片化转为系统化；另一方面结合佛山地区实际从深度和广度上进行拓展人才问题研究，尤其是聚焦于人才的高质量发展问题，相关成果也将以学术专著的形式呈现，能更好地反映佛山人才发展面貌，研究结论的实践价值较高。因此，在研究内容上有一定创新之处。

第二章　人才高质量发展理论综述

一、人才与人才发展

（一）人 才

对人才的全面、深入理解和认识，树立正确的人才思想观念，是开展人才研究和人才工作、推进人才高质量发展的重要基础和前提。因此，本研究先从人才概念入手，对其起源与发展进行回顾和总结。

1. 人才概念的起源与发展

人才概念起源较早，自古便有之。古往今来，人们对其的理解和评判众说纷纭，莫衷一是。本书认为，对人才概念的理解一定要把握时间性和情境性这两个重要因素，即不同时期、不同情境下人才概念的内涵有所不同，理解人才概念就要理解某个时期的主要情境特征。这主要是因为受当时特定社会文化价值观念和环境影响，不同时期人们对人才的需求和期望有所差异。这其实也是由人才的价值性这个最为核心和本质特征所决定的：人才的价值或者贡献往往是在特定情境中产生和发挥作用的，脱离了人才作用的情境谈人才，很难明确人才评判标准。因此，要运用历史唯物主义观从人才概念的起源与发展来理解人才。

尧舜禹时期，禹以天下为己任，置个人利益于不顾，“三过家门而不入”，率领百姓治理水患，发展生产，有功而受舜禅让继帝位，成为夏朝的第一位天子。此时虽无“人才”这一概念，但对“人才”的选拔已形成当时特定的价值标准：德、勤、功等。可以说“公而忘私”和“坚韧不拔的卓绝意志”，契合了当时“洪水泛滥，亟须治水”的情境需要，禹可谓人才。夏商周以后、春秋战国时期，生产力进一步发展，国君之下设立诸多职位、分管各个领域，对人才的评判标准既有“德”的方面例如“贤”“圣”等，也有“能”的一面如“文”和“武”。这一时期，人们根据“德”和“才”，将人划分为三、六、九等，例如“圣人：才德全尽”“愚人：才德兼亡”“君子：德胜才”“小人：才胜德”等。可以说工作职能上的划分，例如“文臣”和“武将”之分，一定程度上增加了人们对人才评判的要素，是否是人才跟其与职能的“匹配”有着重要关联。此外，整个先秦时期，对人才的认识和评价还受到了诸子百家思想的影响。其中，儒家所提倡的道德，如忠与孝、仁与义等成为衡量人才的重要标准。

两汉时期，西汉汉武帝采取了察举制作为官员选拔标准，以德和才作为人才选拔依据，以孝廉为重要考察科目，即“举孝廉”，人才的内涵中进一步融入了“孝”和“廉”的内容。此外，这一时期儒家思想得到大力推行并逐渐成为封建统治的正统思想。受“修身、齐家、治国、平天下”“学而优则仕”的影响，人们对“人才”的认识也在逐步发生一些新的变化，开始出现对人才概念更为直接地阐述。东汉时期，思想家王充在《论衡·累害篇》中提到：“人才高下，不能钧同”，这是目前最早关于“人才”概念的表述，这里的“人才”概念，从“高下”和“均同”二字可以看出，有高有低，有所差异，因此更多指的是一种才能。思想家王符在《潜夫论》中说到“世有大难者四，而人莫之能行也：一曰恕，二曰平，三曰恭，四曰守……四者并立，四行乃具，四行具存，是谓真贤”，这里进一步指出了先前关于“举贤”中“贤”的内涵，包括恕、平、恭和守四个方面，即对人宽厚、公允正直、谦敬礼让、节操循法度[①]。

三国时期，社会思潮发生转变，儒家思想有所衰落，出现了儒、道、名、法竞起与合流趋势。与此同时，群雄割据，谋求势力范围和实现统一是各路诸侯的重要目标，谋士和武将成为争夺的对象。这一时期，由于人才辈出，谋臣如雨，猛将如云，人们对人才的关注也达到了新的高

①程有为著：《问学集——中国古代人才思想史》，第153页。

度，深入到人才标准及其分类的探讨当中。例如刘劭在《人物志》中认为，可以依据人的“才性”“智勇”和“性格”来识别判别人才。其中，根据“才性”可分为“圣人、德行、偏材、依似、间杂”；根据智勇关系，可分为英才型、雄才型和英雄兼备型；根据性格，可分为勇敢、弘毅、通微、处理、贞固。从刘劭的人才观念当中我们不难发现，这一时期对人才概念的理解已经有了“维度”和“程度”的双重概念，对人才概念认识的视角进一步扩大。

魏晋南北朝时期，儒、玄、文、史、律、诸子、谱牒及阴阳历算等诸学俱兴，常以才子、良才、美才、奇才、才俊等称谓人才①，对人才的定义在内涵上也显得更为宽泛，只要在某一方面有一定专长即“通晓一种学术”，均可认为是一种人才。尤其特别的一点就是，南北朝时期对人才认定的标准还包括了体格相貌因素，文官相貌佳美，谈吐举止有风度，武将身材高大、体格强健，这与今天人们对人才有关体能、行为以及情商等方面的要求具有相似之处。另外，从南北朝时期的人才界定当中，在人才“德”和“能”的维度当中，对“能”的偏重程度相对要更高一些。

唐宋元明清时期，科举制度的兴起和发展，对人才观念的形成带来了重要影响，可以说各朝科举考试的内容、范围和形式一定程度上意味着国家和全社会的人才标准。武则天时期，文举有经、法（法令）、字（书法）、明算（术算）、进士、俊士（才能俊秀者）等五十多种，武举有马射、步射、平射、马枪、负重、摔跤等，从中也不难看出唐代人才的选拔非常注重人的素质和能力。文举方面受经学、史学、宗教哲学、文学、艺术、科技等方面繁荣的影响，非常注重儒家经典和文化修养，偏重“创作诗赋能力”，武举方面受与匈奴等少数民族战争的影响，非常注重骑、射能力。宋朝时期，科举选士仍看重“创作诗赋能力”，王安石变法以后，增加了“经义能力”内容，但受当时朝内保守派等的斗争影响，变法以后的各个阶段，

①程有为，南北朝人才思想略谈，《中国魏晋南北朝史学会第三届学术讨论会论文集》，1992。

“诗赋能力”和“经义能力”偏重有所不同。这也充分反映出当时人们对于人才的标准发生了分歧，从有用性和有用的领域性来讨论对人才的认定。明清两朝，中央集权得到加强，科举制度侧重程朱理学观点，内容大多以《四书》《五经》为主，答题形式上注重僵化死板的格式。考试内容范围的缩小以及考核方式的单一，很大程度上造成人才的内涵与外延变得狭隘，一些在其他方面具有才能的人员不能被选定为人才范围。如明代大医学家李时珍，参加科举考试三度落榜，却是医学领域内一位不可多得的人才。

近现代以来，伴随着社会动荡和各种变革，人们对人才的认识也有着较大差异，同时也有了一些新的突破。鸦片战争以后，有识之士主张“师夷长技以制夷”，“经世致用”即为人才，强调“志存高远、救国救民、学用结合”，从这里也可以看到人们对于以往科举人才评价标准的一种批判。另外，这一时期，人们对于人才也提出了更高、更新的要求。例如，在《原强》中，严复认为“人才者，民力、民智、民德三者之微验也”。这里的人才包括“力”“智”和“德”，其中“力”即身体强健，“智”即掌握西方社会的一些自然科学、哲学、社会科学和政治学等知识，“德”即具有自由、民主、平等精神。随后，受三民主义思想的影响，蔡元培提出军国民教育、实利主义教育、公民道德教育、世界观教育和美感教育“五育”并举的教育思想，这里的人才观念就囊括了具有军事知识和能力、掌握职业技能、具备公民基本道德、形成良好的世界观、具有审美情趣等内容，即现代社会所提倡的“德、智、体、美、劳”五个方面。

综上所述，从各个历史时期对于人才的认识来看，呈现出如下规律特点：一是一定时期的人才概念是当时社会文化的一部分，集中反映了当时的社会价值取向，受其影响和制约。二是从纵向发展来看，“人才”概念中从偏重“道德”“品性”和“思想”等方面逐步转向偏重“行为”和“能力”等方面，越来越突出人才的“价值”和“贡献”，实用主义特点越发明显。三是人才概念中分为“不变”与“变”两个部分。“不变”的部分如人才的“德”和“能”等这些最基本的构成不变以及核心内容不变，如良好社会道德以及办事情的能力，这些不变不会因时代变迁而消失，是人才最基本、永恒的人才标准。“变”的部分主要是“德”“能”等方面的具体表现和构成比例，如有的时候“德”偏重于“孝”，偏重于“公平公正”，或偏重于“忠君”“爱国”，等等，“能”有的时候偏重于“诗词歌赋”，或“擅长四书五经”，或“擅长八股”，抑或“西方自然科学知识”“人文政治”，等等。正是由于这些“变”，使得人才概念的时代特征更为明显。

2. 人才概念的界定

（1）理论视角对人才概念的界定。

围绕人才概念的界定，理论学者的讨论也一直没有停过。从20世纪80年代开始至今，学者们从人才基本素质、本质特征等诸多方面展开研究，提出了不同的看法。

20世纪80年代初，《辞海》将人才定义为有才识学问的人或德才兼备的人。叶忠海（1983）认为人才是指那些在各种社会实践活动中具有一定的专门知识、较高的技能和能力，能够以自己的创造性劳动对认识、改造自然和社会进而对人类进步做出某种较大贡献的人。王康和王通讯（1987）将人才定义为创造能力强并能在社会生产中产生积极作用和较大影响的人。孙瑕和白明东（1988）认为人才是在各种社会实践中具有一定专门知识、较高技能和能力，能够以自己创造性的劳动对认识、改造自然和社会做出较大贡献的人，是人群中的精华。

90年代，王通讯、叶忠海（1990）等认为人才是在一定条件下，能以其创造性劳动，对社会或社会某方面的发展做出某种较大贡献的人。1996年，现代汉语词典将人才界定为具备德才兼备的人或有某种特长的人。

进入21世纪以后，随着社会对人才关注程度地提高，有关人才的定义也相应增加。罗洪铁（2000）认为人才是指那些具有良好的内在素质，能够在一定条件下通过取得创造性劳动成果，对社会的进步和发展能产生较大影响的人。谷人旭和许波（2001）认为人才是指有中专以上学历、拥有专业技术职称或受过专门训练和有特别专长的人。黄津孚（2001）将人才定义为在对社会有价值的知识、技能和意志方面有超常水平，在一定条件下能作出较大贡献的人，并认为人才是一个统计学概念，具有多样性特征和社会评价意义。王通讯（2001）将人才表述为“为社会发展和人类进步进行创造性劳动，在某一领域、某一行业、某一工作上做出较大贡献的人”。张家建（2008）将人才定义为具有较高内在素质，在一定条件下进行具有创造性特征的劳动，为人的全面发展和社会进步作出了一定贡献的人。陈胜荣（2015）认为人才是指具有一定的专业知识或专业技能，进行创造性劳动并对社会作出贡献的人，是人力资源中能力和素质较高的劳动者。

从以上学者的研究当中，我们不难发现，人才的界定虽然表述不一，但在内容上具有很大的相近性或相似性，即人才与素质、能力以及贡献有关，素质方面大多普遍倾向于内在素质并且水平较高，具体体现在学历、职称或知识等方面，能力上体现为具有某种专业技能或专业所长，贡献上体现为能为人或社会带来创造性劳动、产生较大影响或较大贡献。

（2）制度视角对人才概念的界定。

除理论视角对人才有研究讨论以外，国家各级各部门为方便各项人才工作的管理如人才规划、人才政策的制定、人才激励等，对人才也有过相关的界定和解释。例如，1982 年的《国务院批转国家计划委员会关于制定长远规划工作安排的通知》中，从国家层面第一次在官方文件中使用“人才”的概念，并将人才标准界定为：具有中专及其以上规定学历或具有技术员（或相当于技术员）及其以上专业技术职称的人员。此后很长一段时间，关于人才的官方界定都沿用了这一标准。直到 21 世纪以后，随着人才工作进一步加强，对人才的界定有了新的说法。例如，2003 年出台的《中共中央、国务院关于进一步加强人才工作的决定》提到，凡是具有一定知识或技能，能够进行创造性劳动，为社会主义物质文明、政治文明、精神文明、社会文明做出积极贡献的，都是党和国家需要的人才。这一人才定义，打破了唯职称、唯学历的人才观念，抓住了人才的本质特征，体现了“以人为本”“人才资源是第一资源”“人人都可以成才”的科学人才思想，对于促进人才健康发展具有重要意义。2010 年制定的《国家中长期人才发展规划纲要 2010—2020 年》中，将人才新界定为“具有一定的专业知识或专门技能，进行创造性劳动并对社会做出贡献的人，是人力资源中能力和素质较高的劳动者”。

进入新时代，人才概念的界定应更加强调社会治理的背景，突出人才在社会治理体系中的能力和素质（李宜馨，2020），结合以上对人才概念的梳理以及理论和制度视角对人才概念的研究和解释，同时考虑到统计上的可操作性，本书将人才定义为：新时期在经济社会转型发展过程中，具有一定素质和能力（如中等以上学历或初级以上职称或技能或具有基层以上管理职务或半年以上从业经验或取得一些荣誉成果等），符合社会主义核心价值观，能够进行创造性劳动并对社会做出贡献的各类人员。

3. 人才的主要分类

人才及其工作环境各个方面特征的差异如能力、素质、岗位等的差异，决定着人才可以区分成不同的类型。依据这些特征对人才科学分类，是提高人才管理效率和使用效果等方面的基本前提。从已有研究来看，学者们在这方面做了大量研究，结果如下：

刘玉鑫和王巨兵（2004）从政府管理部门出发，将人才分为党政人才、企业创业人才、专业技术人才、技能人才、农村实用人才和传统特色人才六大类。徐庆东（2005）在他的研究中，综述到“根据人才所从事的专业性质，分为党政、科技、教育、法律、艺术、军事、外交、金融等人才；根据人才成长和发展过程，分为准人才、潜人才、显人才；根据才能表现，分为早熟型、多艺型、多产型、晚器型人才；根据人才的思维类型，分为线型、平面型、立体型人才，或艺术型善于通过形象思维进行创造的人才与逻辑型（善于通过抽象思维进行创造的人）人才；根据人才的才能特点，分为发现型人才、再现型人才、创造型人才；根据人才的才能高低和贡献大小，分为一般人才、杰出人才、伟大人才；根据知识面大小，分为通才和专才；根据社会分工，分为政治、军事、文化、教育、科技、工业、农业、商业、服务业、艺术等个类型；根据双轨制运行的状况，分为体制内人才和体制外人才”。王震（2012）将人才分为党政人才、企业经营管理人才、教育专业技术人才、卫生专业技术人才、高技能人才、社会工作人才、金融人才、高新技术人才、文化人才、其他专业技术人才十大类人才。李宜馨（2020）基于社会治理体系，将人才划分为政治人才、经济人才、社会人才、科技人才、法治人才、军事人才、文哲人才七个类别。

事实上，除了以上学者的分类以外，国家、各地区、用人单位也都有各自的分类标准，分类形态上也有量化和非量化的标准。另外，除了单一标准的分类以外，还有复合分类即两种或两种以上分类要素的分类，如依据行业、岗位和素质等多种要素综合分类等。本书为更好地呈现佛山市人才发展的数量和结构以及各区对比，将采取按区域、按行业和用人单位类别、层次等来划分人才类型，具体研究中重点将人才分为民营经济人才、高层次产业人才、教育类人才、医疗类人才和农村实用类人才发展。

（二）人才发展

发展是事物自其出生开始一个进步变化的过程，是事物的不断更新，既有量的变化，也有质的变化。人才资源是实现国家强盛的第一资源，人才发展更是重中之重。从已有的文献研究来看，关于人才发展内涵的梳理和界定并不多见，但这并不足为奇，主要是因为：一方面，许多研究在对人才内涵、分类、特点、环境、使用和激励等诸多方面研究的同时，已将人才发展内容融入其中，未做单独的分类和切割。另一方面，在一些研究看来，人才发展从字面上看并无更多内涵，只是对“人才”进步变化过程的描述（董博，2019），这种进步更多体现在数量的增加和质量的改进上。此外，长期以来“重引进和使用、轻培养和开发”的人才观念也是一个重要原因。

从前文关于人才概念的历史发展研究当中可以看到，我国古代对人才问题的关注和探讨更多聚焦于人才选拔的标准、人才价值以及人才任用方面，对人才培养工作缺乏足够的重视。虽然也有一定的人才培养机构但大多以国家官办为主，培养的目标大多都是基于治国理政人才为主，即使是一些私塾书院也不例外，大多以“考取功名”为主。正如一些学者所说的那样，相关的“人才工作”只停留在办学、考试、任命、调配上，并未关注人才自身发展问题，也不关注经济、科技型人才（叶忠海，2013）。

中华人民共和国成立以后，伴随着对人才问题的重视，人口素质的提升问题也逐渐受到广泛关注。基于马克思主义的社会主义建设等实践活动中，越来越重视人的自由和发展。相关教育领域改革、教育机构的兴办、各领域相关制度如生产分配制度改革，对人才投入也在大幅增加，推动着人口素质进一步发展。1949 年中华人民共和国刚成立时，全国约有文盲 4.4 亿人，约占当时全国总人口的 80%，而到了 2018 年，全国文盲人口占 15 岁及以上人口的比重下降到了 4.94%[①]。另外，根据 2018 年全国教育事业发展统计公报数据显示：学前教育毛入园率从 1950 年的 0.4% 提高到 2018 年的 81.7%；小学净入学率从 1949 年的 20% 提高到 2018 年的 99.95%；初中阶段毛入学率从 1949 年的 3.1% 提高到 2018 年的 100.9%；高中阶段毛入学率从 1949 年的 1.1% 提高到 2018 年的 88.8%。

进入 21 世纪以来，党和国家在 2010 年 6 月颁布了《国家中长期人才发展规划纲要（2010—2020）》，从人才资源总量、人才素质、人才效能等方面都提出了明确目标，并对人才工作包括人才政策的制定、人才环境建设、人才体制机制改革等方面均做了相应的战略部署。从这里也可以看出，这些内容其实就是人才发展内涵的主要构成。另外，一些学者对人才发展的内涵尝试进行界定并提出了相关要素。例如，郭评生（2009）在研究江西人才发展时，内容涉及人才的规模、结构、效能、流动以及环境等方面内容，这实际上是人才队伍发展方面的内容。成应斌（2010）认为人才发展是随着经济社会的发展进步，人才数量、人才素质、人才结构、人才分布及其与经济社会、资源环境、文化等诸领域的关系不断向前发展的过程。他认为可以从宏观和微观两方面视角来理解，宏观角度是指人才作为个体自身蕴藏的潜能在经济社会的具体实践活动中不断实现自我个性、最终达到身心释放的过程，是一个从简单到

①数据来源：《中国统计年鉴 2019》，此处数据为抽样统计数据，考虑到 15 岁以下人口未囊括至分母当中，实际文盲人口比重要低于 4.94%。

复杂、从低级到高级的能力持续增长演化过程。微观角度是指人才数量增长、人才素质提升、人才结构优化以及人才分布日趋、合理等方面发生变化的内容。冯莎莎（2017）在对云南省人才可持续发展的研究当中，将人才发展内容的研究分成了人才总量、人才结构、人才素质以及人才发展环境等方面。董博（2019）认为“人才发展”是指基于马克思主义人才思想和人力资本理论，以推动经济社会发展进步为目的，包括人才自身发展、人才资本增值、人才事业进步在内的诸多公共事务的总和。

综合以上关于人才和人才发展的分析，可以看出，与“人才发展”相关的概念中，既有人才自身成长的方面例如总量、素质和结构等方面的变化，也有影响人才成长各方面的因素的变化，例如人才工作、人才政策等环境方面的变化，体现了结果和过程两方面的变化。另外，人才的发展也是社会发展的一部分，受社会发展的影响和制约。因此，结合现阶段我国经济社会发展特征，本书认为，人才发展是伴随着我国经济社会发展，人才自身以及影响其发展的相关因素发展进步的过程及其结果，具体包括：（1）人才队伍的发展，如人才总量、人才素质和结构等。（3）人才效能的变化，包括地区和企业人才效能的变化等。（3）人才环境方面的发展，包括人才工作、人才政策、人才载体、人才生产生活软硬环境等。

二、高质量发展

（一）基本内涵

1. 质量

“质量”原本是一个物理学概念，是物体的物理属性，是物质量的量度。随着经济社会发展和科学研究的深入，它的含义和内容不断延伸至各个领域，用于评价各种物质或工作优劣程度的评价。在经济学领域，经常用质量来评价经济发展情况的好坏。由于度量内容和尺度不同，导致究竟什么是“经济质量”，学者们意见往往不一，出现仁者见仁智者见智的情况。苏联经济学家卡马耶夫在 1977 年较早提出经济发展质量概念，他认为经济增长质量应囊括生产量的增加、资源增长、产品质量提升以及生产效率提高等内容。匈牙利经济学家亚诺什·科尔奈（1988）认为经济增长质量的内涵体现为和谐的增长模式。钱纳里等（1989）将经济增长质量主要体现在结构方面，主张通过结构性变量来反映。温诺·托马斯等（2001）认为经济增长质量囊括机会的分配、环境的可持续、全球性风险的管理以及质量结构等多方面内容，同时还包括福利水平、教育机会、自然环境以及资本市场抵御金融风险的能力，等等。彭德芬（2002）认为经济增长质量是一国伴随经济的数量增长在经济、社会和环境等方面所表现出来的优劣程度，包括经济增长的持续性和稳定性、经济结构状态、经济增长效率、居民生活以及生态环境等方面的内容。刘亚建（2002）将经济增长效率看成经济增长质量，内容主要涉及单位经济增长率中所包含的剩余产品量。刘树成（2007）将经济增长态势的稳定性、增长方式的可持续性、增长结构的协调性以及增长效益的和谐性看成经济增长质量的表现。冷崇总（2008）认为经济发展质量是一定时期内国家或地区国民经济发展的优劣程度，即经济内部以及经济与社会之间的协调状态。钞小静（2009）、田银华等（2011）、李平等（2017）将生产效率视为经济增长质量，并用经济运行中的投入产出效率比较来反映其高低。陶静 等（2019）认为经济增长质量是量变引起质变的结果，应具有结构维度、效率维度、稳定性维度和持续性维度等多维度概念，它关注经济增长的结果和前景。

从以上学者的研究可以看到，对质量内涵的界定，学者们主要基于事物的效率、结构、效益以及发展态势等方面来定义，本书在接下来的人才高质量发展指标定义方面将充分利用这些思想。

2. 高质量发展

党的十九大期间，习近平总书记在党的报告中明确提出高质量发展概念，并指出高质量发展主要包括“创新、协调、绿色、开放、共享”五大发展理念。高质量发展主要体现发展质量的提高，在经济发展保持稳定速度的基础上，协调经济发展与环境的关系，满足人们对美好生活质量的需求。从学术研究来看，党的十九大以后，有关高质量发展的研究迅速增加。从文献检索来看，大多以经济、产业和企业的高质量发展研究居多，一些研究虽然没有直接定义什么是高质量发展，但是通过设定相应的评价指标体系，实际上间接地对此进行了界定。例如王一鸣（2018）认为高质量体现在宏观层面研究国民经济的整体质量和效率，包括经济增长质量、国民经济运行质量、经济发展质量、公共服务质量、对外贸易质量、高等教育质量和经济政策质量等。王彩霞（2018）认为高质量发展就是能够很好地满足人民日益增长的美好生活需要，全面体现和落实创新、协调、绿色、开放、共享的发展理念，并使产品服务质量得到普遍提升、社会经济效益更加优良。吕鹏（2019）认为高质量的经济增长应包括：创新投入不断增加，创新能力不断增强；产业结构不断优化，区域协调发展；资源利用率不断提高，环境质量不断提升；对外贸易产品中高技术产品比例不断增加；文化、医疗、教育事业不断提升，人民有更好的社会保障，享受较高的福利，有更强的获得感。张丽伟和田应奎（2019）认为高质量发展可以从宏观、中观和微观三个方面来理解，宏观层面就是指产品质量、市场、企业和创新进阶至更高水平；中观层面是指产业经济、城乡经济、区域经济和国际经济达到更高层次的均衡；宏观层面是指宏观均衡质量、国民分配质量、绿色发展质量、调控能力质量实现更高水平的提升。

从以上综述可以看到，高质量发展在内涵上有以下几种理解：（1）高质量发展体现的一种新发展理念，是“创新、协调、绿色、开放、共享”的发展。（2）高质量发展是对经济结构、质量和效率等方面提出更高要求。虽然“更高”这个标准会因时、因地、因指标本身而高低有所不同，但其应该是一个相对的概念，是一个动态的过程。从这点上，高质量发展不是一个结果，更多呈现的是朝上、朝前、朝好的方面不断发展的状态。（3）结合当今时代而言，有效化解社会矛盾，解决当前不平衡不充分发展的矛盾，满足人民群众日益增长的美好生活需要，就是高质量发展。从这一点而言，高质量发展实际上囊括的内容非常的多，经济高质量发展只是其中一个方面。

（二）基本特征

对高质量发展基本特征的系统梳理，有助于更好地理解高质量发展的内涵。对高质量发展基本特征的把握，本书认为应从总的特征和具体特征两个层面来理解。总的特征即为习近平总书记所提出的“创新、协调、绿色、开放、共享”。这既是一种理念，也是用以衡量高质量发展的根本评判标准。“创新”就是要实现经济增长从依靠劳动力和资源要素驱动向创新驱动转型；“协调”就是要实现包括供给结构和需求结构等在内的各种经济结构协调发展；“绿色”就是要资源浪费和环境污染，实现可持续发展；“开放”就是要扩大对外开放，促进跨区域、跨国合作；“共享”就是要让每个个体都能享受到经济增长的成果，在收入分配上既能体现效率优先又能兼顾公平。

具体特征方面，学术界对此展开了广泛研究。师博和张冰瑶（2018）认为高质量发展具有时代特征、本土化特征和系统性特征。王晓慧（2019）认为经济高质量发展应具备稳定性、高效性、低耗性、协调性四大特征，经济运行越平稳，整个经济发展的稳定性就越好，生产要素就会得到有效配置与利用，经济发展质量就越高。罗静（2019）认为高质量发展主要有提质增效、创新驱动、绿色低碳和协调共享四个基本特征。原青青（2019）从高质量发展的前提、动力、主线、重点和落脚点五个方面总结了高质量发展的基本特征，她认为高质量发展的前提是经济稳定增长、动力是创新驱动、主线是结构优化、重点是效率提升、落脚点是人民幸福。王思琛（2019）对高质量发展中的高质量需求进行分析后认为，高质量需求具有需求的效率较高、结构较为协调合理、稳定性较好、能够显著增进人们的福利水平以及综合实力较强等特点。朱燕青（2020）认为高质量发展具有三个方面的基本特征：是能够产生更大福利、GDP 的内涵更加丰富的发展；是以人民为中心的发展；是坚持稳中求进的发展。

（三）指标体系

从已有文献的梳理来看，对用于评价经济发展质量的指标体系探讨，相关的研究较多，成果也较为丰富。王雅林和何明升（1997）认为发展质量指标体系应有发展水平、发展目标、发展协调度、发展持续性以及发展集约度五大指标组成。李周为和钟文余（1999）采用集约化指数、经济结构优化水平、规模经济水平、科技进步水平、市场化水平、可持续发展水平等指标来测度经济增长方式与增长质量。罗发友等（2001）采用经济总量指标、经济发展活力指标以及社会发展程度指标三个指标，作为区域经济社会发展水平综合评价指标体系。赵英才等（2006）分别从产出效率、产出消耗、产品质量、经济运行质量和生存环境质量五个不同方面17个指标构造了经济增长质量评价指标体系，并对1978—2002中国经济增长的质量进行了评价。冷崇总（2008）从经济发展的有效性、充分性、协调性、持续性、创新性、稳定性和分享性六大维度，构建了21个经济发展质量评价指标。刘阳（2009）用区域经济效率、经济结构、经济联系能力、经济福利和经济发展代价五大指标来评价区域经济发展质量。魏婕和任保平（2012）从经济增长质量分析框架出发，构建了经济增长的效率、结构、稳定性、福利变化与成果分配、生态环境代价、国民经济素质六大指标共37个指标，并对2010年全国各省区的经济增长质量水平进行了测度和排序。何伟（2013）从有效性、协调性、创新性、持续性、分享性和稳定性六个方面构建了28个指标并选取全国31个省（市、区）2011年的经济、社会、资源和环境方面的数据进行了经济发展质量评价。宋斌（2013）采用经济水平、经济结构、收入、教育、医疗、社会保障、环境设施等七个方面的20个基础指标，对全国31个省域地区在2004—2011年间的经济增长质量进行测度和评价。宋明顺和张霞等（2015）从竞争质量、民生质量、生态质量三个维度选取国民总收入、财富世界500强、世界品牌500强、人均国民收入、基尼系数、CPI、单位能耗产生的GDP以及PM10共8个指标测度宏观质量指数，并对我国2005—2010年宏观经济发展质量进行了测度。廖筠和赵真真（2015）从经济增长水平、经济增长结构、经济增长的稳定性、经济增长效率、教育和科技进步、人民生活水平以及环境保护质量七个方面构建了16个评价指标，并对1985—2012年间我国各个区域经济增长的质量进行了比较。

进入2019年以后，直接以“高质量发展指标”为题的研究增多，相关的指标体系内容也更加丰富。例如：吕鹏（2019）从创新发展质量指数、协调发展质量指数、绿色发展质量指数、开放发展指数、共享发展质量指数五个维度来测量高质量发展。王晓慧（2019）用经济增长效率、经济增长结构、创新驱动经济、绿色经济发展四大方面指标来测量经济发展质量。张博雅（2019）选取了经济发展、社会进步、开放创新、生态友好和人们生活五大方面指标来测量长江经济带经济高质量发展水平。李晓楠（2020）从发展活力、发展效益和发展环境三大维度出发构建了我国及区域的高质量发展水平评价指标体系，并对全国及内陆 31 个地区的高质量发展水平进行了评价。邹颖（2020）从微观、中观、宏观三个层面，构建了质量变革、效率改革、动力变革、产业升级、结构优化、区域协调、经济发展、民生发展和绿色发展九大维度指标体系，并对重庆市高质量发展水平进行了评价。侯黄萍（2020）从经济质效、创新发展、协调开放、绿色发展、人民生活五个维度构建了包含 18 个二级指标，对粤港澳大湾区经济高质量发展水平进行了评价。朱燕青（2020）从经济活力、创新发展、绿色发展以及人民生活四个方面构建了包括第三产业占 GDP 比重、税收收入占地方财政收入比重、人均 GDP 等在内的 19 个指标体系，对 2017 年江西省 11 个地级市的经济发展质量进行综合评价。

从以上关于高质量发展指标体系的研究当中，可以看到呈现出这么几个特点：（1）对高质量内涵、理念以及基本特征的理解和认识，是指标体系建立的基础和前提。文献研究发现，绝大多数的研究都是围绕这一逻辑主线进行的，可以说“创新、协调、绿色、开放、共享”理念是构建指标体系之母，大多数指标都体现了这些基本理念。（2）分行业、分地区、分领域、分时间段的比较应用研究是这类研究的一个鲜明特点，这与高质量发展的“动态性”“差异性”等特征是分不开的，不同行业、不同地区、不同领域、不同时期的高质量发展水平是不同的，未来研究还可以继续在这几个维度方面继续延伸。例如，分领域方面，高质量发展可以延伸至卫生、医疗、文化、人才等诸多领域；分行业可以从制造、旅游、华工、医药等行业延伸，等等。这种细分延伸更有助于发现一些问题，从而解决相应领域内的高质量发展问题。

三、人才高质量发展

（一）内涵与外延

1.内　涵

文献检索发现，以“人才高质量发展”为题的研究非常少见，以“高质量人才”为题的研究也不多，相近的一些研究更多聚焦于人力资源质量。这种“质量”体现在个体身上即为如人的智慧、体量、知识和技能等，一般分为人的体力和脑力状况的生理素质和科学文化素质方面的综合。一些研究深入研究了“人力资源质量”的构成体系，如石玉莉（2012）认为，企业对人力资源质量的衡量通常采用以下指标：①健康状况指标，包括发病率、职业病感染率等。②受教育状况指标，通过指学历。③员工技能水平指标，包括专业知识和业务技术等级。④劳动积极性指标，包括出勤率、劳动定额完成率等。李政和胡中锋（2017）构建了智慧、智力、创造力和综合四个维度共 31 个指标用于测量大学生的人力资源质量。

上述这种“人力资源高质量”并等于人才高质量：首先，人才不等同于人力资源，因为人力资源比人才资源所囊括的范围更广，人才是人力资源的较高层次，并且人力资源不仅包括了现实人力资源，而且还包括了潜在人力资源。其次，这里所呈现出来的“人力资源质量”是一种微观意义上的概念，而本书所研究的“人才高质量发展”更多偏向于中宏观层面的概念。最后，“人力资源质量”展现的是一种相对静态的概念，是一种结果状态，是投资的结果。而“人才高质量发展”更多展现的是一种相对动态概念，既有过程，也有结果。也有一些涉及人力资源供给质量的研究，认为即人力资源进入劳动力市场，经过组织的获取、发展和配置等多个环节，最终到达雇主方，包括获取质量、发展质量、配置质量和雇主反馈的人力资源质量（赵芸叶，2019）。这一概念显然也与“人才高质量发展”内涵相差较远：且不说“人力资源质量”与“人才高质量发展”的差异，单就“供给质量”而言，其充其量只是“人力资源质量”的一部分。此外，还有一些关于人才队伍状况、人才环境方面评价的研究，里面也涉及一些人才质量内涵的研究，但这些都只是“人才高质量内涵”一部分，反映的是某一方面的状况，概念上并不等同。为准确、全面、深入把握人才高质量发展的内涵，实现对其科学界定，本书研究将从时代发展的需求入手，围绕习总书记关于人才的论述以及前文相关理论文献研究来定义人才高质量发展。

首先，从习总书记关于人才及人才工作的论述来看，里面有很多内容已充分体现了人才高质量发展的内涵。其一，意识是行动的先导。习近平总书记高度重视人才工作，把增强各级党政主要负责人的人才意识的任务放在首位。他指出，“人才是事业发展最宝贵的财富，人才资源是党执政兴国的根本性资源”。这表明，人才高质量发展，首先必须体现在各级各部门领导高度重视人才发展工作，人才意识强烈。其二，2014 年，习总书记在同外国专家座谈时谈到，中国改革进入攻坚期、深水区，啃硬骨头、涉险滩。要改革就需要人才、呼唤人才、造就人才①，这表明，人才高质量发展首先必须契合当前我国改革攻坚的需要，满足各个阶段、各个领域对人才的需要。其三，习总书记强调，“必须造就一支规模宏大、素质优良、门类齐全、结构合理的人才队伍”，这表明，人才高质量发展必须实现在人才总量、种类、结构和层次上达到较高水平要求。其四，习总书记指出，人才是第一资源②，人才的积极性、主动性和创新潜能充分发挥可以转变为实实在在的生产力，从而推动经济社会向前发展。这表明，人才高质量发展必然是人才的潜能能够得到充分挖掘，人才素质较高，在各项创新实践活动中发挥突出作用。其五，习总书记指出，“一个国家的对外开放，必须推动人的对外开放，特别是人才的对外开放”③，要让人才“来得了、待得住、用得好、流得动”。这表明人才高质量发展要达到：包括人才政策

①习近平：《习近平在同外国专家座谈时强调中国要永远做一个学习大国》，《人民日报》2014 年 5 月 24 日。

② 习近平：《在上海考察时的讲话》，《人民日报》2014 年 5 月 25 日。

③习近平：《习近平在同外国专家座谈时强调中国要永远做一个学习大国》，《人民日报》2014 年 5 月 24 日。

在内的各项环境要素能够有助于人才的自由合理流动，实现人才资源的优化配置。最后，习总书记在对《关于深化人才发展体制机制改革的意见》做出重要批示时强调“办好中国的事情，关键在党，关键在人，关键在人才”[①]，“党管人才，主要就是管宏观、管政策、管协调、管服务”，这里的“管宏观”就是要做好人才发展规划，“管政策”就是要做好相关人才政策的制定和研究工作，“管协调”就是要统筹各方资源，形成推进人才发展的整体合力，“管服务”就是要创造良好的人才环境。从这里可以看到，人才高质量发展必须依靠党的领导，发挥党在各项人才工作的统筹领导作用。

从以上习总书记关于人才和人才工作的论述当中，可以看到：人才高质量发展内涵要素必须囊括：人才发展意识强烈、契合改革发展需要、人才队伍建设完善、人才环境良好、人才潜能得到发挥、在创新实践活动中的作用突出、人才能够自由流动、人才资源得到优化配置、党对人才工作的统筹引领作用得到充分发挥。

另外，从前文关于高质量发展的文献研究当中，高质量发展理念中的“创新、协调、绿色、开放、共享”，也应是人才高质量发展内涵的重要组成部分，尤其是“协调”和“共享”理念。首先，从“协调”来看，马克思恩格斯认为，人的本质不是单个人所固有的抽象，在其现实性上，它是一切社会关系的总和[②]，人的本质属性是生产力和生产关系长期发展的结果。因此，本书认为，人才高质量发展要体现人才的发展与生产力和生产关系发展相协调，生产力的发展推动着生产关系的发展进而推动人才的发展。换言之，随着生产力和生产关系的发展，人才自身的发展和各项需求也在不断得到满足。例如，地区人才收入水平、人才工作环境能否与地区经济社会发展水平相适应等。不仅如此，这种“协调”还体现在人才队伍结构、人才与其他生产要素等方面的协调。其次，从“共享”来看，人才资源是一种稀缺资源，高层次人才更

---

① 《加大改革落实工作力度让人才创新创造活力充分迸发》，《人民日报》2016 年 5 月 7 日。

② 《马克思恩格斯选集》第 1 卷，北京：人民出版社 2012 年版，第 56 页。

是一种短缺资源，培养人才一是时间周期比较长、成本比较高，二是受地区经济发展水平不一影响，人才资源分布不均的现实矛盾短期内很难消除，共享是化解当前人才资源矛盾的一种有效办法。此外，人才共享也有助于人才自身价值得到充分挖掘实现，促进社会建设和财富创造。因此，本书认为，人才高质量发展一定是人才资源能够充分实现有效共享的一种状态或结果。

综合以上分析，本书认为，人才高质量发展就是：在党对人才工作统筹领导作用下，各级各部门人才发展意识强烈、人才队伍建设完善、人才环境良好、人才能够流动共享、人才资源得到优化配置、人才发展各方面协调、人才潜能得到发挥，在创新实践活动中作用突出，契合当前我国全面深化改革需要。

2.外　延

从外延上而言，本书认为，人才高质量发展至少应囊括以下几个方面：

一是人才队伍的高质量发展。这是人才高质量发展的核心，也是人才高质量发展的集中体现。这是因为：（1）高质量人才队伍是人才高质量发展的重要结果，是衡量人才高质量发展的重要指标。人才高质量发展得如何，关键还是看人才队伍建设得如何，人才队伍规模是否宏大？门类是否齐全？素质是否较高？结构是否合理？（2）高质量的人才队伍是助推经济和社会高质量发展的重要支撑，是人才高质量建设的重点内容。脱离高质量的人才队伍谈人才高质量发展，变成了无的放矢。

二是人才效能的高质量发展。如果将高质量人才队伍看成人才高质量发展的重要结果的话，那么这种结果是一种直接结果，也是一种过程性结果，并不是人才高质量发展的最终结果，人才效能的高质量发展才是最终结果。这是因为：（1）人才队伍质量高与低，最终还是要在实践中检验，在实践中看其产生的贡献或价值大小。人才效能反映了人才在某一经济领域的某类人才发挥作用的程度。（2）从人力资本投资角度而言，人才队伍的建设需要人力资本投资，这种投资也要考虑到投资收益，而人才效能就是用于反映投入与产出关系的重要指标。

三是人才环境的高质量发展。虽然人才环境只是人才发展的外部因素，但是按照前文马克思恩格斯的理论，人的本质属性是生产力和生产关系长期发展的结果。人才的发展离开不人才环境，是两者交互作用的结果。一方面人才的引进和培养离不开人才环境的作用，知识、经验和技能等方面的积累离不开人才环境。另一方面，人才作用的发挥离不开特定的环境，例如产业和行业、企业、岗位等方面的载体环境，人才交流、团队合作、文化等方面的软环境，等等，这些都对人才作用的发挥具有重要影响。

（二）基本特征

与人力资源开发、人才发展、人力资源质量提升等概念有所不同，人才高质量发展至少应具备以下三方面的特征：

1.“创新、协调、绿色、开放、共享”理念在人才发展中得以充分体现

（1）“创新”方面，包括：人才队伍具备较高创新能力并产生较为明显的创新成果；本地区本部门能够深化人才体制机制改革，找准人才政策创新的着力点，推动人才政策创新突破和细化落实；通过创新，能够构筑一种系统的、良性的和可持续发展的人才生态环境。

（2）“协调”方面，包括：各类型、各层次、各行业、各部门等方面的人才能够协调；人才工作中能够贯彻协调发展理念；人才流动机制能够建立健全，各领域、各地区人才供求能够形成平衡，人才协同能够促进发展协同；党管人才新格局能够建成，能够建立全国、省、市、区各级人才统筹协同，包括人才协同引进、协同培养、协同使用、服务协同等；跨区域人才评价互动互认机制等能够建成。

（3）“绿色”方面，包括：人才观念上要注重人才的引进和培养并重，尤其是后备人才的培养和潜能开发，注重人才队伍的可持续发展；在人才创新创业方面，引导人才向绿色、健康、生态等产业领域靠拢，将绿色发展的理念植入人才心中。

（4）“开放”方面，包括：人才工作能够拓宽视野和广开门路，给人才提供更为广阔的就业和创业平台；具有开放的人才观念，能够吸引和集聚境内外、国内外人才，同时也能推动本地区人才跨地区交流发展。

（5）“共享”方面：包括：能够盘活现有人才资源，促成各地区各部门在人才资源方面的共享，充分发挥人才作用，使社会共享人才成果。

2. 在人才队伍、人才效能、环境等方面均能实现高质量发展

具体包括：（1）人才高质量发展必须具有高质量的人才队伍。实现人才高质量发展，就必须有一支高质量的人才队伍，人才的潜能得到挖掘和发挥，能够成为引领创新发展的第一资源，在经济转型过程中发挥着突出作用。具体要体现在：人才规模宏大、门类齐全、素质较高、结构合理。此外，从长期发展的角度而言，高质量的人才队伍还要体现在人才队伍自我更替发展方面具有较强能力，各种储备、后备人才能够满足团队长期发展的需要。（2）能持续释放较高的人才效能。人才高质量发展必须有较高的人才效能。具体包括：人才对经济具有较高的贡献，或者说有较高的产出，人才产出投入比高；人才的各种创新成果丰富，管理效率效益较高；人才闲置浪费较少，人才利用水平较高，等等。这种较高水平的人才效能释放，是可持续性而非短暂的，符合可持续发展理念。（3）具备良好的人才环境。人才规划科学合理，各项人才工作系统、全面同时又有针对性，能够为人才提供各种服务，充分满足人才的各种需要。人才政策理念先进，以人为本的思想能够充分得以体现和落实，各项人才制度规范，能够较大程度提升人才的政治认同感和地区归属感。各种就业、生活、城市基础设施、卫生医疗保障、文化、科技、创新创业环境等建设较为完善，在吸引和留住人才等方面产生的作用较大，人才对环境的满意度高。

3. 能够实现稳定的人才供求均衡，匹配经济社会发展的需要

人才高质量发展要体现人才在供求关系方面保持一致，实现供求均衡。一是供求双方在数量、结构、质量等的均衡。对于求职者而言，就业难度较小。对企业而言，招聘难度不大，招聘成本不高。二是包括人才发展所需要的各种生产和生活要素的均衡，例如生产方面，人才工作所需要的岗位和场所设备等条件容易实现。生活方面，人才所需要的各种教育、医疗资源的均衡等。另外，上述这些均衡不是短暂的，是在一段较长时间内保持的动态均衡，即使短暂失衡，也能通过劳动力价格和市场供求关系迅速实现自我修复。此外，人才高质量发展与否还要看是否与产业、企业等的发展相匹配，是否符合各行业、各领域发展的需要。

（三）人才高质量发展的理论支撑

1. 马克思的劳动价值创造理论

首先，在人才价值方面，马克思认为，劳动是创造价值的唯一源泉，是一种能够创造价值并使价值增值的巨大生产力。人才是资产阶级统治下的“脑力无产阶级”，其成长离不开社会实践的锻炼，实践成就人才，人才服务于实践。一方面，通过人才及其劳动实践改造现实世界。另一方面，人才的成长必须适应时代发展需要。人才高质量发展既有助于人才队伍在实践中创造价值、产生经济社会效益，同时人才队伍的发展也要契合当今改革发展的时代需要。其次，马克思在分析资本主义生产关系时认为，人如果无法实现自由而全面地发展，其创造性活动就会被压迫。人力资本价值的创造，需要为实现人的自由全面发展创造条件。因此，要充分满足人类的精神和生活需求。人才高质量发展通过人才环境、人才工作、人才政策等方面的高质量发展，有助于满足人的各种需要，从而实现人才的自由全面发展，产生创造力。

2. 舒尔茨和贝克尔的人力资本投资理论

以舒尔茨和贝克尔等为代表的人力资本投资理论认为，人力资本蕴含在人的知识、技能、资历、经验和熟练程度等，通常表现为人的素质。这种资本是比物质资本更为重要的促进经济增长的因素。因为与物质资本收益呈现边际递减规律有所不同，人力资本在使用过程中由于其具有可再生性等特点，其往往在很长一段时间内形成边际效应递增的特点。这也意味着对人才资源持续有效地开发，实现人才高质量发展，有助于持续获得更多的人才效益。另外，从资本角度而言，通过教育、培训、健康等的投资所形成的人力资本，和其他资本一样，是需要获得一定回报的。人力资本的闲置不仅是劳动收入的损失，也人力资本投资的浪费。此外，政府还应投资支持劳动力的迁移，降低迁移成本与障碍，让已经进入劳动力市场的个人与家庭更好地配置到效率最高的地方。高质量的人才发展，不仅有助于社会形成良好的人力资本投资理念，改变以往“重引起、轻培养”的人才发展理念，而且也有助于实现人才资源的协同、共享。另外，从投资收益角度而言，也有助于更快地获得更多的人力资本投资收益。

第三章 人才高质量发展评价指标体系的构建

一、指标选择的理论依据

（一）人才环境理论

心理学家勒温的人才环境理论认为，个体产生的绩效，不仅与能力和素质有关，而且还与其周围的环境密切相关，他将其描述为B=f(p*e)，其中B代表个人绩效，p代表个人能力和条件，e代表所处的环境。另一些研究认为，人才与环境的综合作用构成复杂又有机的生态系统[①]，它会随着系统要素的变化而不断地发生变化，并保持着相对的和谐统一。这些环境要素对人才具有物质保证、约束作用、塑造作用（刘亦晴等，2010），有吸引和筛选功能，且影响外来人才的本地化融合（李梅香，2013）。这些人才环境理论表明，要高度重视人才环境建设对人才的重要意义，把握好人才生态组成的各个要素，并采取切实有效措施加强和改进人才环境建设。

另外，从人才环境的分类构成来看，王通讯（2005）将人才环境分为内环境和外环境，内环境包括人体环境、智能环境、精神环境和潜能环境，外环境包括自然环境、社会环境和家庭环境等。吴志明（2009）认为人才环境可分为宏观和微观环境，硬环境和软环境，物质环境和体制环境，生态环境、经济环境、政治环境、人居环境、舆论环境和工作环境等。连翠美（2012）认为按照认识层次不同可将人才环境划分为人才观念环境、人

①沈邦仪．人才生态论 [M]. 蓝天出版社，2005，129.

才制度环境和人才文化环境，按环境要素特征可将人才环境划分为物质环境和精神环境。其中，前者主要包含经济环境、工作环境和生活环境，后者主要包括政策环境、人文环境和法律环境等。荆雷（2013）将人才环境分为成长环境和工作环境，其中人才成长环境是指人才成长过程中，给予人才教育培养的教学科研环境，工作环境是指人才发挥创造性和为社会作出贡献的工作环境和人才工作价值得到保障的政策环境。事实上，关于环境分类的研究还很多，分类的方法也因标准众多而难以穷尽。这些人才分类理论为本研究在指标的选取开阔了视野，提供了理论基础和指引。

（二）人力资本效益理论

如前文所述，人才经济效益是人才高质量发展的重要结果和体现，梳理相关的理论能够为相关指标的设计提供指引。从目前的理论研究来看，系统研究人才效益的理论并不多见，但是从以往一些学者的观点和人才产出指标的设计研究当中，可以总结出一些相关内容。例如，早在工业经济时代，古典经济学家亚当·斯密就认为，劳动者所具有的优越技术和能力，可以提高企业的生产效率，缩短劳动时间。这主要是从微观层面而言来谈人力资本效益。宏观方面，朱雪兰和张霞（2002）、袁岩（2007）等认为人力资本产出主要体现在两个方面：一是人力资本存量如人才增长率、人力资本存量净增加等。二是人才资本实际产出（主要是指创新）方面，如知识产权（商标权、专利权、著作权、专有技术等）新技术、新产品、科技成果、科技成果转化率、人才资本贡献率等。杨志晨（2004）认为，人力资本投资在经济增长当中的作用主要在于：优化生产力核心要素的配置，产生经济增长的内驱力；在高科技产业“引致投资”，使人才资本和物力资本双优化；用相对低的投资率换取相对高的收益率。徐光耀和杨超（2014）用“人才产出能力”来概括人才产生的经济社会效益，包括人才创富能力和创新能力，前者主要是指一国高素质劳动者创造财富的能力，是在一定投入之后所获得的产出状况，包括劳动生产率、第三产业增加值、GDP 及其增长率等。后者主要包括创新和创意产出，具体包括专利、著作或相关出版物、版权费等。印建兵（2014）将创新型人才的产出分为人才产值和创新成果两部分，人才产值主要涉及GDP和高新技术产值，创新成果主要涉及科技论文和专利等方面。寸守栋和姚凯（2020）认为人力资本产出贡献主要在生产率提升、经济持续增长和社会福利改善等方面。

（三）人才发展治理理论

从目前研究来看，严格来说，人才发展治理理论尚未形成严谨规范的理论体系，但它对人才高质量发展的指标设计方面同样具有重要的理论基础和指引作用。2010年，《国家中长期人才发展规划纲要（2010—2020）》提出要“改进人才管理方式”。2016年2月中共中央印发的《关于深化人才发展体制机制改革的意见》中提出，“构建科学规范、开放包容、运行高效的人才发展治理体系，形成具有国际竞争力的人才制度优势”。“人才发展治理”的提出，反映出党的人才工作从“管理到治理”的理念转变，被认为是我国人才发展现代化进程具有里程碑意义的重大事件（董博，2019）。关于人才发展治理理论的研究大多认为，人才发展治理体系应由政府、市场、企业和社会四方共同组成，并积极发挥政府的作用。一些研究认为，在“共治”范式框架下，政府治理扮演着元治理角色，并对人才事业发展提供宏观政策、引导、监督等职能，其在治理方面具有参与主体的协同性、目标导向的递进性、治理工具多元化和治理客体的复杂性等特征（刘忠艳，2016）。在人才治理体系中，提高人才效能是其核心，其良好运作必须以用人主体自主权的落实为保障，积极发挥市场机制的基础作用和社会协同参与（江游等，2018）。此外，从人才治理结构来看，人才发展嵌入社会大系统，使得人才治理的利益相关者呈现出跨层级、跨区域、跨部门、跨业界等趋向，必然引发治理结构由科层制垂直型转向纵横交叉互联的网络型，从而形成具有自组织协调性、系统开放性与文化根植性等特征的多层级交互的人才发展治理运行网络（陈套、尤超良，2015）。

从治理角度而言，政策是政府人才治理的重要手段和工具之一。从资源开发角度而言，“政策干预”是资源开发的重要手段之一。人才政策是各级政府部门为进一步推动和实施人才发展人才战略而制定的各项与人才有关的政策制度。大多数的实证研究结果均已证实，在人才资源开发中，政策干预具有重要作用。因此，从理论上而言，对人才政策相关内容的关注也是人才高质量发展指标选择需要考虑的重要因素。另外，从人才政策的内容来看，既包括对人才的引进、培养和使用等方面的政策制度，也包含了对人才创业创新的各种激励以及各种人才待遇等的保障。此外，还包括人才政策在实施落实层面的各种解释性、操作性制度，主要包含了具体的执行措施、实施办法或实施条例、意见等。本研究高质量发展指标的选择也将充分考虑这些政策要素。

二、指标构建的原则

（一）科学性原则

科学性原则是指标选择的首要原则，离开这一基本原则，指标选择就会呈现出随意性、分散性等问题，直接影响到评价结果。本书评价指标选取的科学性主要体现在两个方面：一是建立在科学的理论基础上。本文首先以马克思的劳动价值创造理论和舒尔茨和贝克尔的人力资本投资理论为基础，阐述说明建立高质量人才发展评价指标体系的必要性和重要性。然后采用人才环境理论、人力资本效益理论、人才发展治理理论等作为指标选取的思想基础和指引。通过审慎选择评价指标，使得指标体系既能全面反映人才高质量发展的内涵与外延、基本特征，具有良好的逻辑性，同时又能准确把握影响人才高质量发展最重要、最关键的要素。二是指标的选取过程遵从一定的科学规范。指标在选取上充分结合前人已有研究成果，不凭空捏造，指标采集和筛选的处理方式严谨、指标名称要规范、含义要明确，数据来源要准确，测算处理方法力求精确，对选择的指标要有清晰地认识。只有建立较为科学的人才高质量发展指标体系，才能实现较高的应用价值，客观准确地反映佛山市及相关城市人才高质量发展的真实情况，从而为问题和对策的分析奠定基础。

（二）系统性原则

指标体系既有上下层次结构又有左右横向结构，各指标之间在保持一定独立性区分性的同时，也均具有一定的内在关联。从前文的关于人才高质量的内涵和外延、基本特征等相关的理论阐述当中可以看到，人才高质量发展涉及诸多领域诸多方面，需要系统全面地梳理。因此，在指标构建的过程中，需要统筹兼顾，综合评价。但另一方面，如果指标的设计追求多而全，也会使得指标体系过于庞大，不仅数据搜集困难，同时也不利于发现最核心、最关键的一些问题。因此，需要在指标设计的过程中，以最优化为前提来确定指标数量的合理数量以及体系结构的层次，即以最简明的层次结构、尽量少的指标数量来描述佛山市及相关城市的人才高质量发展状况。

（三）可行性原则

可行性原则是指标选取的一个重要原则，也是一个不容忽视的现实原则。如果一个指标体系的数据不全，是难以系统进行评价分析的。这一点对人才方面的数据而言，尤其极为重要。一些人才队伍的数据例如职称结构、技能结构、学历结构、年龄结构等方面的数据不易获得。尤其是关于人才效能等产出方面的数据，中、宏观方面相对容易，但微观领域较为困难，即使是通过问卷调查，受被调查者主观因素以及其他因素的影响，得出的结论也不够客观。国家层面、省的层面的人才效能数据相对容易获得，但一些市一级、区镇街一级的数据比较难获得。

另外，考虑到人才高质量发展是一个较为抽象的概念，国内外对这方面的研究还比较少，指标体系的构建研究尚处于初步探索阶段，很多理想指标可能会因各方面限制如数据的可得性因素而难以获取。有鉴于此，本书将做如下处理：对于一些不重要、数据又不易获得的指标，会予以剔除；对一些重要但数据不易获得的指标，尽可能采用替代性指标或其他一些间接性指标，尽可能减少对研究结果产生的偏差；能够利用一手数据的，尽量不用二手数据，以减少因数据搜集方式方法带来的偏差；在保证评价结果真实准确、数据来源可靠的情况下，尽量减少数据的二次加工。

（四）可比性原则

“人才高质量发展”概念中，“高质量”本身就是一个相对概念，是相对于“低质量”和“速度”而言的，是一个比较的结果。而“发展”也是一个动态概念，有着“时间轴”的“前后比较”。构建人才高质量发展指标体系，本身就是用于比较不同地区的横向比较以及不同时期的纵向比较。因此，指标的设计需要考虑可比性。具体而言，本书将考虑三个方面：一是无论横向还是纵向比较，具体指标需要符合统计口径一致、范围内涵相同等标准，以保证指标体系具有可比性。二是指标的鉴别力要强，有一定的可区分性，能够体现不同地区间的差异。如果最后总体评价得分都差不多，那么就失去了比较的意义。三是同一指标能够适合多个地区，相应的数据都能搜集到。

（五）融合性原则

对人才高质量发展指标的设计，不能脱离有关高质量发展评价和人才环境评价指标体系，三者之间有一定关联，需要考虑三者间的有效融合。一方面，人才高质量发展属于经济社会高质量发展的一部分，现有关于经济社会高质量发展指标体系相对较为丰富，一些指标内容也反映了人才发展的过程及其结果。另一方面，有关人才环境方面的一些指标体系也反映了人才高质量发展的一些内容，较为客观。因此，本书关于指标体系的研究将充分融合吸收一些比较有代表性的、符合高质量发展内涵的一些指标。

三、指标体系的构成

（一）人才队伍高质量发展类指标

1. 人才总量及结构

量变引起质变，人才高质量发展是在人才量的基础上发生的质量优化。因此，首先人才数量要有一定的规模和合理的结构。结合前文关于人才高质量发展的内涵以及指标筛选的原则，本书选用人才总量、卫生技术人才数、教育类人才数和企业家人才数作为人才总量及结构类指标。

（1）人才总量

人才总量是指一个地区一定时期人才资源总的数量，是人才发展最为直接的指标，也是最为重要的指标之一。虽然一些地区对外宣布了人才总量，但是鉴于各地区对人才的统计口径有差异，统计时间和对外发布情况不一，很难进行客观比较。因此，为便于各城市的对比研究，这里统一用“城镇单位从业人员期末人数”进行统计。

（2）卫生医疗人才数

卫生医疗人才包括卫生事业机构支付工资的全部职工中现任职务为卫生技术工作的专业人员，包括中医师、西医师、中西医结合高级医师、护师、中药师、西药师、检验师、其他技师、中医士、西医士、护士、助产士、中药剂士、西药剂士、检验士、其他技士、其他中医、护理员、中药剂员、西药剂员、检验员和其他初级卫生技术人员。卫生类人才在人才发展中扮演着两个重要角色：一是作为人才本身，其是人才总量的一个重要组成部分。二是它一定程度上代表了一个地区卫生医疗事业发展水平，体现了一个地区的人才发展保障和人才环境发展水平。具体测量指标上，采用“卫生技术人才数”进行统计。

（3）教育类人才数

教育类人才包括专任教师、科研人员、教学管理类人员以及其他相关人员。在人才发展中，与卫生技术人才一样，同样扮演着双重角色：一是作为人才本身，它同样也是人才总量的重要组成部分之一。二是它一定程度上代表了一个地区教育事业发展水平，同样体现了一个地区的人才发展保障和人才环境发展水平。在统计年鉴中，教育类相关人才统计有“教职工人数”和“专任教师数”两类，考虑到“教职工人数”所囊括的范围要大，更能全面反映教育类人才数，因此，本研究用其来进行衡量。

（4）企业家人才数

企业家是冒险事业的经营者或组织者，其具有发明创造、组织管理、科学研究、获得信息情报、文字写作能力和社交活动等多方面的能力。企业家人才包括企业所有者企业家，作为所有者仍从事企业的经营管理工作，另一类是受雇于所有者的职业企业家。通常情况下，一般指第一类。考虑到企业家人才总量难以直接获得，当前也缺乏相关的统计口径和统计标准，因此本研究采用法人单位数来替代。主要依据是一般一个法人单位只有一个法人代表，一般由公司董事长或总经理或其他核心创始人担任，虽然也有例外，但占比不会太大。

（5）科研人才数

科研人才是具备一定的科学理论知识并从事科学研究工作的一类人，包括从事工程技术开发、生命科学研究、社会调查研究等的人员。科研人才数量采用某地区 R&D 人员数量进行统计。

2. 人才分布均衡程度

为更好地体现均衡、协调、共享等发展理念，本研究采用一些人才分布的均衡类指标，例如人才总量、教育类、医疗类人才在地区的分布均衡程度作为高质量评价指标。

均衡程度的测量方面，本研究采用“标准差系数”来衡量。它是从相对角度观察的差异和离散程度，在比较相关事物的差异程度时较之直接比较标准差要好些。标准差系数的计算公式如下：

$$V_{\sigma}=\frac{\sigma}{\bar{x}}*100\%$$

其中，V_{σ} 为标准差系数，σ 为标准差，$\bar{x}$ 为平均数。

（1）人才总量的区域分布均衡程度

主要用于反映各区[①]人才发展的均衡程度。指标测量上主要用某个市下辖各区域的人才总量标准差系数来表示。

①不设“市辖区”的“市辖镇”用“各镇”的均衡程度来表示，后同。

（2）卫生医疗人才的区域分布均衡程度

主要用于反映各区卫生医疗人才发展的均衡程度。指标测量上主要用某个市下辖各区域卫生医疗人才总量的标准差系数来表示。

（3）教育类人才的区域分布均衡程度

主要用于反映各区教育类人才发展的均衡程度，用某个市下辖各区域教育类人才总量的标准差系数来表示。

另外，由于企业家人才数、科研人才数各市下辖的各区数据未公布，难以获得，故本研究对其不进行考察。

3. 人才培养

人才培养用两个方面的指标进行衡量，一是人才培养的重要结果——人才储备量，二是人才培养的载体数量。前者用“中等教育以上在校学生人数”测量。一方面，中等教育以上在校学生人数是重要的潜在人才，是地区中短期重要的人才储备力量。另一方面，中等教育以上在校学校也是具备高素质基础的人才，在人才发展当中扮演着重要角色。后者用各类学校的数量来测量。学校是人才培养的重要载体，对人才资源的数量、结构和质量都有着重要影响。鉴于数据的可得性，学校数量主要包括各类普通高等学校、技工学校、普通中学和小学的数量，不包括幼儿园的数量。

人才队伍高质量发展类指标体系如表 3-1 所示：

表 3-1 人才队伍高质量发展类指标体系

<table>
<tr><th>一级指标</th><th>二级指标</th><th>三级指标</th></tr>
<tr><td rowspan="10">人才队伍高质量发展</td><td rowspan="5">人才总量</td><td>人才总量</td></tr>
<tr><td>卫生技术人才数</td></tr>
<tr><td>教育类人才数</td></tr>
<tr><td>企业家人才数</td></tr>
<tr><td>科研人才数</td></tr>
<tr><td rowspan="3">人才分布均衡程度</td><td>人才总量的区域分布均衡程度</td></tr>
<tr><td>卫生技术人才的区域分布均衡程度</td></tr>
<tr><td>教育类人才的区域分布均衡程度</td></tr>
<tr><td rowspan="2">人才培养</td><td>中等教育以上在校学生人数</td></tr>
<tr><td>学校数量</td></tr>
</table>

（二）人才效能高质量发展类指标

人才效能主要从经济发展成果、科技创新成果两方面来考察。其中，经济发展成果主要从宏观和微观两个层面来考虑，宏观层面用人均 GDP 来衡量，微观层面由于难以获得规上工业企业人数，无法计算出每家规上工业企业人均利润，故间接用平均每家规上工业企业利润来衡量。

1. 经济效益

（1）人均 GDP

GDP 是指按国家市场价格计算的一个国家（或地区）所有常驻单位在一定时期内生产活动的最终成果。人均 GDP 一定程度上能够反映一定时期一个国家（或地区）人才所创造出来的效能。

（2）平均每家规上工业企业利润

规模以上工业企业盈利能力和盈利水平是衡量相关企业家和各类企业人才效能的一个重要指标，本研究用“平均每家规上工业企业利润”作为衡量指标。

2. 科技创新成果

科技创新成果用“每万人专利授权数”和“每万人发明专利授权数”来衡量。有效授权专利数是衡量研发人才效能的一个重要数量指标，发明专利授权数能进一步更为直接反映科技创新成果的质量，两个指标均可作为人才发展成果的重要反映。

表 3-2　人才效能高质量发展类指标体系

<table>
<tr><td rowspan="4">人才效能高质量发展</td><td rowspan="2">经济效益</td><td>人均 GDP</td></tr>
<tr><td>平均每家规上工业企业利润</td></tr>
<tr><td rowspan="2">科技创新成果</td><td>每万人专利授权数</td></tr>
<tr><td>每万人发明专利授权数</td></tr>
</table>

(三) 人才环境高质量发展类指标

1. 经济发展类指标

经济发展环境是人才发展的重要基础环境，既影响人才集聚，又影响人才成长；既影响人才价值的实现，又是人才价值的重要体现。本研究中，结合以往关于人才经济环境的相关研究，重点选择了 GDP 总量、高新技术企业数量、城镇单位就业人员平均工资，分别对应地区经济发展水平、就业机会与就业质量、人才价值。

(1) GDP 总量

地区 GDP 是一个地区经济发展的综合性统计指标，也是地区经济核算体系中的核心指标，它反映地区的经济实力和市场规模。它对人才影响是全方位的，在吸引、留住、使用和激励人才等方面发挥着总的影响。

(2) 高新技术企业数量

高新技术企业是在《国家重点支持的高新技术领域》内，持续进行研究开发与技术成果转化，形成企业核心自主知识产权，并以此为基础开展经营活动的企业，具有知识密集、技术密集特征。高新技术企业在技术创新、品牌形象、市场价值、内部组织管理、企业文化建设、成长速度、盈利能力等方面都具有一定优势。因此，本研究认为，高新技术企业数量的增长能够为人才发展提供更好更优质的人才环境。具体指标上，本研究用“高新技术企业数量”来衡量。

(3) 城镇单位就业人员平均工资

就业人员的平均工资是人才价值和贡献的重要评判指标，其高低能够间接体现一个国家或地区人才的综合素质。另外，就业人员的平均工资也是吸引和留住人才、激励人才的重要而直接地影响因素。考虑到农村就业的灵活性以及相关人员工资数据不可获得性等特点和现状，故此处采用“城镇单位就业人员平均工资”作为衡量指标。

2. 教育医疗保障类环境指标

根据人力资本投资理论，教育和医疗是人力资本投资的两个重要领域，是人力资本形成的重要来源。教育医疗环境越好，越能充分保障人才在教育和医疗等方面的需求，越有利于人才的集聚和发展。考虑到前文已将教育医疗类人才纳入人才总量指标当中，为避免重复，此处从教育医疗类的投资、相关载体和设备设施条件等方面来提取相关指标。重点选择“教育支出占财政支出比重”“医疗卫生支出占财政支出比重”“每万人拥有病床数作为衡量指标”。

（1）教育支出占财政支出比重

该指标反映了一个地区人力资本投资的水平，既体现了当地对人才培养的重视程度，也影响到人才发展的结果，对人才子女教育有着重要影响，进而也影响到吸引和留住人才。因此，本研究将其作为一个重要的教育环境指标。

（2）医疗卫生支出占财政支出比重

该指标反映了一个地区医疗卫生投资的水平，既体现了当地对医疗卫生事业的重视程度，也影响到医疗卫生领域发展的结果。

（3）每万人拥有病床数

该指标可以直接用以反映一个地区医疗资源的丰富程度。医疗资源越丰富越发达的地区，对于吸引和留住人才越有优势。

3. 创新创业环境类指标

创新创业是人才实现自我价值的一种重要体现，创新创业的过程和结果反映了人才成长的质量和结果。本研究用影响创新创业的因素以及创新创业的结果来衡量创新创业环境。影响因素方面，用“研发费用总额”来衡量。创新创业结果方面，用“市场主体数”来衡量。

（1）研发费用总额

研发费用总额反映了一个地区对创新活动的投入和支持力度，这个用统计年鉴当中一个地区全社会的“研发费用总额”来测量。

（2）市场主体数

市场主体是在市场上从事各种经济活动、享有权利和承担义务的个人和组织体。一个地区的市场主体数集中反映了当地投资者的创新创业信心，直接反映了创新创业活力，是创新创业环境优劣的重要体现。

4. 公共生活休闲环境类指标

居住条件是吸引和留住人才的重要影响因素，工资收入和房价是影响居住条件的两个重要方面，此处用“房价收入比”来衡量，具体统计采用“房价与城镇就业人员的平均工资”来计算。

便利舒适的生活休闲环境有利于吸引和集聚人才。这种环境包括了自然环境和社会服务环境，前者主要包括空气质量、水质、城市绿化等方面，后者包括各种文化场所、娱乐设备设施、交通基础设备设施等。考虑到不同城市相关统计项目不一，此处采用比较常用、通用的一些指标，如“年末实有公共汽（电）车营运车辆数”“人均公共绿地面积”“公园绿地面积”来衡量。

表 3-3　人才环境高质量发展类指标体系

一级指标	二级指标	三级指标
人才环境高质量发展	经济发展	GDP 总量
		高新技术企业数量
		城镇单位就业人员平均工资
	教育医疗保障	教育支出占财政支出比重
		医疗卫生支出占财政支出比重
		每万人拥有病床数
	创新创业	研发经费
		市场主体数
	公共生活休闲	房价收入比
		年末实有公共汽（电）车营运车辆数
		人均公共绿地面积
		公园绿地面积

四、指标权重设计

权重是一个相对的概念，针对某一指标而言，权重是指该指标在整体评价中的相对重要程度。权重表示在评价过程中被评价对象不同侧面重要程度的定量分配，对各评价指标在总体评价中的作用进行区别对待。理论上而言，权重设计需要考虑到以下几个方面的因素：一是所反映的信息量越大，权重设置比重就应该越高，反之则越低。二是所反映的信息越重要、价值性越大，权重设置比重就应该越高，反之则越低。三是评价指标区分度越高，权重设置比重就应该越高，反之则越低。四是评价指标信度较高，权重设置比重就应该越高，反之则越低。此外，指标权重确定时要注意指标间的相关性，往往相关性较低的指标更能够反映研究对象的本质。

总之，权重是要从若干评价指标中分出轻重来，一组评价指标体系相对应的权重组成了权重体系。一组权重体系{| j=1，2，…k}，必须满足下述两个条件：（1）0< ≤ 1;j=1，2，…，k。（2）权重和为 1，其中，n 是权重（指标）的个数。

目前采用的权重确定方法有主观和客观两种方法，客观确定权重的方法主要是通过数据产生出权重（一般是采用因子分析提取因子载荷作为权重），此方法的优点评价人为干扰的因素小，缺点是计算出来的权重可能与实际情况相差较大；第二种方法是主观确定权重方法，其中常用是德尔菲法（Delphi method）。

本研究使用目前最为广泛的德尔菲法。德尔菲法本质上是一种反馈匿名函询法。在权重确定时单独地征得专家的意见之后，进行整理、归纳、统计，再匿名反馈给各专家，再次征求意见，再集中，再反馈，直至得到一致的意见。德尔菲法既能使各位专家有独立思考的时间和空间，又能充分借鉴其他专家的意见，从而使得最终结果更具有实际代表性。

具体流程如下：（1）发给专家的第一轮调查表是开放式的，要求专家按照自己主观判断给出每个指标和每一分层（或层）综合指标的权重，并列出权重的理由。然后将回收的结果进行汇总（列出各个权重的最大值、最小值、中位数）。（2）将汇总的结果以匿名的形式再次发给各位专家，要求各位专家根据汇总的结果对权重进行重新判断，再次将各位专家的结果进行汇总。（3）将再次汇总后的结果匿名重新发给专家，要求重新判断。（4）将汇总的数据进行处理，即剔除掉上下四分点外的权重进行平均作为综合评价指标体系中的权重。权重设计结果如指标体系中所示分值分布。

表 3-4　人才高质量发展指标体系

一级指标	二级指标	三级指标	指标类型
人才队伍高质量发展（40%）	人才总量及结构（50%）	人才总量（20%）	正
		卫生医疗人才数（20%）	正
		卫生医疗人才数（20%）	正
		企业家人才数（20%）	正
		科研人才数（20%）	正
	人才分布均衡程度（30%）	人才总量的区域分布均衡程度（40%）	正
		卫生医疗人才的区域分布均衡程度（30%）	正
		教育类人才的区域分布均衡程度（30%）	正
	人才培养（20%）	中等教育以上在校学生人数（50%）	正
		学校数量（50%）	正
人才效能高质量发展（30%）	经济效益（60%）	人均 GDP（70%）	正
		平均每家规上工业企业利润（30%）	正
	科技创新成果（40%）	每万人专利授权数（50%）	正
		每万人发明专利授权数（50%）	正

续 表

一级指标	二级指标	三级指标	指标类型
人才环境高质量发展（30%）	经济发展（25%）	GDP 总量（50%）	正
		高新技术企业数量（25%）	正
		城镇单位就业人员平均工资（25%）	正
	教育医疗保障（25%）	教育支出占财政支出比重（50%）	正
		医疗卫生支出占财政支出比重（25%）	正
		每万人拥有病床数（25%）	正
	创新创业（25%）	市场主体数（50%）	正
		研发费用总额（50%）	正
	生活休闲（25%）	房价收入比（25%）	负
		年末实有公共汽（电）车营运车辆数（辆）（25%）	正
		人均公共绿地面积（公顷）（25%）	正
		公园绿地面积（25%）	正

第四章　佛山及主要城市人才质量发展水平评价

由于目前人才高质量发展缺乏客观的、绝对的高、中、低水平程度标准，故本研究采取相对比较法：考察某一城市的人才高质量发展水平在全国各个城市的相对位置。重点考察佛山市人才高质量发展水平在全国所处的位置，从而为进一步分析当前佛山市人才高质量发展现状和问题、提出相应的一些发展对策建议奠定基础。

在比较对象的选择上，一方面，鉴于佛山市地处广东经济发达的珠三角地区，因此重点放在珠三角九市进行比较。另一方面，考虑与佛山市的经济发展水平相当或相近以及全国排名靠前的一些城市、中东部省会城市。最初一共筛选出28个城市，在实际统计过程中，由于一些城市如长沙、重庆、合肥、青岛、南昌等相关数据缺失较多，超过1/4，统计过程中予以了剔除，最终确定22个城市纳入比较。

一、数据搜集与整理

鉴于用于评价的数据较多，涉及数个省份多个城市诸多方面，很难通过单一途径获得，因此，本研究样本数据来源较为广泛。主要分为以下几大类：（1）统计年鉴类：主要包括各个城市的统计年鉴、各省统计年鉴以及《中国城市统计年鉴》《中国劳动统计年鉴》《中国科技统计年鉴》《中国卫生和计划生育统计年鉴》。部分城市在计算相关均衡类指标时，还查阅了其下辖的相关区（县或镇）的统计年鉴，如佛山市、深圳市、东莞市下辖区统计年鉴等。（2）各地区国民经济和社会发展统计公报、政府年度工作报告以及政府官网上发布的数据。（3）新闻报道。一些数据如市场主体数据、绿地面积、公园绿地面积等数据，因部分城市统计年鉴、统计公报等未有公布，数据搜集中采用互联网检索相关新闻的方式来获取。

尽管研究中已尽可能广泛搜集样本数据，但仍然存在少部分数据缺失的情形。对此，采用了均值处理或寻找相近的数据进行了替代。由于各项三级指标加权以后分值占总分比值不大，加之缺失数据又相对不多，因此，对评价结果的误差影响不会太大。另外，本研究重点考察的是佛山市人才高质量发展在全国主要城市的大体相对位置，主要目的并非进行各个城市排名。因此，这种对缺失值的替代不会对接下来的分析产生较大影响。

在研究对象年份方面，考虑到一些地区 2020 年的统计年鉴未出，故评价所使用的统计年鉴为 2019 年，对应的统计数据为 2018 年。其他非年鉴所采集的数据也均为 2018 年数据。

二、评价方法

（一）数据的标准化处理

由于构建的人才高质量发展评价指标的量纲不一致，为消除量纲差异，本研究对数据进行了标准化处理。在标准化处理的方法上，目前对于正向指标的处理一般是：

$$x_{ij}^{'}=\frac{x_{ij}-m_j}{M_j-m_j} \quad (1)$$

其中，$x_{ij}^{'}$和 x_{ij}分别为标准化处理前和标准化处理后的第 i 个地区第 j 个评价指标。M_j 和 m_j 分别表示该评价指标原始数据的最大值和最小值。

对于负向指标的处理，一般是：

$$x_{ij}^{'}=\frac{M_j-x_{ij}}{M_j-m_j} \quad (2)$$

其中，$x_{ij}^{'}$和x_{ij}分别为标准化处理前和标准化处理后的第 i 个地区第 j 个评价指标。M_j和m_j分别表示该评价指标原始数据的最大值和最小值。

虽然上述方法可用于进行多个城市数据的比较研究，但也存在一些不足。例如，对于某地区某个评价指标在所评价的所有城市指标，其值最小但不为零时，按照上述标准化处理方法处理，容易出现分值为零现象，这与其实际情况并不相符。另外，从本研究的目的来看，重点考察的是“相对发展位置”，即同一指标评价中，以所有城市中取值最高的城市作为“标杆”，考察其他城市相对其所处的位置和水平，重点是“找差距”。

因此，在方法选择上，本研究作出适当调整，如下所示：

对于正向指标：

$$x_{ij}^{'} = \frac{x_{ij}}{M_j} \tag{3}$$

其中，$x_{ij}^{'}$和x_{ij}分别为标准化处理前和标准化处理后的第 i 个地区第 j 个评价指标。M_j和表示该评价指标原始数据的最大值。

对于负向指标：

$$x_{ij}^{'} = \frac{m_j}{x_{ij}} \tag{4}$$

其中，$x_{ij}^{'}$和x_{ij}分别为标准化处理前和标准化处理后的第 i 个地区第 j 个评价指标。m_j和表示该评价指标原始数据的最小值。

（二）各级指标评分

各级指标的评分如下：

$$D_i = \sum_{j=1}^{q} w_j g_{ij}$$

其中，D_i表示第 i 个城市人才高质量发展指标的得分，q 为指标个数，w_j 为指标权重，g_{ij}表示第 i 个城市第 j 个指标得分。

三、评价结果

（一）人才高质量发展总体评价结果

经测算，2018 年全国 22 个城市人才高质量发展得分如表 4-1 所示：

从表 4-1 可以看到，人才高质量发展的总评中，上海、北京、深圳和广州居于前四位，分别为 68.87 分、68.56 分、66.32 分和 60.35 分。其中上海和北京大体相当，差距非常小，仅相差 0.31 分。深圳走在广州的前列，高出 5.97 分，但总体相差不大。四个城市的平均分为 66.03 分。从佛山所处的相对位置来看，22 个主要城市中，佛山排第 15 位，这与佛山城市经济发展在全国城市排位大体相当。虽然有几个重要城市未囊括进去，但考虑惠州、中山、江门、肇庆、珠海也纳入考察，与这几个重要城市相比，佛山也有自身的一些优势，因此，大体相差不会太大。

综合来看，本研究认为，对比佛山过去人才和经济发展状况，佛山人才高质量发展速度与佛山地区经济社会发展速度大体是同步的，人才发展并未滞后于经济发展。

从人才高质量发展总体得分来看，佛山市得分为 38.85 分，与上北深广四个地区平均分相差 27.18 分，低 41.16%。与平均分对比来看，22 个城市平均分为 45.63 分，佛山比平均分低 6.78 分，低 14.86%。说明佛山在人才高质量发展方面，与一线城市相比，比较优势还不是很明显。尤其是对标北上广深等大城市，仍然还有很大的提升空间。

另外，对比珠三角九市，人才高质量发展总体得分佛山处于第四位，分别比深圳、广州和中山低 27.47 分、21.5 分和 1.37 分，低 41.42%、35.63% 和 3.41%。进一步来看，中山市之所以略微高出佛山，主要在于中山市在人才效能和人才环境评价方面得分要高于佛山，具体体现在平均每万人专利数、人均绿地面积和人均公园绿地等方面。另外，虽然佛山处于第四位，但与中山、东莞和珠海相比，总体差距并不大，相对优势并不是非常明显。因此，本研究认为，未来佛山要加大人才高质量发展力度，拉开力度，中短期内抢夺珠三角九市第二梯度的人才发展高地。

表 4-1　2018 年全国 22 个城市的人才高质量发展评价

城市	人才队伍	人才效能	人才环境	总评	所处相对位置
上海	70.69	62.18	68.37	68.87	1
北京	63.13	74.65	65.34	68.56	2
深圳	54.85	79.39	68.14	66.32	3
广州	61.20	53.72	63.78	60.35	4
苏州	57.37	65.83	45.29	56.20	5
南京	53.62	60.00	48.96	53.25	6
成都	64.22	32.86	51.34	51.23	7
武汉	58.18	46.77	42.92	50.11	8
杭州	45.40	53.49	46.52	47.87	9
郑州	57.90	44.56	37.16	47.54	10
西安	57.60	33.76	43.83	46.14	11
天津	52.74	39.04	43.20	46.03	12
宁波	41.66	46.63	35.95	41.22	13
中山	24.45	65.68	41.67	40.22	14
佛山	33.15	46.88	38.90	38.85	15
东莞	36.59	38.19	39.07	37.67	16
珠海	19.75	67.23	35.49	36.05	17
厦门	35.18	36.70	32.49	33.65	18
温州	38.87	21.77	36.72	33.01	19
惠州	30.46	25.59	37.16	30.46	20
江门	32.76	18.72	30.32	27.55	21
肇庆	23.61	13.78	32.38	22.74	22
平均	46.06	46.70	44.77	45.63	--

从人才高质量发展的各个一级指标评价来看，结合表 4-1 和图 4.1 来看，22 个城市中，大部分城市人才效能得分总体要略高于人才队伍和人才环境得分；大部分城市人才队伍评价得分要略高于人才环境得分。从佛山来看，与之略有一些差异：人才效能得分均小幅高于人才队伍和人才环境得分，分别高出 29.29% 和 17.02%。人才环境得分高于人才队伍得分 5.75 分，高

出 17.35%。与北上深广城市平均数相比，三个一级指标均明显要低。说明在人才高质量发展方面，佛山要全面追赶而不是单一方面的追赶。在侧重点方面，人才队伍和人才环境方面尤其是要加大力度。要在珠三角九市第二梯队的竞争中，形成人才队伍和人才环境高质量发展的独特优势。

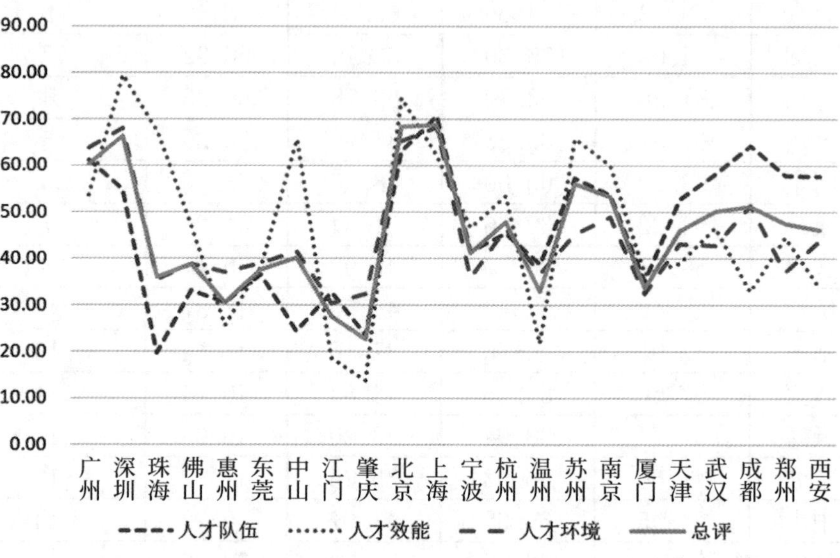

图 4.1　2018 年全国 22 个城市的人才高质量发展评价

（二）人才队伍高质量发展评价结果

从人才队伍高质量发展来看，上海、成都、北京和广州分别列前 4 位，得分分别为 70.79 分、64.22 分、63.13 分和 61.20 分。深圳屈居第 9 位，主要原因在于人才培养方面的得分较低。相比其他城市如武汉、郑州、西安、苏州等城市，就中等以上学校数和在校学生数，深圳都要少很多。虽然凭借深圳对人才的吸引力，可以获得很多“拿来人才”，近年来深圳也在加强各类学校和人才载体的建设，取得一定成效，但后备人才培养方面仍然需要进一步加强、加快。

从佛山市人才队伍高质量发展评价来看，得分为 33.15 分，排名第 17 位，比排名前四位的上成北广城市平均分（64.81）低 31.66 分，低 48.85%，说明在人才队伍高质量发展方面，佛山还有很大的追赶空间。从排位上看，比人才高质量总体评价低两位，说明佛山人才队伍的高质量建设在佛山人才高质量总体建设中的作用未充分发挥。从佛山市与珠三角九市对比来看，佛山市位列珠三角第四，分别比广州、深圳和东莞低28.05分、21.7分和3.44分，低45.83%、39.56%和9.40%。进一步来看，珠三角四市中，东莞、佛山、江门、惠州四市分别为36.59分、33.15分、32.76分和30.46分，总体相差不大，属于第二梯队。另外，值得关注的是，珠海市的得分最低，这主要源于人才总量及结构、人才培养方面的得分较低。无论是从业人员总量、卫生人才、教育人才、企业家人才和科研人才总量，还是各类学校及中等职业学校以上在校学生数，珠海市相比其他地区都比较低。

从人才队伍高质量发展的具体评价指标来看，人才总量及结构、人才分布均衡程度、人才培养三个指标，佛山得分分别为26.99分、48.10分和26.11分。与上海、成都、北京和广州相比，各指标得分差距均较大，说明在人才队伍高质量发展方面，各方面均有很大的提升空间。

表4-2　2018年全国22个主要城市的人才队伍高质量发展评价

城市	人才总量及结构	人才分布均衡程度	人才培养	总评	相对排名
上海	89.19	40.18	70.21	70.69	1
成都	57.70	67.03	76.33	64.22	2
北京	75.36	34.49	75.50	63.13	3
广州	58.27	44.41	93.72	61.20	4
武汉	44.77	70.24	73.64	58.18	5
郑州	38.69	65.50	94.53	57.90	6
西安	40.19	69.51	83.28	57.60	7
苏州	46.23	92.98	31.80	57.37	8
深圳	69.32	49.72	26.36	54.85	9
南京	37.59	82.61	50.22	53.62	10
天津	45.90	55.02	66.40	52.74	11
杭州	41.24	53.08	44.28	45.40	12

续 表

城市	人才总量及结构	人才分布均衡程度	人才培养	总评	相对排名
宁波	32.05	65.55	29.85	41.66	13
温州	31.55	53.40	35.38	38.87	14
东莞	34.83	47.68	24.36	36.59	15
厦门	25.01	62.49	19.65	35.18	16
佛山	26.99	48.10	26.11	33.15	17
江门	13.59	74.38	18.24	32.76	18
惠州	18.80	52.76	26.17	30.46	19
中山	13.29	51.33	12.03	24.45	20
肇庆	11.30	48.04	17.74	23.61	21
珠海	9.37	42.22	11.98	19.75	22
平均	39.15	57.76	45.81	46.06	--

（三）人才效能高质量发展评价结果

从人才效能高质量发展评价来看，如表 4-3 所示：排在前 4 位的分别为深圳、北京、珠海和苏州，得分分别为 79.39 分、74.65 分、67.23 分和 65.83 分，平均分为 71.78 分。值得注意的是，在前面关于人才队伍高质量发展的评价当中，珠海排名第 22 位，而在人才效能高质量评价中，珠海排在第 3 位，这似乎表明人才队伍高质量并不代表人才效能高质量。但实质上，两者并不矛盾：人才队伍高质量只是人才效能高质量的一个必要条件而非充分条件，人才效能的高低除了人才以外还受到诸多因素的影响。进一步分析发现，珠海市人口少，但其人均GDP、平均每家规上工业企业利润、每万人专利授权数、每万人发明专利授权数均比较高。考虑到珠海属于经济特区，因此本研究认为制度优势、区位优势、技术、资本等要素对珠海人才效能的发挥起到了重要推动作用。当然，本研究受制于数据的可得性，在指标选取方面，效能指标偏少也是一个因素。

从佛山市与全国其他城市对比来看，佛山排名第10位，得分为46.88分，比排名前四位地区的平均分少 24.9 分，低 34.69%。与 22 个城市的平均数相比，佛山要略微要高出0.18分。与珠三角城市九市相比，佛山排名第5位，得分分别比深圳、珠海、中山和广州少32.51分、20.35分、18.8分和6.84分，分别低40.95%、30.27%、28.62%和12.73%。结合以上这些数据来看，本研究认为在人才效能高质量发展方面，无论是在全国22个城市，还是珠三角九市，大体上佛山均处于中等位置，与排位靠前的城市相比有一定差距，仍需进一步追赶。

分结构来看，经济效益评价当中，佛山得分为60.84分，高于22个城市平均水平7.73分，高出14.55%。但是在科技创新成果方面，佛山仅为25.94分，低于平均水平11.14分。进一步分析发现，虽然科技创新成果总量上佛山排位比较靠前，但从人均量来看，排位较为靠后。

此外，从评分当中还可以看到，科技创新成果评价中，中山市为100分，这并不意味着中山市在这一方面没有改进的空间。因为相对其他地区而言，中山市在这一评价指标的具体各方面均最高。进一步通过对原数据的分析发现：中山市专利授权数、发明专利授权数区域中等偏上，但人口偏低，导致人均数最高。

表4-3　2018年全国22个主要城市的人才效能高质量发展评价

城市	经济效益	科技创新成果	总评	相对排名
深圳	88.11	66.31	79.39	1
北京	65.47	88.41	74.65	2
珠海	62.71	74.00	67.23	3
苏州	82.38	41.01	65.83	4
中山	42.80	100.00	65.68	5
上海	79.84	35.68	62.18	6
南京	64.47	53.29	60.00	7
广州	69.95	29.37	53.72	8
杭州	60.85	42.44	53.49	9
佛山	60.84	25.94	46.88	10
武汉	56.47	32.22	46.77	11

续 表

城市	经济效益	科技创新成果	总评	相对排名
宁波	60.24	26.21	46.63	12
郑州	45.87	42.61	44.56	13
天津	55.32	14.62	39.04	14
东莞	42.01	32.44	38.19	15
厦门	46.60	21.84	36.70	16
西安	34.58	32.52	33.76	17
成都	41.02	20.61	32.86	18
惠州	34.56	12.13	25.59	19
温州	26.31	14.97	21.77	20
江门	27.01	6.28	18.72	21
肇庆	21.05	2.87	13.78	22
平均	53.11	37.08	46.70	--

（四）人才环境高质量发展评价结果

从人才环境的高质量评价结果来看，22个城市中，排在前四位的分别为上海、深圳、北京和广州，对应的得分分别为68.37分、68.14分、65.34分和63.78分，平均分为66.41分，比22个城市平均分高出36.26分，高83.71%。

从佛山市来看，人才环境高质量评价得分为38.90分，排名第14位，排名属于中等偏下。与排名靠前的前四名城市相比，比这些城市平均分低27.51分，略微超过一半。与22个城市相比平均分相比，低5.87分。与珠三角九市相比，佛山处于第5位，分别比深圳、广州、中山和东莞低29.24分、24.88分、2.77分和0.17分。从差距比较来看，佛山与深圳和广州的差距比较大，但与珠三角的中山、东莞、惠州和珠海等城市差距不大。这表明，在人才环境高质量发展中，佛山属于第二梯队。要想获得竞争优势，佛山不仅需要具备向深圳和广州看齐意识，而且更为重要的一点是，佛山必须拉开与第二梯队其他城市的距离，寻找到“蓝海”，否则容易陷入竞争“红海”。

分结构来看，经济发展指标得分中，佛山得分为 32.50 分，排名第 14 位。这并不意味着佛山经济发展一般，而是说相对于上海、深圳和北京而言，经济发展佛山只相当这些城市的二分之一至三分之一之间。教育医疗保障方面，佛山得分较高，为 76.50 分，高出 22 个城市平均分 9.17 分。比起北上广深城市而言，佛山教育医疗等经费投入占财政比重较大，人均床位数也相对较多。这表明，近年来，佛山市在教育医疗等方面的重视程度提高，投入力度加大。在创新创业环境以及生活休闲方面，佛山得分仅为 20.79 分和 25.81 分，均显著低于北上广深等城市，在珠三角地区也趋于中等。这表明，佛山在营造创新创业、改善人才生活休闲环境等方面还需要进一步加大力度。

表 4-4　2018 年全国 22 个主要城市的人才环境高质量发展评价

城市	经济发展	教育医疗保障	创新创业	生活休闲	得分	相对排名
上海	83.06	51.92	100.00	38.51	68.37	1
深圳	70.10	54.13	87.46	60.89	68.14	2
北京	96.39	60.34	61.46	43.17	65.34	3
广州	64.63	74.99	58.77	56.73	63.78	4
成都	41.16	72.71	57.14	34.35	51.34	5
南京	41.36	67.53	35.71	51.24	48.96	6
杭州	42.39	77.53	32.00	34.16	46.52	7
苏州	49.62	64.17	41.49	25.86	45.29	8
西安	29.45	67.06	42.86	35.94	43.83	9
天津	51.16	56.68	31.89	33.08	43.20	10
武汉	40.98	69.89	31.63	29.18	42.92	11
中山	20.29	82.12	10.93	53.32	41.67	12
东莞	30.13	71.26	32.89	22.00	39.07	13
佛山	32.50	76.50	20.79	25.81	38.90	14
郑州	30.36	61.06	27.14	30.09	37.16	15

续 表

城市	经济发展	教育医疗保障	创新创业	生活休闲	得分	相对排名
惠州	20.34	80.13	15.72	32.45	37.16	16
温州	24.32	78.75	27.53	16.31	36.72	17
宁波	35.25	56.74	24.29	27.54	35.95	18
珠海	20.88	55.39	9.60	56.10	35.49	19
厦门	22.83	60.15	15.03	31.95	32.49	20
肇庆	15.70	79.67	6.29	27.86	32.38	21
江门	17.59	62.47	12.50	28.73	30.32	22
平均	40.02	67.33	35.60	36.15	44.77	—

第五章　佛山市各区人才发展现状及问题

一、顺德区人才发展现状及问题

（一）顺德区人才发展现状

1. 人才总量

数据统计显示[①]，截至 2020 年 9 月，顺德区人才总量超 45 万人，平均每万人拥有人才 1664 人。从人才密度来看，平均每平方公里拥有人才 558 人。总量人才中，专业技术人才约 18.77 万人，占 41.71%；博士人才超 2100 人，占 0.47%，硕士人才超 1.5 万人，占 3.33%，研究生以上人才总量占到了 3.80%。

另外，从高层次人才总量来看，经过认定的有 20615 人，占人才总量的 4.48%。其中，产业类人才有 13279 人，占高层次人才总量的 64.41%；教育类人才 4381 人，占 21.25%；医疗卫生人才 2955 人，占 14.34%。入选国家重大人才工程有 78 人，广东省特支计划 12 人，首次引进全职发达国家院士 1 人。

2. 人才结构

从认定的高层次人才结构来看，分布情况如下：

（1）性别结构：男性占 75.28%，女性占 24.72%，男性高层次人才占比较高。

①数据来源：根据顺德区人才服务中心、凤凰网广东频道 2020 年 9 月 30 日报道等数据整理而得。

（2）年龄结构：经认定的高层次人才，呈现队伍年轻化的特点：平均年龄为34岁，其中35岁及以下占64.73%，36至40岁占17.97%，41至45岁占8.44%，46至50岁占4.43%，51至55岁占3.92%；56岁至59岁占0.35%；60岁以上占0.16%[①]。从上述年龄构成可以看出，45岁以下高层次人才占到了91.14%，表明顺德高层次人才资源后期发展潜力巨大。

（3）学历结构：高中及以下学历占0.24%，大专占1.49%，本科学历占16.35%，研究生以上学历占81.92%。研究生以上学历中，硕士占84.13%，博士占15.87%，高层次人才呈现高学历化特点。

（4）职称结构：具备高级职称的占6.5%，中级职称占16.14%；初级职称占2.77%；其他无职称人员占74.59%。另外，拥有国家职业资格人员有占4.63%。

（5）来源结构：从国籍分布来源来看，有来自美国、英、德、法、澳大利亚、韩国、日本、新加坡、意大利、缅甸、孟加拉国等多个国家，这表明顺德人才队伍的国际化建设初见成效；从国内分布来源来看，有来自港澳台地区的，也有来自内地。内地地区中，以广东省外的居多，分别占79.04%、20.96%，表明顺德对于外省人才而言具有非常强的吸引力。进一步从广东省内来看，来自佛山本地和非佛山地区的分别占52.12%、47.88%。另外，来自佛山本地的高层次人才中，顺德本地的有374人，占80.08%。这表明顺德近年来在培养和留住本地高层次人才方面均取得了显著成效。

3. 人才培养

（1）企业人才培养的机构设置。问卷调研数据显示，35.71%的企业设立了专门的培训机构，有59.52%的企业安排专人负责培训，而有4.76%的企业既没有设立培训机构，也没有安排专人负责培训。这些数据表明，不少企业对人才培训的重视程度还有待加强，人才培养的力度和规范程度

①部分人才因年龄数据缺失未统计在内。

有待提高。

（2）企业培训经费投入与使用。有 56.35% 的企业表示其培训经费主要用于培训管理人员，有 25.00% 的企业表示培训经费主要用于培训一线员工，有 64.29% 的企业表示培训经费主要用于专业技术人员。这说明管理人员、专业技术人员、中高层次人才是企业培训的重点培训对象。

（3）企业的培训组织形式。有 83.33% 的企业选择采用内部培训，有 66.67% 的企业采取外部培训，有 42.86% 的企业聘请外部机构组织实施培训，有 64.29% 的企业选择参加外部培训机构课程。这些数据表明，不少企业采取了内、外部培训相结合的培训方式，同时也表明企业对于外部培训的需求较大。

4. 人才载体

从人才载体来看，目前顺德拥有国家级众创空间 8 家，国家级科技孵化器 6 家，院士工作站 22 个，省级重点实验室 12 个，省级工程中心 246 家，重点公共创新平台 16 个，博士后工作站 31 个，集聚院士专家超 50 人。拥有创新创业团队 76 个，其中省市级团队 36 个。香港科技大学－博智林联合研究院以及港澳青年创新创业（佛山顺德）基地于 2019 年 4 月正式挂牌；中国智能服务设计创新产业园区（即涉及山庄）等 4 个工业设计人才主题园区均在稳步推进建设中；华南理工大学国家大学科技园顺德创新园区孵化科技型企业 48 家，搭建 7 个研发中心，推动 74 件学校专利成果作价 7366.32 万元注入佛山企业。

5. 人才效能

人才效能得到进一步释放：2018 年，顺德区人均生产总值（按常住人口计）为 118963 元，居佛山五区第四位，比 2017 年增长 3.0%。科技创新方面，专利授权量达到 16.9 万件，实现各类公共创新平台攻克关键技术 300 多项，有 7 家平台被省科技厅认定为“广东省新型研发机构”。2019 年度广东省科学技术奖，顺德企业作为第一完成单位获奖 5 项。连续十一年举办的“创业顺德”主题活动共有 1600 多个项目获得了近 2 亿元的扶持，衍生出卡蛙科技、隆深机器人、万锦科技、潜龙工业设计、天新环保等一批创业明星项目。

6. 当前人才流入的主要渠道

从人才流入的主要渠道来看，呈现出如下几个方面的特点：一是企业在人才招聘渠道呈现出多元化的特点，同时线上线下招聘相结合。二是网络和招聘会是人才流入的最常用的渠道，有 88.1% 的企业选择网络进行人才招聘，83.33% 的企业选择招聘会招聘。三是超过一半的企业能够吸引求职者主动上门求职，表明顺德地区及其企业对人才具有较强吸引力。四是职业中介猎头公司所发挥的作用越来越大，数据显示有 59.52% 的企业会选择职业中介猎头公司招聘人才。五是企业的雇主品牌在人才招聘当中发挥了重要影响，数据显示有 45.24% 的企业能够通过员工和熟人介绍获得人才，另外有 54.76% 的企业能够通过主动上门求职者获得人才也充分说明了这一点。

（二）顺德区人才发展面临的主要问题

1. 高层次专业技术人才和技能人才缺口较大

从企业对人才的需求来看，相比经营管理人才和技能人才，专业技术人才需求较多。调查数据显示，有 55.56% 的企业表示需要各类专业技术人才，有 33.33% 的企业表示需要各种经营管理人才，而有 52.92% 的企业表示需要各种技能人才。从人才需求的层次来看，中高层人才尤其是高层人才是各个企业人才需求的重点。经营管理人才中，有 35.71% 的企业表示需要高层人才，47.62% 的企业表示需要中层人才；专业技术人才中，有 78.57% 的企业表示需要高层人才，66.67% 的企业表示需要中层人才；技能人才中，有 33.33% 的企业表示需要高级技师，有 38.1% 的企业表示需要高级工。

2. 人才政策与其他政策的衔接仍有待进一步加强，协同效应仍有待提高

虽然顺德区采取的人才政策在推动顺德人才发展环境过程中发挥了重要作用，也取得了显著成效，但人才政策与其他政策的协同效应仍有待提高：

一是人才住房补贴政策与佛山房地产政策衔接不够。与高层次人才以及企业 HR 的座谈当中，一些与会代表反映，其在佛山其他地区有房，但在顺德没有住房，想要在顺德买房却与佛山当前的限购制度存在冲突。另外，买房是一笔很大开支，他们表示，担心房子买下来以后能否顺利拿到补贴。按照现行的住房补贴政策要求，需要提供网签合同，只有买下来了才能去申请补贴，倘若申请不到补贴，就会陷入十分被动的局面。

二是人才政策与现行的佛山医疗政策缺少衔接。虽然高层次人才在入户、子女入学、安居以及薪酬补贴方面享受了相关的政策待遇，但有关人才医疗保健服务等方面却缺少相关优先待遇政策。

三是人才政策的配套措施不够，与用人单位衔接不好。在政策的落实上，因单位不同而存在较大差异，影响了人才干事的积极性，导致一些人才流失。例如在《顺德区高层次产业人才确认办法》中，要求企业负责对高层次人才实施考核，重点考核创新成果、业绩贡献、人才培养等内容，考核结果报区民政和人力资源社会保障局备案。但目前企业并未将考核结果上报，也未对高层次人才开展考核。如何通过一些有效措施来加强企业和政策在人才考核方面的合作，是亟须解决的一个重要问题。

四是各人才政策内部间的衔接不够。例如一些高层次人才表示，德才卡在入户、医疗、子女入学、安居以及其他方面享受哪些具体的优惠措施和待遇不够明确，德才卡所发挥的作用有限。另外，一些企业和高层次人才均表示，当前顺德对高层次人的后续培养、成长的总体规划欠缺。

针对高层次人才和企业的问卷调查结果进一步佐证了各项政策的衔接问题，有 52.23% 的高层次人才和 54.76% 的企业认为整体引才环境有待提升，部门之间未能形成合力；51.82% 的高层次人才和 57.14% 的企业认为人才培养缺乏系统规划和计划；39.68% 的高层次人才和 38.1% 的企业认为人才培养与使用结合不紧密；56.28% 的高层次人才和 59.52% 的企业认为政府对用人单位加强人才培养缺乏政策激励。

3. 人才激励政策在差异化和针对性上仍需进一步优化

第一，针对留学生、科技带头人、学科带头人以及重大影响的专家人才政策扶持力度需要加强。相比较其他人才而言，这些人才的企业需求大，也是非常稀缺的优质人才资源，其他一些地区例如广州、深圳等地对这类人才支持力度比较大，对于顺德地区企业而言比较难招聘。

第二，人才政策向智能化、制造业以及生物产业等顺德经济新增长点的产业倾斜需要加强。许多企业和高层次人才纷纷表示，对于顺德一些引领地区发展的重点优势产业，人才政策应适当倾斜，吸引和更多优秀人才，做到产业发展人才先行。

第三，对有突出贡献的高层次人才社会保障政策支持不够。针对一些对有突出贡献的人才，在退休待遇、医疗养老等方面的保障性政策措施不足，不利于营造尊重人才、为人才解决后顾之忧的良好氛围。

第四，对一些亟须政策支持但又达不到相关政策标准的人才兼顾不够。例如，在高层次人才和企业访谈中，一些企业和人才表示，人才房政策中，由于不是企业而是事业单位，因此不能加分；无事业编制人员也不能加分，这与企业相差太大。企业需要很多高水平的高级技师，他们亟须补贴，但他们因为学历的问题，不能列入人才范围。许多高级技能人才不能享受补贴，不利于企业留住高级技工人才。

另外，问卷调研显示，60%.73% 的高层次人才和 50.00% 的企业表示，当前缺乏顺德针对不同专业、行业和各类人才特点的人才评价指标体系；29.15% 的高层次人才和 30.95% 的企业认为各类人才评价标准不科学，对人才队伍建设的积极导向作用不明显；43.32% 的高层次人才和 38.1% 的企业认为引进人才的政策和条件吸引力不够。

4. 对存量人才的激励亟须加强

在企业负责人座谈中，一些与会人员表示，当前顺德采取的激励措施主要针对的是吸引外来人才，针对本地原有人才，相关政策并没有较好地体现这些优惠。例如，在美的集团，许多存量人才按照现有的人才政策，很难享受相应的优惠待遇，影响了现有人才的工作积极性。不少企业表示，政府应该在新进人才政策的基础上，出台一些针对存量人才的政策，如开展人才贡献评价、设立各种人才奖励，在住房、薪酬补贴等方面给予优惠等。

另外，问卷调查结果进一步反映了上述现象，45.24% 的企业和 47.37%

的高层次人才认为当前顺德地区人才培养观念淡薄，重引进轻培养；19.05%的企业和32.79%的高层次人才认为当前顺德地区人才培养投入少，效率低；35.71%的企业和30.36%的高层次人才认为无论是政府还是企业都缺少对人才业绩的有效考核评价，对人才使用环节的评价缺少足够多的重视和关注。

5. 人才公共服务功能有待进一步完善健全

问卷调研显示，当前顺德在人才公共服务方面，仍存在一些不足：（1）人才公共服务体系整体规划不足。有30.95%的企业认为人才服务体系仍有待改进；有47.62%的企业认为与高层次产业人才服务相关的基地与平台建设明显滞后。（2）人才服务机构和人员队伍建设不足。有30.95%的企业认为人才服务队伍明显不足；23.81%的企业认为人才服务部门缺乏必要的权力，人才评价与考核等工作难以获得相关支持与配合。（3）人才服务数据共享程度比较低。有54.76%的企业认为人才服务所需数据共享程度不高，整体优势得不到充分发挥。许多材料还不能实行电子化提交审核，人才数据库、专家库也有待进一步完善。

此外，顺德在人才公共服务功能方面也亟须拓展：一些公共服务服务、人才招聘和人才引进服务、人才培训和评价服务、流动党员管理、就业服务等公共服务功能有待进一步拓展。一些专项的人才服务例如技能人才培养、专家服务、人才租赁等服务也有待开发。问卷调研显示：有30.89%的企业认为当前的顺德的职称评定环境有待进一步优化；有33.33%的企业表示顺德需要优化当前的继续教育环境；有34.13%的企业表示顺德需要优化当前的交流与合作环境。

另外，在与高层次人才和企业的座谈时，一些人员表示，应注意建设高级人才沟通交流平台。要更好地利用现有人才服务资源，如妇联、团委等；应根据人才需求，建设人才社区会所，提供交流空间；要丰富文化活动，提供修身养性的机会。一些人员还表示，当前顺德软环境还不行，高层次人才交流、学习机会偏少。高层次研讨会、学术会议较少，讨论会信息偏少。希望承办国内外交流会议，利于人才发展建设。

二、南海区人才发展现状及问题

（一）南海区人才发展现状

1. 人才总量

截至 2019 年底，南海区拥有专业技术和技能人才总量超 41.2 万人，平均每万人拥有人才 1359 人。从人才密度来看，平均每平方公里拥有人才 384 人。分类型来看，专业技术人才 16.2 万人，占 39.32%，技能人才约 25 万人，占 60.68%[①]。从高层次人才认定来看，早在 2012 年，南海区就开始开展人才认定工作。2012—2014 年评定 3 批高层次人才共 204 名，其中一级 16 名、二级 42 名、三级 146 名。2018 年新的人才认定政策出台以后，迄今南海区已开展了 11 批次的高层次人才认定工作，加上原自动认定的，迄今认定的高层次人才总量达到 18003 人，约占人才总量的 4.37%。另外，2019 年，季华实验室成功全职引进院士 1 名，新增国家重大人才工程入选者 8 人、总数为 56 人，新引入高水平人才团队 33 个。

2. 人才结构

在南海区高层次人才中，11 批次新认定的 17805 人，原自动认定的有 198 人。从人才认定级别来看，第一类的有 6 人，占 0.03%；第二类有 107 人，占 0.59%；第三类有 300 人，占 1.67%；第四类有 842 人，占 4.68%；第五类有 3071 人，占 17.06%；第六类有 6993 人，占 38.84%；第七类有 6684 人，占 37.13%。另外，根据佛山市统计年鉴数据显示，截至 2018 年底，南海区规模以上工业企业 R&D 人员中，女性占比 19.3%。规模以上工业企业研究机构人员中，博硕士占比为 3.2%。

3. 人才载体

截至 2019 年底，南海区拥有孵化器共 32 家，众创空间 19 家。其中，国家级孵化器 9 家，国家级众创空间 9 家，省、市、区三级工程技术中心

①数据来源：根据南海区政府工作报告和相关统计年鉴数据整理而得。

分别达到 246 家、426 家和 597 家。与中科院、清华大学、北京大学、香港科技大学等 19 家大院大所联合建成季华实验室、佛山仙湖实验室、中国科学院苏州纳米所广东研究院、赛迪（广东）机器人创新中心等在内的 40 多个公共创新平台。另外，高企数量达到 1931 家，市场主体总量达 27.5 万户。

4. 人才效能

从人才效能来看，南海区人均生产总值（按常住人口计）为 98694 元，居佛山五区第五位，比 2017 年增长 2.5%。科技创新方面，专利申请总量达到 28475 件，增长 5.1%；专利授权量达 19697 件，增长 20.5%，其中发明专利授权量 856 件。从专利申请的主体来看，以规模以上工业企业居多。统计年鉴数据显示，近 5 年来，南海区规模以上工业企业专利申请数达到 14232 件，其中发明专利申请为 4425 件，有效发明专利数达到 13492 件。

（二）南海区人才发展面临的主要问题

1. 新兴产业中本科以上学历、中等职称人才缺口较大

根据南海区 2018 年底发布的人才紧缺目录来看，人才需求呈现如下特点：一是分产业来看，现代信息服务产业、家用电器产业和新材料才需求增长最快，呈现出 3 ～ 6 倍的倍增态势。二是分岗位类型来看，专业技术类人才需求最大，占人才需求的 61.41%，其次为专业技能类人才，占 28.13%，经营管理类人才需求占 10.47%。三是本科学历的要求最大，超过 60%。研究生以上人才需求比例大幅上升，对比 2016 年，企业需求占比从 10.00% 增长到 20.64%。四是中等职称比例大幅提升，企业需求占比从 2016 年的 44.30% 提升到 67.36%。

2. 人才工作和生活环境仍需进一步优化

一方面，从目前南海的工作和生活环境来看，距离人才需求还有一定距离，例如，交通等基础设施还有待改进，河涌水污染还未彻底解决、公共绿化还未足够等。例如，季华实验室周边的交通配套和生活配套还有待改进，中心城区以及连接广州的一些路段交通拥堵状况仍有待改善。另一方面，虽然自广佛同城以来，南海区依托区位优势，吸引和集聚了不少广

州人才，同时自身在人才环境建设等方面也取得了显著成绩。但是也必须清醒地认识到：区位优势是一把双刃剑，在吸引和集聚各种资源的同时，也可能面临一些资源被广州吸走，毕竟广州有着发达的生活性服务业、科研资源和人才交流氛围。这就意味着南海需要进一步加大力度改善人才工作和生活环境，缩小两地间的差距。

如表 5-1 所示，从教育卫生等资源来看，但就数量上而言，幼儿园、中小学的数量南海均已接近甚至是超过周边的一些广州主要城区，卫生医疗机构数也接近这些城区平均水平，甚至是超过一些区域，但医院的数量均低于广州四个城区。总体而言，南海的教育和医疗资源在数量上与周边广州四个主要城区相差不大，下一步应重点来加强质量建设。从市场主体来看，南海的市场主体数仅低于天河，高于荔湾、越秀和海珠三个区。进一步从第三产业占比来看，南海区第三产业占比仅为 43.38%，远低于周边广州四个区。从两项数据对比来看，本研究认为南海区的市场主体仍主要集中在工业以及部分生产性服务业，生活性的服务业市场主体占比不高。这对于人才在旅游休闲、购物、餐饮、娱乐等方面会带来一定影响。另外，从可支配收入方面来看，南海比荔湾少 17173 元，低 33.48%，比天河少 23564 元，少 45.94%。虽然南海的房价比这些区域要低，但是便利的交通更容易形成“住在南海，工作生活都在广州”的情形。此外，从人口密度来看，南海也是要远低于周边广州四区，对人才在南海的各种文化和活动交流带来一定影响。

表 5-1　南海区与荔湾、越秀、海珠和天河四区人才主要发展环境对比

区　域	南海	荔湾	越秀	海珠	天河
人均 GDP（万元）	9.87	11.39	26.60	11.43	28.90
城镇居民人均可支配收入（元）	51295	68468	71786	67128	74859
常住人口密度（人／平方公里）	2705	16413	34879	18735	18131
第三产业占比（%）	43.38	77.73	98.18	84.86	92.95

续　表

区　域	南海	荔湾	越秀	海珠	天河
市场主体数（万户）	30.22	12.34	19.03	17.31	45.46
每万人拥有的幼儿园数（所）[①]	1.28	1.11	1.03	1.15	1.14
每万人拥有的小学数（所）	0.46	0.53	0.45	0.41	0.40
每万人拥有的中学数（所）	0.25	0.41	0.19	0.15	0.30
每万人拥有的各类卫生机构数（所）	2.78	2.27	3.14	1.81	4.06
每万人拥有的医院数（所）	0.08	0.27	0.29	0.11	0.25

3. 顶尖高端领军人才较少

近年来，南海区的产业转型升级速度加快，各种人才载体也在迅速增加，相关人才效能也在释放，但总体来看，重大创新成果不够丰富，省级、国家级科技奖、重大科研项目总量不多。除了与转型期各种因素的制约以外，缺乏顶尖高端领军人才、高质量创新创业团队是一个重要因素。以南海区认定的高层次人才为例，前一类人才仅占 0.03%，前二类人才仅占 0.62%，前三类人才仅占 2.29%，前四类人才 6.97%，不足 10%。绝大多数人才都还是集中在后三类人才，其中后两类占到 75.97%。

出现上述情况，一方面源于高端领军人才本身稀缺、各地激烈的人才争夺。另一方面也源于南海在企业环境和区域发展等方面的综合环境。虽然南海分布的企业较多，但大多数企业“大而不强”，对高端领军人才的吸引力还不够。以 2020 年公布的佛山民营企业 100 强为例，虽然南海区有 36 家企业进入 100 强，总营业收入 3040 亿元，但从企业强壮指数[①]来看，仅为 0.96，比佛山市平均水平（1.46）还要低 0.5，远低于顺德（3.04），

①不含私立幼儿园。

②数据来源：佛山企业家 -2020 佛山企业 100 强蓝皮书，佛山市企业联合会，佛山市企业家协会。

低于广州（1.56），低于宁波（1.44），低于长沙（1.42），远低于深圳（2.62）和上海（2.11）。另外，缺乏良好的人才团队和科研环境也是一个重要因素。

4. 人才培养力度偏弱，培养机构不足

一方面，南海区对中、高层次的专业技术人才和技能人才需求比较大，另一方面，现有的人才培养力度明显偏弱。虽然近几年来南海区在中小学、幼儿园等方面成效显著，为人才子女入学方面提供了有力保障。但是直接用来培养专业技术人才和技能人才的教育机构非常少。统计数据显示，顺德、三水和高明地区，均有专门的大专职业技术学院，禅城还有一所本科院校，而南海区目前仅有中等职业教育学校 9 所，缺少大专院校，难以适应南海区经济转型升级和快速发展的需要。

5. 在岗职工工资相对增长缓慢

数据统计显示①，2009—2018 年，佛山五区城镇非私营在岗职工年平均工资增长中：（1）从总量来看，禅城区从 2009 年的 36468 元增长到 2018 年的 87331 元，增加 50863 元，居第一。其次是顺德区，从 2009 年的 35772 元增长到 2018 年 85282 元，增加 49510 元，居第二；第三是高明区，从 2009 年的 20329 元增长到 2018 年的 64045 元，增加 43716 元。南海区第四，从 2009 年的 38283 元增长到 2018 年的 77766 元，增加 39483 元。三水区从 2009 年的 29588 元增长到 2019 年的 66572 元，增加 36984 元。从数据对比变化来看，南海区仅比三水区多增加 2499 元。与此同时，南海区的在岗职工年平均工资总量排名也从第一下降到第三。（2）从增长速度来看，十年间，禅城、南海、顺德、高明、三水五区分别为 139.47%、103.13%、138.40%、215.04%、125.00%，南海区的增速最低。从这些数据对比来看，南海区在岗职工年平均工资增长与经济发展的速度和经济总量是不相适应的，增速有待加快。

①数据来源：根据佛山市统计年鉴 2019 整理计算而得。

三、禅城区人才发展现状及问题

（一）禅城区人才发展现状

1. 人才总量

截至2018年底，禅城区人才总量累计达到25.1万人，比2017年增加2.2万人，增长9.61%。从人才密度来看，平均每万人拥有人才2120人，平均每平方公里拥有人才1630人。高层次人才总数达10657人，每万人比例达96.9名①。另据2019年佛山市统计年鉴数据显示，全区城镇非私营在岗职工年末人数有21.8万人，其中企业17.7万人，占81.2%；事业单位2.6万人，占11.9%；机关1.3万人，占6.0%；民间非营利组织及其他占0.9%；分行业来看，制造业占比最大，有7.7万人，占35.3%；其次是批发和零售业，有2.1万人，占9.6%；卫生和社会工作、公共管理和社会组织行业在岗职工人数均超过1.5万，分别占比7.3%和7.2%；建筑业、房地产业、金融业、交通运输仓储和邮政业在岗职工人数均超过1万，分别占比6.0%、5.9%、5.4%和4.7%。

2. 人才结构

截至2018年底，全区人才中，副高及硕士以上高层次人才1.1万人，技能人才15.5万人，省部级以上人才23名。另外，根据佛山市统计年鉴数据显示，截至2018年底，禅城区规模以上工业企业R&D人员中，女性占比18.4%。规模以上工业企业研究机构人员中，博硕士占比为6.4%。这一占比高于南海，主要是因为南海工业企业研究机构人员总量较多引起：禅城区规模以上工业企业研究机构人员仅为8585人，南海则有28884人，是禅城的3倍多。事实上，禅城区的博硕士总量比南海要低，禅城为553人，南海有929人。

①未获得2018年数据，此处为2017年数据。

3. 人才载体

从人才载体来看，截至 2019 年底，全区拥有各级工程技术（研发）中心 208 个。其中，省级 72 个，市级 114 个，区级 22 个；省级以上高新技术企业 458 家，省级企业技术中心 30 家；知识产权优势企业 53 家，其中，国家级 26 家，省级 27 家；知识产权示范企业 28 家，其中，国家级 5 家，省级 23 家；建立公共创新平台 4 个、电子商务示范园区 3 个、院士工作站 4 个、博士后工作站 16 个、广东省博士后创新实践基地 5 个。获得 3C 产品认证的企业 149 家，获得资质认证的实验室有 58 个。

4. 人才效能

2018 年，禅城区人均生产总值（按常住人口计）为 158207 元，居佛山五区第 3 位，比 2017 年增长 4.0%。科技创新方面，根据 2015—2019 年禅城区国民经济和社会发展统计公报数据，近 5 年全区专利申请总量达到 4.7 万件，专利授权量 1.9 万件，其中发明专利 1.3 万件。从规模以上企业来看，统计数据显示，近 5 年来专利申请量为 0.36 万件，其中发明专利申请数为 0.10 万件，有效发明专利数为 0.44 万件。

（二）禅城区人才发展面临的主要问题

1. 本科以上学历的专业技术人才和经营管理人才缺口较大

根据 2019 年度禅城区重点产业紧缺人才目录，全区对专业技术人才的需求占比达 43.35%，缺口达 1744 人，其中南庄 472 人、石湾 430 人、张槎 377 人、祖庙 365 人；其次是经营管理人才，占各类人才需求总量的 36.7%，缺口达 1399 人，其中祖庙 362 人，南庄 355 人，石湾 342 人，张槎 340 人。从人才需求的学历要求来看，本科以上学历居多，占 59.5%。其次是大专，占 25.7%。硕士占 11.0%，博士占 3.8%。从中可以看到，企业对人才的最低需求已上升至大专以上，另外本科以上学历要求也成为大多数企业选择人才的重要门槛。此外，技能人才需求方面，南庄和张槎的需求较大，分别为 242 人和 203 人。另外，分行业来看，新一代信息技术、家用电力器具制造业、建筑材料业、卫生业和新材料产业人才缺口较大，分别占人才需求的 8.58%、6.67%、6.08%、5.78% 和 5.48%。

2. 企业人才需求与社会人才供给的结构性矛盾较为突出

一方面，近些年来禅城区的产业转型升级步伐明显加快，生物技术、现代医药、电子商务、技能环保、计算机信息高新技术等新兴产业快速发展，需要更多的专业技术人才和工作经验丰富的中级以上本科学历技术人才，而从这些行业的人才供给来看，虽然高校人才在学历方面能够达到要求，但职称和技能水平以及经验尚满足不了行业快速发展的需要。从社会人才供给来看，目前高职称、高技能人才主要集中在一些传统优势产业，例如陶瓷卫浴、不锈钢、电子电器等行业。另一方面，受公司发展规模限制，中小微企业人才需求较多、较急，但人才更青睐于规模以上、知名度较高的企业。2020 年公布的佛山民营企业 100 强中，禅城区有 22 家企业入围，但营业收入仅为 1420 亿元，强壮指数①仅为 0.74，仅为佛山市平均水平的一半，远低于顺德、广州、宁波、长沙、深圳和上海等地。

3. 中高层次人才引进难、留也难

在 2019 年 8 月底由禅城区人社部门组织的企业 HR 和新引进人才座谈会上，相关与会代表普遍表示，受国内经济大环境影响，禅城区引才难问题客观存在。一方面，不仅博士和高技能以上高层次人才引进难。另一方面人才流失也比较严重，尤其是技能人才的流失，现象更为普遍。另外，在泛设计人才调研当中，一些相关协会和企业代表也表示：（1）人才引进的结构不合理。人才引进的结构不合理制约着企业发展，高新技术领域的人才少，传统产业领域人才多；从事技术创新型人才少，从事劳动密集型人才多，“高精专”人才缺乏。（2）专业人才紧缺且流失严重。不少企业仍以家族式管理模式为主，人才任用上不公平不科学现

①数据来源：佛山企业家 -2020 佛山企业 100 强蓝皮书，佛山市企业联合会，佛山市企业家协会。

象仍然存在，人才无法得到重用，使得一些“事业型”的员工感觉前途渺茫或自身才能难以发挥，个人发展空间狭小。（3）缺乏氛围留住人才较为困难。对于设计人才而言，最重要的是为设计师职业成长和能力提升提供良好的氛围，彼此间能够交流，获得新的思想和创意，然而目前的氛围远远不够，单枪匹马和与外界沟通交流不通畅很难留住人才。因为不交流很容易导致思维僵化，跟不上潮流前沿。

4. 人才培养投入不足

无论是政府层面还是企业层面，从目前来看，人才培养投入的力度都还不足。在与禅城区企业座谈时，一些协会和企业负责人表示：大部分企业财力有限，生产的产品利润空间较小，利润比较低，对花“大价钱”引进专业人才，心有余而力不足，企业自己培养人才又缺乏足够资金支持，还要面临培养后的流失风险。而从政府投入来看，根据佛山市统计年鉴数据，2014—2018 年，用于规模以上工业企业的科研经费的政府投入资金分别为 0. 26 亿元、0. 28 亿元、0. 19 亿元、0. 22 亿元和 0. 16 亿元，而同期佛山市平均水平为 0. 41 亿元、0. 39 亿元、0. 30 亿元、0. 42 亿元和 1. 16 亿元，禅城区均低于平均水平。

四、三水区人才发展现状及问题

（一）三水区人才发展现状

1. 人才总量

统计年鉴数据显示，截至 2018 年底，三水区城镇非私营在岗职工人数为 11. 5 万人，其中企业 10. 0 万人，占 87. 0%；事业单位 0. 9 万人，占 7. 8%；机关 0. 6 万人，占 5. 2%。分行业来看，绝大多数集中在制造业，有 8. 5 万人，占 73. 9%。其次为公共管理、社会保障和社会组织，超过 0. 6 万人，占 5. 2%；另外，教育类人才接近 0. 6 万人，占 5. 0%。其余零散分布在交通运输、仓储和邮政业、批发和零售业、卫生和社会工作、建筑业、租赁和商务服务业、住宿和餐饮业等行业，在岗职工数均介于 2000—1000 人之间。

文化、体育和娱乐业、科学研究、技术服务业、水利、环境和公共设施管理业、居民服务、修理和其他服务业等行业职工人数较少、信息传输、软件和信息技术服务业，均在 500 ～ 200 人之间。从高层次人才认定来看，自 2013 年开始进行高层次认定以来，三水一共开展了 6 批次的认定，共认定“淼城英才”67 名。其中，2017 年以前认定 38 名，2018 年认定 11 人，2019 年认定 18 人。另外，2018 年引进两位院士工作站，2019 年新增创新人才 102 人，建筑高级通过人员 12 人。

2. 人才结构

从 2017—2019 年认定的高层次人才来看，2017 年认定的第四批“淼城英才”中，第二层次的有 3 名，第三层次的有 1 名，第四层次的有 5 名；2018 年认定的第五批“淼城英才”中，第 1 层次的有 1 名，第二层次的有 3 名，第三层次的有 7 名。2019 年认定的第六批“淼城英才”中，第二层次的有 8 名，第三层次的有 6 名，第四层次的有 4 名。2019 年认定的 102 名创新人才中，有博士 4 名，占 3.9%。硕士 68 人，占 66.7%。

根据佛山市统计年鉴数据显示，截至 2018 年年底，三水区规模以上工业企业 R&D 人员中，女性占比 13.6%。规模以上工业企业研究机构人员中，博硕士占比为 2.9%。另外，从企业人才结构来看，根据已有文献研究所做的调查以及相关园区调查[①]，910 名人才中，中专或高中以下学历有 356 人，占 39.1%；大专以上学历有 465 人，占 51.1%。大专及以下学历共有 821 人，占 90.2%。本科人才有 77 人，仅占 8.5%，不足一成；另外研究生以上学历仅 12 人，仅占 1.3%。

3. 人才载体

截至 2019 年底，三水区共有各级企业工程技术研究中心 480 家，高新技术企业 476 家，其中国家火炬计划重点企业 6 家。建成孵化器（众

①调查涉及两家企业和工业园区，一家是三水区 HN 企业，样本 175 份；一份是 J 公司，样本 156 份；工业全区，样本 579 份。三类样本共计 910 份。

创空间）9 家，“四上”企业 1224 家。此外，一些园区也正在快速建设完善，发挥容纳人才的重要载体作用。例如佛高区万亩核心园、三水新城科技创新园、北江科技创新园、中国（三水）国际水都饮料食品基地、聚龙湾新能源汽车产业园、芦苞装备制造产业园、大塘高端智造产业园、南山大健康产业谷等。

4. 人才效能

2018 年，三水区人均生产总值（按常住人口计）为 185703 元，居佛山第 2 位，比 2017 年增长 5.2%。科技创新方面，根据 2015—2019 年三水区国民经济和社会发展统计公报数据，近 5 年全区专利申请总量达到 2.6 万件，专利授权量 1.0 万件，其中发明专利 0.15 万件。从规模以上企业来看，统计数据显示，近 5 年来专利申请量为 0.51 万件，其中发明专利申请数为 0.17 万件，有效发明专利数为 0.40 万件。

（二）三水区人才发展面临的主要问题

1. 人才供需矛盾较为突出

一方面，三水区深入实施创新驱动发展战略，推动产业转型升级和经济结构调整，建设“一环创新圈”重要节点，需要广纳创新人才。另一方面，在三水人才分布中，制造业占比较大，制造业转型升级的同时，也迫切需要人才队伍的更新。然而，现实情况是新兴行业中高级人才难以引进来，而现有的制造业人才队伍又存在知识、技能以及结构老龄化的问题，加之缺乏后备人才，造成了人才队伍的缺口比较大。三水区人力资源和社会保障局一些公开数据显示：目前，一些技术性工种如焊接机器人操作工、铆工、工艺员（品控）、机绕线工、电气安装技术、钳工等被纳入紧缺工种，需要量较大。

2. 区位优势不够明显，企业人才招聘难度大

三水区虽然与广州白云区接壤，但与广州其他发达地区还存在交通距离，加之交通以及地理环境因素等的影响，企业吸引人才的难度比较大。例如，在三水乐平，某空调公司表示，乐平地偏且远、交通欠发达等因素阻止了人才前来乐平的步伐，企业人才招聘成本偏大。虽然三水也有

一些招聘会，但要在本地招聘到合适的人才还很困难，例如某企业HR表示，“每周六都要跑到广州的人力资源市场进行招聘，现在的高级人才太难招了”，大半年来都是这种周末加班状态。另外，还有不少企业反映纷纷表示，一线基层蓝领工人、特殊工种（技术型人才）例如机修师、机械工程师、调剂师、工艺设计、液压工、模具设计等比较短缺。

另外，虽然在20世纪末至21世纪初，以健力宝为代表的明星企业高速发展，以及后来陶瓷、五金等传统制造业发展壮大，三水曾经对人才具有很强的吸引力。但是近些年来，随着内陆地区各个城市的发展，一些有潜力的二三线城市也在加大城市基础建设，出台各种优惠政策加大力度招人，三水区的区位优势也在逐渐被拉平，高校毕业生等人才到三水创业就业的热情还不够高。此外，区内企业在引进人才和招工用工能力方面还有待提高。

3. 人才环境建设还不完善，引才难、留才更难

与企业和人才的座谈当中了解到，当前三水区在人才各种配套设施等环境方面建设还不完善，企业吸引人才难，但留住人才更难。主要体现在：（1）一些镇街公共基础设施建设还不够完善。通往一些工业园区和企业的公路、交通工具、照明、绿化等设备设施还不完善。乐平某金属企业表示，需要加强员工“一公里”服务与便利生活措施设置，加强园区内部电瓶车等方面的环保交通工具，丰富员工业余生活。（2）各类学校和医院尤其是优质教育医疗资源还不能满足人才的需要。例如广东某建筑五金制品有限公司相关负责人表示，三水在留住人才方面的吸引力还不够，主要是教育、医疗等生活配套跟不上。大塘镇某企业认为要充分把握人才对生活娱乐配套设施的增设、各类文体交友活动的开展、个人能力提升的培训和学习、子女优质教育资源等方面的需求等。（3）配套生活设施还不能满足人才的需要。例如在乐平某企业认为，乐平环境和文化娱乐方面的建设滞后，公司下班后工人无地可去，也没有什么节目，呼吁政府能够在文化氛围、娱乐康健等方面加大建设力度。（4）人才公共服务等方面有待加强。例如在大塘镇，某纺织企业负责人谈到，当前校企合作方面公共服务方面还有待加强，他们对纺织技术人才缺口

很大，希望能政府能发挥第三方作用，积极提供各种服务，推动校企合作。某树脂公司认为镇内人才招聘会较少，应加强日常招聘会的举办，让人才招聘会成为经常性、常态性和日常性的人才集市。此外，还有一些企业认为要搭建人才招聘信息平台，发挥市场力量来促成人才供给和企业需求的衔接。（5）企业以及人才交流氛围不够。例如不少企业反映，目前90后人才逐渐成为企业人才队伍生力军，这些人比较容易耐不住寂寞，宅男宅女也比较多，对于约会和爱情比较向往，但缺少机会，希望能够有相关的平台，帮助企业年轻员工解决这一问题，以此留住人才。又如，某通信企业反映，公司引进一位国外毕业硕士做研发，他觉得收入方面可以，企业提供的物质条件也很好，但是平时三点一线生活，精神文化层面得不到满足。

4. 各镇街人口分布不均衡，差异较大

2019年三水区国民经济和社会发展统计公报显示，全区7个镇街中，常住人口主要集中在西南街道和乐平镇。年末常住人口有68.55万人，其中西南街道有27.68万人，占40.38%。乐平镇有14.74万人，占21.50%，两个镇街人口占比高达61.88%。芦苞镇、大塘镇、南山镇三个镇的人口非常少，分别为4.3万人、5.2万人和2.5人，加起来人口占比仅为17.49%，不足两成。从最大的西南街道和最少的南山镇对比来看，两者相差25.19万人，南山镇人口仅为西南街道的9.00%，不足一成。从人口密度来看，西南街道每平方公里有1555人，是密度最低的南山镇的7.76倍。密度第二高的是白坭镇，为每平方公里1030人。其余的镇街均未超过1000人，其中云东海街道为866人/平方公里，乐平镇为768人/平方公里，大塘镇为530人/平方公里，芦苞镇为414人/平方公里。这种人口分布不均匀，一方面不利于教育医疗等公共事业的发展，对人才保障和人才环境建设带来不利影响。另一方面也会对地区经济发展不平衡带来影响进而影响到人才的集聚。

五、高明区人才发展现状及问题

（一）高明区人才发展现状

1. 人才总量

根据高明区人社部门相关数据，截至 2019 年底，高明区共有人才 13.51 万，常住人口中，平均每万人拥有人才 3005 人，平均每平方公里拥有人才 144 人。从人口角度看人才密度非常高，而从土地面积来看密度却是比较低。这主要是因为高明区的人口较少、土地面积相对较大引起。从人才类别来看，产业人才有 11.88 万人，占 87.93%；技能人才有 1.37 万人，占 10.14%。从高层次人才来看，根据《佛山市高明区人民政府办公室关于印发佛山市高明区高层次人才认定评定实施办法的通知》（明府办〔2016〕132 号），2016—2019 年，高明区共认定高层次人才 95 名，占人才总量的 0.07%。此外，高明区还拥有市级领军人才 19 人。

另外，根据佛山市统计年鉴数据，截至 2018 年末，高明区城镇非私营在岗职工有 13.1 万人，其中企业占绝大多数，有 11.7 万人，占 89.2%；事业和机关均有 0.7 万人，均占 5.4%。分行业来看，在岗职工以制造业居多，有 10.3 万人，占 78.6%。其次是公共管理、社会保障和社会组织，有 0.8 万人，占 6.1%。第三、第四分别是教育和建筑业，分别有 0.4 万人和 0.35 万人，分别占 3.1% 和 2.7%。其余都比较零散，分布在卫生和社会工作、批发和零售业、交通运输、仓储和邮政业、房地产业、水利、环境和公共设施管理业、文化、体育和娱乐业等行业，大多在 2000—1000 人之间。住宿和餐饮业信息传输、软件和信息技术服务业、金融业、租赁和商务服务业、居民服务、修理和其他服务业等行业在岗职工人数较少，均在 1000 人以下，除金融行业超过 500 人以外，其余均在 200 ～ 500 人之间。

2. 人才结构

根据高明区人社部门的数据统计，截至 2019 年底，13.51 万人才中，从学历来看，研究生以上 0.05 万人，占 0.37%，大学（本科、大专）2.11

万人，占 15.62%。从人才职称和技能结构来看，高级资格有 0.15 万人，占 1.11%；中级资格有 0.61 万人，占 4.52%；初级资格 1.70 万人，占 12.58%。

根据高明区人才工作领导办公室 2017 年做的重点产业紧缺人才需求调研来看，148 家企业中，有 78% 以上的调研企业表示，本科以上学历、中级以上职称人才占比较低。有 57% 的企业表示没有高级工以上技能等级人才。剩下的 43% 的有高级工技能等级人才的企业中，仅有 95.3% 的企业表示这类高级工占比不到 20%。

另外，根据佛山市统计年鉴数据显示，截至 2018 年底，高明区规模以上工业企业 R&D 人员中，女性占比 34.4%，是全区女性参与研发最多的区。规模以上工业企业研究机构人员中，博硕士占比为 2.4%，是全区研究生以上学历人才占比最低的区。

此外，根据 2019 年高明区国民经济和社会发展统计公报，年末实有专业技术人员 24471 人，其中：高级资格 1454 人，中级资格 6048 人，初级资格 16969 人，分别占 5.94%、24.71% 和 69.35%；按学历划分，研究生以上 513 人，占 2.10%，大学（本科、大专）21141 人，占 86.40%。

从上述统计来看，虽然口径和测算对象有所不同，但总体而言，除事业单位如学校、医院以及其他公用事业单位的一些专业技术人才学历和职称结构相对较好以外，私营企业以及非专业技术人才中，低学历、低职称的人才结构还是较为普遍。

3. 人才载体

截至 2019 年底，高明区共有高新技术企业 188 家。建有各级工程中心 313 个，其中：省级工程中心 63 个，市级工程中心 102 个。此外，高明区还有高明（中科院）新材料产业研究院、高明产业创新研究院、鑫创 AI 国际科创智谷等一些人才发展载体平台。截至 2020 年 7 月，共有各类商事登记主体 37945 户，其中企业 10199 户，个体工商户 27680 户，农民专业合作社 66 户。

4. 人才效能

2018 年，高明区人均生产总值（按常住人口计）为 199182 元，居佛山市第一位，比 2017 年增长 4.1%。科技创新方面，从 2015—2019 年高明区国民经济和社会发展统计公报中的数据统计来看，近 5 年全区专利申请总量达到 1.67 万件，其中发明专利申请 0.72 万件，实用新型专利申请 0.78 万件，外观设计申请 0.17 万件。获得专利授权 0.87 万件，其中发明专利 0.16 万件，实用新型专利 0.58 万件，外观设计专利 0.14 万件。从规模以上企业来看，统计数据显示，近 5 年来高明区专利申请量为 0.57 万件，发明专利申请数为 0.23 万件，有效发明专利数为 0.70 万件。

（二）高明区人才发展面临的主要问题

1. 产业聚集程度低，对人才吸引力弱

产业集聚是人才集聚的一个重要基础和前提条件。从目前佛山各产业分布来看，禅城形成了智能、节能、生命健康、高端装备、现代服务业等产业集群，顺德形成了家电、家具和机械装备等产业集群，南海形成了纺织、灯饰、有色金属加工、金融等产业集群，三水形成了食品饮料、铝加工、陶瓷、机械装备、电子通信等产业集群。高明虽然也提出发展新能源汽车、新能源、新材料、光电器材通信、纺织服装、食品饮料、金属材料加工、石化塑料、装备制造与旅游文化八大产业集群，但总体而言，产业集聚程度比较低，无论是产值、企业规模还是影响力和知名度上，都还存在不少差距。从产值来看，2019 年八大产业集群总产值 966 亿元，平均每个产业产值不足 150 亿元。从企业来看，根据佛山 2019 年统计年鉴显示，规模以上工业合计南海有 2499 家、顺德有 1722 家、三水 859 家、禅城 617 家，而高明仅为 509 家。另外，受地理位置较偏和基础配套发展滞后的影响，高明招商引资较为被动，可选择性不强。这也导致了区内企业门类复杂、产业衔接关联性不强，造成“集而不群”。此外，2020 年佛山市民营企业 100 强当中，顺德区有 33 家，南海区有 36 家，禅城区有 33 家，三水区有 7 家，高明区最少，仅有 2 家，分别位列第 27 位和第 45 位，企业营业收入总额仅为 147.2 亿元，占全市 100 强总营业收入的 0.94%，不足 1%，企业强壮指数仅为 0.17，远低于佛山市平均数 1.46。

2. 人才基本配套设施不完善，引才留才难

截至 2018 年末，高明公路通车里程为 706.66 公里，仅占佛山的 13.43%，而南海、顺德、三水分别为：1727.7 公里、1304.5 公里、1054.3 公里；地铁、轻轨、高铁等交通网络也较少覆盖高明。此外，民用汽车保有量、公共汽车、新能源公交车、旅客运输总量、旅客运输周转量等方面，在佛山五区中高明也均处于低水平。此外，医疗卫生和教育方面，高明区发展也相对滞后。医疗卫生机构、卫生专业技术人员、医疗机构床位等均低于其他四区。各种教育资源如中等职业学校中、普通中学、小学、幼儿园以及师资数量等均要低于其他四区。值得注意的是，卫生和教育的这些差距不仅体现在数量上，而且也体现在质量上。五区当中，三甲医院、省、市一级小学、幼儿园，高明也处于五区末位，而且数量极少。

问卷调查和企业座谈结果显示，受包括上述因素在内的各种因素影响，高明区引才留才较为困难。广东某新材料科技股份有限公司相关负责人表示，通过产学研合作，企业每年都会从一些高校招揽人才。不过，经过多年的实践发现，真正能留住的优秀人才并不多。佛山市某纳米科技有限公司总经理表示，伴随着新一轮的增资扩产，企业所需的高技能人才“招不来，留不住”不时困扰着企业的发展。为解燃眉之急，公司总部不时须派驻人员赴高明提供人力支持。

3. 农村人才比较短缺，农村人才素质也有待提升

与其他几个区明显不同的是，高明区农村土地面积广，农业“大而不强”。佛山市统计年鉴数据显示，2018 年高明区农业总产值为 20.11 亿元，远低于南海区（46.24 亿元）和顺德区（46.55 亿元），不及两个区的一半。与农村土地占比较多的三水（30.93 亿元）相比，也还存在一定很大距离。因此，高明区需要依托农村人才来推动农业发展转型升级，提升农业经济效益。然而，现实情况下，目前一些镇街如更合、明城等镇，不少村落定居人数较少，资源留在那里，但人不愿意回去。由于地处偏远，容易与社会脱节，生活便利性较低，在吸引青年人方面存在困难。一些企业在人才座谈会上也表示人才难招难留。例如高明区某食用菌种

植有限公司总经理表示，“企业目前缺乏精通种植技术，种植管理、农业管理的人才，不知道向哪里招，招了又怕留不住”。某农牧有限公司培训主管表示，“农村环境配套设施滞后，留不住高端人才。企业技术人员愿意留在高明研发工作，但是对其孩子读书、家属就业等问题，成了横亘在人才去留的沟渠。”一些村干部也表示，“高明农业人才匮乏，更多人愿意在工业区上班，不愿意沉下心来接棒农业生产工作，对农村经济发展方向理解不到位”。“尽管年轻人有为家乡建设的情怀，更多人因为基层农村待遇低下，考虑到家庭经济收入问题，没办法投入其中”。

另外，高明农村人才队伍还存在素质不高问题。一方面，由于农村就业工资待遇不高、工作环境欠佳等因素的影响，中高职称专业技术人才、中高技能人才、中高农村经营管理人才流失较多。另一方面，中高层次的各类农村人才引不进来。虽然也有针对农村人才开展培训，但在开展农村新型职业农民培训中，参与培训人员年龄偏大、素质偏低，容易导致高明区新型职业农民后继乏人的现象。

5. 各种人才机制建设不健全

主要体现在：（1）人才培养机制尚未健全。尽管近年来高明区先后出台了一系列引进高层次人才优惠政策，包括《佛山市高明区鼓励引进高层次人才的实施办法（试行）》《高明区鼓励“柔性引才”实施办法》等人才政策，但专门针对人才培养的政策却很少。区内企业比较注重引进人才，主动培养高素质人才意识不强，奉行“拿来主义”。（2）人才政策配套执行机制不健全。以新出台的《高明区鼓励“柔性引才”实施办法》为例，该办法指出：“柔性引才”可通过项目引进、合作引进等方式来进行，引才补助最高给予 9 万元，并可享受医疗保健服务、子女入学服务等优惠待遇。但在执行时，缺少其他相关的一些配套实施细则，不少人才在资金补助、子女入学等方面保障力度有限。（3）引才留才的激励机制尚未健全。针对企业的调研发现，有些企业并未建立起良好的激励机制，在一定程度上造成了人才流失。一些企业在激励高层次创新人才时，并没有采用股权激励、科研条件扶持、成果和产业化奖励和住房条件改善等方式，而是采用与一般员工较为相同的激励方式，这种无差异化的激励手段容易挫伤高层次人才和科研人才的积极性，不利于企业留住人才。（4）尚未形成“招才、用才、育才、留才”一体化的运行良好的机制。企业问卷调查资料显示，高明企业人才外流的主要原因除了待遇不高之外，主要是因为配套条件不足而无法充分发挥作用。目前高明在构建人才队伍方面尚缺乏完整的制度创新体系：忽略了在激烈的市场竞争条件下，良好的工作环境、学习环境、生活环境是留住人才必不可缺少的条件；对营造人才创业的良好环境事业留人，完善社会保障体系、人才培训教育体系、家属就业以及子女入学问题解决其后顾之忧等方面扶持力度还不够。

第六章　佛山市各类组织人才发展现状及问题

一、佛山民营经济人才发展现状

（一）民营经济人才发展现状

1. 民营经济人才总量呈现稳步上升

公开统计数据显示[①]，2018 年底，佛山有民营企业 26.1 万户，占全市企业总数的近 90.4%，民营经济成为佛山经济发展主体，佛山也因此成为名副其实的民营经济大市。这背后离不开民营经济人才所起到的重要作用。根据《佛山统计年鉴 2019》数据统计显示，2018 年，佛山市各类民营经济组织拥有从业人员 392.20 万人，比 2017 年增加 6.30 万人[②]，占从业人员总量 88.95%。这也充分说明民营经济在吸纳人才就业方面能力非常强，成为引进、使用和培养人才的重要主体力量。另外从近十年的总量变化来看，虽然少部分年份从业人员总量有下降，但从总体来看，民营经济人才总量呈现稳步上升态势，平均每年约增长 0.91%，如图 6.1 所示。考虑到佛山 GDP 和民营经济的增速远快于这一速度，这一定程度上说明民营企业从业人员的素质得到较快提升，人力资源正逐步形成人才资源，人力资本利用效能提升。

---

①数据来源：新浪财经、搜狐财经等财经媒体公开报道。

②因难以直接获得民营经济人才总量，相关部门也未做类似的统计调查，这里用从业人员间接反映民营经济总量。民营企业从业总量 = 全社会从业人员年末人数 - 国有单位从业人员数 - 集体单位从业人员数 - 其他经济组织从业人员数。

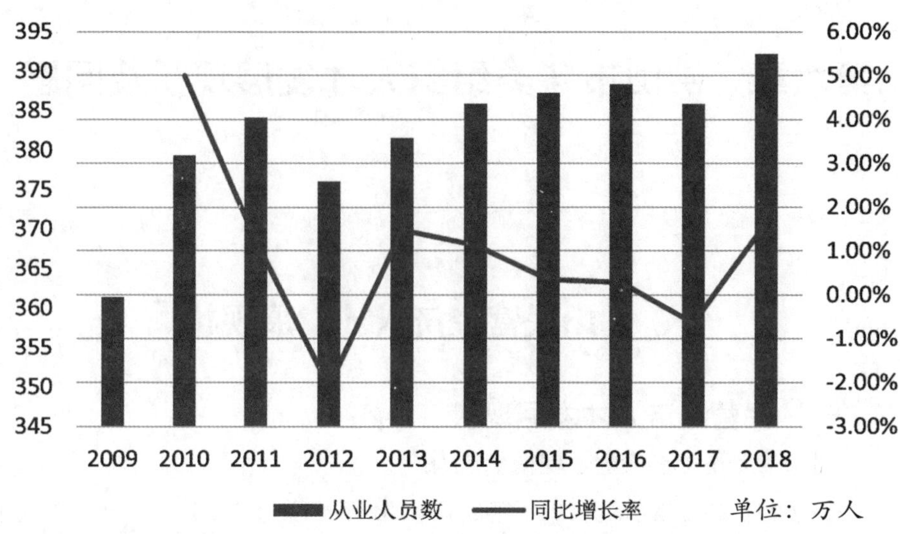

图 6.1　2009—2018 年佛山市民营经济从业人员数变化情况

2. 民营经济人才主要在私营企业和个体经济组织

从人才的企业类型结构来看，私营企业从业人员 165.46 万人，个体经济从业人员 109.80 万人，两者总和达到 275.26 万人，占民营经济从业人员总量的 70.18%，表明私营企业和个体经济是民营企业吸纳人才就业的核心力量。另外，有限责任公司和外商投资单位也是吸纳人才就业的重要力量，两者从业人员分别为 47.41 万人和 20.9 万人，分别占民营经济从业人员总量的 12.09% 和 5.33%。其他如股份有限公司、股份合作单位从业人员相对较少，分别为 9.49 万人和 3.23 万人。联营单位从业人员人数最少，仅为 0.33 万人。

3. 民营经济人才主要集中在佛山经济发达的区镇

佛山民营经济人才地区分布主要集中在毗邻广州的顺德和南海地区，这是第一个层次。根据各区统计年鉴显示[①]，2019 年顺德区民营经济从业人员

①数据来源：各区统计年鉴、经济普查公报等。根据五区社会从业人员数整理计算而得，期间扣除了教育、卫生、公共管理、社会保障和社会组织相关从业人员数。

有139.94万人，占35.68%；南海区有132.40万人，占33.76%；禅城区有57.88万人，占14.76%；三水区有34.29万人，占8.74%；高明区有27.69万人，占7.06%。从五区分布来看，东部靠近广州的两个经济发达区域顺德和南海分布的民营经济人才最多，中部的禅城区域中等，北部的三水和西部的高明地区分布最少。这与当前佛山的产业和企业分空间分布是一致的。具体分镇街来看，顺德的北滘、伦教、大良、容桂、乐从、勒流分布较多，龙江、杏坛、均安分布较少；南海的大沥、狮山、里水、桂城等分布较多，西樵、丹灶、九江分布较少；禅城的祖庙、石湾分布较多，张槎和南庄分布较少，三水的西南街道和云东海街道分布较多，其他几个镇街分布较少。高明主要集中在荷城街道和西江新城，其他几个镇街均比较少。

4. 产业与人才结构较匹配，人才配置水平不断提升

从目前佛山市民营企业的人才结构来看，基本能够适应佛山市现有产业发展的需要。按照佛山市近年来人才工作以产业结构的需要来调整人才产业结构的基本思路，2018年全市三大产业民营企业人才占全市民营企业人才总量分别为：第一产业4.45%，第二产业56.27%，第三产业39.28%[①]。而从三大产业来看，各产业总产值占全市总产值分别为1.45%、56.50%和42.04%。总体上而言，人才结构与产业结构比较吻合。

（二）民营经济人才发展面临的主要问题

1. 人才总量仍然不足，高层次人才依然是短板

尽管近年来佛山市人才总量在增加，但与深圳和广州相比仍有较大差距。同时，尽管高层次人才呈现较快增长，但高层次人才总量不足问题仍较为突出。相关规划数据显示[②]，研究生以上人才为4.57万人，仅占

---

①根据2018年佛山市统计年鉴中各产业的年末从业人员数间接算出。

②数据来源：《佛山市中长期人才发展规划纲要（2010—2020年）》；苏州市、宁波市十二五人才规划。

人才总量的 2.64%；高级职称人才总量为 2.69 万人，仅占专业技术人才的 5.01%；高技能人才 8.25 万人，仅占专业技术人才为 6.32%，高技能人才占技能人才总量的 28%。与其他城市相比，高层次人才总量偏少。例如东莞市，2018 年，全市人才总量突破 195 万人，同比增长 13.1%，高层次人才 12.6 万人，同比增长 9.6%，专业技术人才 23.3 万，同比增长 9.4%，持有技能等级证书的技能人才 34 万，同比增长 4.8%，双聘院士 11 名，院士培养对象 1 名，国务院特殊津贴专家 32 名，省创新科研团队新增 6 个，总数 36 个，新增量和总数量均居全省地级市第一。又如宁波市，专业技术人才当中，具有高级职称的专业技术人才占比达 10% 以上，在苏州，高技能型人才占技能劳动者比例高达 31%。另外，在两院院士、突出贡献专家、享受国务院特殊津贴专家、长江学者等特殊人才方面，与其他城市相比，也还存在不少差距。

问卷调研结果显示，高、中级人才仍然是不少企业需求的重点对象，尤其是中、高级专业技术人才。有 78.57% 的企业表示需要高级专业技术人才，有 66.67% 的企业表示需要中级专业技术人才；有 35.71% 的企业表示需要高层经营管理人才，47.62% 的企业表示需要中层经营管理人才。另外，高级技师、高级工也是不少企业急需的人才对象。

如表 6-1 所示：

表 6-1 企业人才需求调查表

经营管理人才	高层	35.71%
	中层	47.62%
	基层	16.67%
专业技术人才	高级	78.57%
	中级	66.67%
	初级	21.43%
技能人才	高级技师	33.33%
	技师	30.95%
	高级工	38.10%
	中级工	28.57%
	初级工	16.67%

2. 人才平台和载体偏少，吸附能力偏弱

人才平台和载体的建设是人才集聚的重要保障。从佛山市与其他城市对比来看，目前佛山市仅有高等院校 3 所，排在第 16 名，与北京、上海和广州等特大城市的差距悬殊，与苏州、杭州、无锡、宁波等城市也存在较大差距，与平均水平的 44.69 所相差近 10 倍；从医疗机构数量看，数量仅为 111 家，也排在第 16 位，但距离平均水平的 401.75 家也是相差了近 3 倍；从博士后工作站来看，拥有各类博士后工作站点数 86 家，虽然排在了第 10 位，但与 16 个市的平均水平 121.44 个相比，也还存在不少差距，如表 6-2 所示。

表 6-2 佛山市与其他城市主要人才载体数量比较

城市	高等院校（所）		医疗机构数（家）		博士后工作站[①]（个）	
	数量	排名	数量	排名	数量	排名
上海	68	4	629	4	171	3
北京	89	1	647	3	490	1
广州	80	2	253	10	135	4
深圳	10	15	119	15	103	6
天津	55	5	482	5	213	2
重庆	63	6	1502	1	69	12
苏州	25	11	263	9	91	9
武汉	80	2	242	11	94	8
成都	53	6	724	2	59	13
杭州	38	10	301	6	103	6
南京	53	6	208	14	123	5
青岛	22	12	285	7	48	15
无锡	12	14	164	12	72	11
长沙	50	9	279	8	58	14
宁波	14	13	219	13	28	16
佛山	3	16	111	16	86	10
平均	44.69	--	401.75	--	121.44	--

①数据来源：中国博士后网，http://www.chinapostdoctor.org.cn/WebSite/program/Default.aspx

此外，就佛山市本身而言，一些人才平台和载体建设例如商业项目的引进和建设也存在诸多问题。例如，在三水区，优质项目招商落地难。受国内外市场萎缩、产能过剩凸显，以及优惠政策清理等因素影响，招商引资工作面临“蛋糕”缩小、竞争加剧的严峻形势，吸引产业带动能力强的龙头项目难度加大。虽新增在谈项目不断涌现，但有影响力、洽谈进展顺利的优质项目仍然欠缺。截至2015年，全区仅有大型科技公共服务平台3个，尚未能做到三大板块全覆盖；各级工程中心163家，平均5家规模以上工业企业才有1个；2015年1—12月全区共有发明专利授权183件，平均每家规模以上工业企业的专利拥有量仅为0.23件。

3. 引进难流出易，相关配套环境有待进一步改善

佛山民营企业的人才问题还体现在引进来比较难，但流出去比较容易。近年来，工人工资基本以年均20%至30%的速度上涨，加上需企业支出的各类社保与工资的比例已达到0.5比1，企业负担较重。由于劳动力成本刚性上涨、物价以及各地对人才的争夺，加之人才尤其是高端人才具有稀缺性等特点，企业引进人才的难度增大。与此，由于配套环境不完善，人才容易流出企业。调研当中，企业普遍反映的配套环境问题主要体现在：一是政策配套不完善。由于人才的子女入学、社保、入户等配套不足问题的制约，特别是义务教育学校资源紧缺致外来务工人员学位资源不足的问题，致大量技术人才普遍缺乏归属感，难以留住。二是企业公共服务平台建设滞后。工业园区社会服务体系、生活服务设施、交通配套等不够完善，物流、信息、医疗卫生、教育培训等系统的建设相对滞后，与持续、快速发展的园区经济不相匹配。三是城市基础设施老化，一些地区如禅城石湾在市容环卫、交通秩序、环境保护问题仍然突出，降低了人才对工作和生活的满意度。

4. 企业家精神有所衰落

一是部分经营观念僵化，因循守旧。调研当中我们发现，许多民营企业对以土地和劳动力所形成的成本洼地优势依赖性比较高。在尝到了土地和劳动力带来的“红利”甜头以后，一些企业渐渐地习惯于这种盈利方式，不愿尝试盈利模式的改变。一些企业总是不断地将企业搬来搬去，从顺德

搬迁到南海，再从南海搬迁到三水，尔后又从三水搬迁到高明，甚至一些企业搬迁到河源、肇庆以及省外其他地区。总之，哪里有土地和劳动力成本洼地优势，企业就去哪里，仍然寄希望于廉价的土地和劳动力给企业带来短暂的利润。殊不知土地如同其他生产要素一样，也存在着刚性上涨的一面：随着其他更多企业进驻以及交通、周边其他配套等的成熟，土地也会从不成熟到成熟，出现价格上涨，并且劳动力成本也会因此而上升。因此，对于企业而言，无论搬到哪个土地成本和劳动力成本洼地，最终都会被填平。而企业更需要做得是，如何摆脱企业盈利空间过多受制于土地和劳动力，如何寻找新的赢利模式和利润来源。

二是创新意识弱化，动力不足。随着企业以往经营当中财富的不断积累，许多企业家自身内在激励不足，企业创新意识弱化，动力不足。一些企业家在实现巨额财富积累以后，不再寻求变革和创新，变得日趋保守，发现机会、做大做强企业的动力和能力也在不断退化。一些企业家甚至因为过去成功而变得过于自负，识别风险和危险能力降低。面对来自市场订单下降、经营成本上升、竞争加剧等的挑战，二次创业的信心和决心不足，动力减缩。更有一部分企业家放弃了创业、创新、进取、奋斗的“法宝”，而专注和热心于投机取巧。例如，在顺德区北滘镇，面对严峻复杂的竞争环境，市场对企业的产品更新、产品质量、价格水平、服务等提出更高要求，但全镇主要行业中需要改进的技术、工艺、设备比较多，高附加值的高端产品比较少。企业受传统经营理念的限制，对实行转型升级的规划理念模糊，高素质创新人才的匮乏，不少企业家缺乏企业转型升级的动力，放弃实业进而转向投机；在禅城祖庙街道，由于大多数小微企业设备落后、资金短缺、人才缺乏，不少企业家也纷纷放弃企业经营进而转型各种投机。

三是冒险精神钝化，裹足不前。对于企业而言，无论是在创业还是持续经营当中，拥有敢于冒险、善于冒险的企业家精神至关重要，甚至是第一位的。转型时期，激烈的竞争，虽然企业总是不断地遇到各种风险和挑战，但同时也伴随着各种机遇。唯有不断冒险，才能抓住各种机遇，即使失败，也为企业积累了各种经验。在调研当中，我们也发现一些企业家在经历了漫长的创业艰辛以后，慢慢产生了“打江山”之后“坐江山”的思想。从敢于打拼、勇于开拓，变得瞻前顾后、患得患失。冒险精神开始变得钝化起来，裹足不前。

四是接班意愿淡化。调查中我们也发现，一些民营企业存在二代接班人断层的问题。由于在家族内部选择接班人，范围有限，而且多数富二代并没有要接手家族企业的打算。在5区32镇的调研当中，与会座谈的民营企业家当中，第二代民营企业非常少见。事实上，这个问题不仅在佛山，在广东以及其他地区也都存在。有调查显示，中国90%的民营企业家希望自己的子女继承自己的企业，而在他们的子女中，有82%的“接班人”不愿意或者非主动接班①。《福布斯》中文版2015发布“中国现代家族企业调查报告”显示，A股上市的民营企业中，家族企业的占比接近一半，其中已完成二代接班的仅占7%。有研究表明，家族企业的平均寿命是24年，只有30%家族企业能延续到第二代，而能够成功地传递至第三代的仅为10%，而中国家族企业平均寿命更低，“传承困境”成为民企发展的一大难题。事实上，越来越多的富二代希望当“创二代”，宁愿自由生活也不肯继承家业。

5. 地区雇主品牌影响力相对偏弱，对人才吸引力仍然有待进一步提升

虽然近年来佛山经济取得了快速发展，在全国城市GDP的排名15位②，但由于地处珠三角腹地，周边有广州、深圳和珠海等全国知名城市，佛山在人才吸引方面相对偏弱。2014年，一项由北京大学市场与媒介研究中心与赶集网联合发布了《90后毕业生饭碗报告》显示③，大学生毕业以后最青睐就业的十大城市依次为广州、北京、成都、深圳、上海、郑州、重庆、杭州、南京和西安。《2016中国新一线城市职场发达程度报告》④也显示，北京、上海、广州和深圳等一线城市仍然是90后最青睐的就业城市，与此

①数据来源：BNET商业英才网（北京），http://www.northnews.cn/2012/1101/962125.shtml.

②数据来源：新华网，http://www.tj.xinhuanet.com/news/2016-01/21/c_1117847129.htm.

③数据来源：《90后毕业生饭碗报告》北京大学市场与媒介研究中心，赶集网，2014.

④《报告》根据“职业社交产品用户数量”“职业社交活跃度”“移动端使用占比”“职业档案完整程度”以及“海外受教育比例”五个指标的打分，排出了“职场发达综合指数”排名。

同时，以杭州、成都为代表的新一线城市正渐渐成为年轻职场人的“新福地”。在离开上海的职场人中，去往新一线城市发展的人才数量占比达35.5%；而在离开北京的人才中，有23.7%都选择去新一线城市。上海的职场人最喜欢“跳槽”去杭州、苏州、南京，而杭州、成都、天津则成为“出逃”北京的职场人士的主要目的地。一个可喜的变化时，在离开广深的人群中，除了东莞和珠海是目的地以外，佛山也是。这说明近年来，佛山在城市品牌方面提升了不少。但与其他城市，佛山仍然存在不少差距。北京国际城市发展研究院、清华大学城市品牌研究室等发布的中国城市品牌力指数均显示，目前佛山的城市品牌力均在前20名以外[①]。这些表明，目前佛山市还需要进一步来提升城市品牌以增强其对人才的吸引力。

二、高层次产业人才发展现状及问题

（一）高层次产业人才发展现状

1. 高层次产业人才的范围

（1）产业人才

对于产业人才范围的界定，现有的研究文献比较少见。在笔者通过知网检索到相关186篇文献当中，仅有少数文章有所涉及。孙海斌（2018）尝试从产业发展的角度对产业人才进行范围界定，他认为产业人才是指为产业发展服务的具有一定技能水平的高素质群体。晏华玲（2017）认为产业人才并无严格的定义，一般是指从事产业研发、营销、管理等人才，其

①北京国际城市发展研究院2012年发布的前20名依次为：北京、深圳、广州、上海、杭州、天津、成都、南京、重庆、长沙、大连、青岛、武汉、厦门、宁波、济南、西安、合肥、南昌、沈阳。清华大学城市品牌研究室2015年发布的前20名依次为：北京、上海、广州、成都、重庆、武汉、南京、杭州、天津、苏州、无锡、沈阳、西安、青岛、深圳、长沙、福州、扬州、哈尔滨、大连。

不仅包括研发技术产业化的创新型人才和参与一线生产的高技能人才，还包括筹划和组织企业创建过程中的战略设计、经营等，以此来促进科技和经济相结合的企业领导者或管理者。王冲（2017）认为，产业人才是特定行业领域内，通过理论学习、实践、培训和再教育等方式掌握了相关产业技术、经验和管理知识，理解企业的实际需求，具备一定的研发和改进能力，对行业相关政策、产业布局、科技发展的规律与趋势等拥有全局性、前瞻性的观点，可以将自身人力资本转化为企业效益和未来发展动力的人才。

在产业人才的划分上，《国家中长期人才发展规划纲要》中将其分为党政人才、专业技术人才、高技能人才、企业经营管理人才、农村实用人才和社会工作人才。孙海斌（2018）将其划分为产业领军人才、拔尖人才和技术工人。王冲（2017）将产业人才划分为高技能人才和专业技术人才。另外，一些研究虽然没有对产业人才做系统性的划分，但其研究往往涉及某一领域人才例如文化创意产业人才、战略新型产业人才、体育产业人才、海洋产业人才、动漫产业人才、机械装备产业人才、消费产业人才、电子产业人才等，其本身也是对产业人才的一种划分。

（2）高层次人才

对于高层次产业人才的界定，理论研究并没有严格的界定，但对于高层次人才却有大量的学术研究界定。王通讯（1985）认为高层次人才是对社会的发展和人类的进步做出了重要贡献，在某个领域或某个行业作出了较大贡献的人。崔学光（2004）认为高层次人才是能够不断革新科技发展核心技术、带动新兴产业创新进步的领军人才。陈学中等（2006）认为高层次人才是具有比较强的综合素质，比较好的思维模式，比较强的人际交往能力，比较强的能力水平以及对经济社会发展做出比较大贡献的人才。周鹏（2009）认为高层次人才应该是能够开拓尚处在萌芽中的、有发展活力的学科，对科技知识进行有益革新、不断冲击并打破科技壁垒的科技导向人才和战略科技人员。赵江（2018）将其界定为具有研究生以上学历或副高以上职称的人员。从这些研究不难发现，尽管学术界对于高层次人才的界定没有形成比较统一、具有权威的界定，但大都形成了一个基本共识，即高层次人才就是具有较强的业务能力、科研水平的高端人才。

（3）高层次产业人才

尽管学术界没有对高层次产业人才进行界定，但在实践当中，许多地区的人才政策却有过较为明确地界定。例如，《顺德区高层次产业人才确认办法》（顺民社发〔2016〕198 号）中，高层次产业人才是指在高新技术、高端制造及战略性新兴产业领域的企业、公共创新平台工作或创业的、达到 1-6 类高层次人才分类标准的人才。在操作中，为便于区分，其将教育和卫生专业技术人才排除在外。山东省《支持重点企业加快引进高层次产业人才实施办法》（鲁组发〔2016〕26 号）中，高层次产业人才是在 18 个传统优势行业和新一代信息技术、生物产业、高端装备、新材料、现代海洋、绿色低碳、数字创意等“十三五”时期重点发展的战略性新兴产业领域达到相应标准的人才。这些政策中不难看到，高层次产业人才即在产业领域内具有较高科研能力、管理能力和专业技术能力的人才。这种产业领域涉及的范围非常宽泛，在统计上，各个地区出于自身实际情况和需要，有针对性地加以界定。以佛山市为例，各区高层次产业人才的划分如下表 6-3 所示：

表 6-3 佛山市各区高层次产业人才范围

地区	产业范围	高层次人才认定标准及类别
顺德区	高新技术、高端制造及战略性新兴产业	一类：诺贝尔奖、国家最高科学技术奖、院士、社科院学部委员等。 二类：国家级人才工程、国家级大师、南粤功勋奖、创新奖获得者；国家级大奖、专利技术获得者、国家级科研项目、实验室负责人等。 三类：享受国务院特殊津贴人员；省部级大师、省部级科学技术、发明奖、专利发明获得者；国际级课题研究负责人；省部级研究中心、实验室负责人。 四类：省部级专利除最高奖以外其他人员；国家级课题除第 2、3 负责人；正高职称人员；纳税达到一定条件的人等。 五类：“广东特支计划”第三层次“青年拔尖人才”入选者；符合条件的博士；副高以上职称人员；纳税达到一定条件的人等。 六类：符合条件的硕士；符合纳税条件的重点产业急需紧缺人才。

续 表

地区	产业范围	高层次人才认定标准及类别
南海区	未限定产业，来南海区工作、创业或柔性引进的各产业人才	一类：掌握国际最前沿科技，其研究成果在国际上产生重要影响，对社会有特别突出贡献的顶尖人才；其中诺贝尔奖获得者和国家最高科学技术奖获得者为特别人才。 二类：在某一领域或某一方面作出卓越贡献，业绩及专业水准处于国内领先水平的杰出人才。 三类：在某一领域或某一方面作出突出贡献，业绩及专业水准处于省内或行业内领先水平的领军型人才。 四类：在某一领域或某一方面作出重要贡献，其业绩及专业水准得到行业和社会认可的人才。 五类：区经济社会发展急需的具有突出专业技术（技能）水平、创新能力强、发展潜力大的高级基础性人才。 六类：区经济社会发展急需的具有较高专业技术（技能）水平、创新能力强、发展潜力大的中级基础性人才。 七类：区经济社会发展急需的具有一定专业技术（技能）水平、创新能力强、发展潜力大的初级基础性人才。 八类：区内创客、民间艺术家、民间优才和其他具有特殊技能的特色人才。
禅城区	装备制造业、高端电子信息、生物医药、生命健康、绿色能源、“互联网+”等重点产业；金融业、电子商务（跨境电商）、科技服务和文化创意等现代服务业。	一类：杰出高层次人才。国家最高科学进步奖获得者、国内外院士、国家级专技、杰青、科技奖获得者；国内外重点学科、实验室、工程中心首席专家；863和973计划首席科学家；国家级自然科学、技术发明、科技进步奖、专利金奖等排名前1～2名获得者等。 二类：创业创新领军人才。国家级自然科学、技术发明、科技进步奖、专利金奖等除排名前2位以外的其他核心人员；国家“特支计划”、国家“百人计划”“珠江人才计划”中符合条件者；省部级科学技术奖、发明奖排名前3名者；省科学技术突出贡献奖者；国内外重点学科、实验室、工程中心排名前2位的副职人员等。 三类：省“特支计划”“珠江人才计划”青年拔尖人才；博士、博士后、正高职称者；获得相关荣誉条件、具有硕士学位以上副高职称人员；国家外观设计金奖、发明或设计专利优秀奖获得者；世界技能大赛金、银、铜牌及优胜奖，中华技能大奖和全国技术能手；符合纳税条件者。 四类：获得过县（区）及以上荣誉建筑、规划、设备监理、安全工程、一级资质以及高级技师等执业、技能资格者；具有硕士学位的系统分析师、软件设计师、高级信息分析师和项目管理师、电子商务类和“互联网+”类中级人才。

续　表

地区	产业范围	高层次人才认定标准及类别
三水区	未限定产业，优秀企业家、各领域高级专家、突出贡献高技能人才、农村实用人才、社会工作人才	一类：诺贝尔奖、国家最高科学技术奖获得者；国内外院士；社会科学院学部委员；纪百千万人才工程；国家有突出贡献的中青年专家；国家级大师等；国家级各类知名大奖获得者；国家级重大项目、863 和 973 计划首席科学家；国家重点学科、实验室、工程中心首席专家；获得国家自然科学基金“国家杰出青年科学基金（含外籍）”“重大项目基金”资助的项目主持人；发表顶尖学术成果人才等。 二类：享受国务院特殊津贴人员；省部级专家、大师；国家科技进步奖二等奖前 5 名；省部级重要奖项排名 1 ～ 2 位获得者；国家科技重大专项课题第一负责人；863 和 973 计划专题组组长、副组长；国家重点学科、实验室、工程中心首席主任、负责人等；省部级实验室、工程中心负责人等。 三类：省部级知名奖项第 1 名；国家科技重大专项课题、家科技支撑（攻关）计划课题、“973 计划”课题组第二、三负责人等。 四类：符合条件的博士、正高职称、高级技师资格者；符合条件的海外留学硕士或外国硕士人才。
高明区	未限定产业，优秀企业家、专业技术人才、技能型人才、农村实用人才、社会工作人才等。	一类：院士、国家最高科技奖获得者、百千万人才工程人员、突出贡献中青年专家、国家杰出专业技术人才、中国工艺美术大师；国家自然科学、科技发明、科学技术进步等知名奖项一等奖、二等奖排名前 3 获得者；国家 863 和 973 计划首席专家、科学家助理、组长、副组长等人员；国家重点实验室主任、副主任；社科院学部委员；国家社科基金重大项目首席专家；长江学者；中科院百人计划人员等。 二类：享受国务院特殊津贴人员；国家自然科学、科技发明、科学技术进步等知名奖项三等奖排名前 3 获得者；省部级知名奖项获得者；863 和 973 计划课题负责人；国家科技攻关计划课题负责人；省部级实验室主任；国家重点实验室学术委员会成员；以及其他获得与省部级奖项和荣誉相当的人员。 三类：省部级重要知名奖项三等奖前 3 名；地市级重要奖项一等奖获得者；国家知名奖项二等奖获得者；863 和 973 计划课题第二、第三负责人；其他获得与市厅级奖项和荣誉相当人员。

2. 高层次产业人才数量和结构[①]

从各个区认定的高层次产业人才来看[②]：(1)顺德区：截至2017年10月，全区共认定各类高层次产业人才4337人，其中第一类人才2人，占0.05%；第二类人才20人，占0.46%；第三类人才67人，占1.54%；第四类人才349人，占8.05%；第五类人才1129人，占26.03%，第六类人才2770人，占63.87%。其中，国家机关、党群组织、企业、事业单位负责人有222人，占5.12%；专业技术人员3161人，占72.88%；办事人员和有关人员308人，占7.10%；商业、服务业人员362人，占8.35%；农、林、牧、渔、水利生产人员6人，占0.14%；生产、运输设操作人员及有关人员38人，占0.88%；其他不便分类人员240人，占5.53%。（2）南海区：2018年，全区共认定各类高层次人才10932名，其中一类人才3人，二类人才58人，三类人才160人，四类人才478人，五类人才1508人，六类人才4357人，七类人才4368人。(3)禅城区：截至2017年底，全区共认定高层次人才10657人，院士、省级"双创"领军人才（团队）等各类顶尖人才12名，涵盖生物制药、外光电子材料和器件、人工智能、光学图像处理、半导体电子工程研发等10余个研究领域。（4）三水区：截至2017年，全区共认定高层次人才49名，其中一类人才1名，二类人才10名，三类和四类人才均各自为9名，五类人才为11名。（5）高明区：2017年，全区认定的高层次人才24名，均为三类。

从上述各区认定的高层次产业人才来看，具有以下几个特点：一是尽管由于各区高层次产业人才认定标准不一，导致各区高层次（产业）人才总量不一，但南海、顺德和禅城的高层次产业人才总量明显要高于三水和高明，

①由于一些地区没有进行专门的高层次产业人才划分，为研究需要，这里用高层次人才近似替代。

②数据来源：各区人社局网、人才服务中心以及相关媒体公开报道，部分数据根据各区公开的高层次（产业）人才确认名单统计整理而得。

这与地区间的经济发展水平、工业总产值、GDP 总量呈现一致。以政府政策为主导的人才引进，最后拼的还是地区经济实力和产业水平。（2）高层次人才中，顶尖拔尖人才诸如一、二类人才占比明显偏低，这固然与这类人才本身的总量有关，但也一定程度上说明佛山在顶尖和拔尖人才方面仍然还有很大的提升空间。（3）除顺德以外，其他四区对高层次产业人才都缺少专门统计，一定程度上表明其对产业类高层次人才的重视程度还有待进一步提升，对产业人才在拉动产业升级方面的作用认识仍然有待强化。

另外，从佛山与周边城市对比来看：（1）深圳：截至 2017 年底，深圳高层次人才突破 1 万人，达到 10993 人；高层次创新创业团队达 143 个，其中全职院士达到 38 人①。(2)2016 年，广州市大专以上人才、专技人才总量分别达 326 万人、158 万人，两院院士 77 人。为集聚产业领军人才，广州市制定出台《中共广州市委广州市人民政府关于加快集聚产业领军人才的意见》《广州市产业领军人才奖励制度》加快集聚产业领军人才系列政策文件，计划在 2017—2021 年投入 35 亿元，在各重点产业领域内培养、引进和支持 3500 名产业领军人才。（3）东莞：2017 年全市人才总量突破 130 万，各类高层次人才达到 7.8 万人。广东省创新科研团队 26 个、市创新科研团队 27 个、省市领军人才 55 名、特色人才 204 名②。

从这些数据对比来看，高端产业研发人才、产业领军人才、科研与创新团队仍然是佛山高层次人才引进方面的短板。

3. 高层次产业人才紧缺情况

从《2017 年佛山市重点产业紧缺人才目录》传统优势产业、战略性新兴产业、先进制造业和生产性服务业人才需求较大，所有人才均需要中级以上职称。

①数据来源：深圳特区报，2018.6.20.

②数据来源：南方日报，2017.5.26.

就各区而言，高层次（产业）人才紧缺情况如下：

（1）禅城。从《2018年度佛山市禅城区重点产业紧缺人才目录》可以看到，战略性新兴产业、传统优势产业、现代服务业三大重点领域22个行业人才需求较大，其中尤以新一代信息技术产业、卫生业、家用电力器具制造业、家具制造业、新材料产业中的高层次专业技术人才、高层次经营管理人才和高技能人才需求最大，且大部分需要研究生以上学历人才。

（2）南海区。从《南海区紧缺适用人才引进培育导向目录》可以看到，现代信息服务产业、家用电器产业、新材料产业和金融产业的专业技术类和经营管理类人才需求较大，其中现代服务业紧缺岗位、战略性新兴产业以及金融产业对硕士研究生需求较大；2320个紧缺需求岗位中，67.36%的用人单位要求人才具有“中级职称”，超过半数以上用人单位表示需要招聘具有高技人才（高级工及以上）人才；金融行业中，25.93%的用人单位表示需要有10年以上经验人才。

（3）顺德区。由于高端先进制造业、生物医药、新材料、电商会展等产业迅猛发展，对高端人才的需求日益增强，在人才工作上也更加聚焦高层次创新创业和急需紧缺人才，强调通过精准引进高端人才和盘活存量人才。

（4）高明区。在高明区产业转型升级中，高端技术研发人才紧缺是制约行业发展的一个关键短板。新一代信息技术、创新药物和生物医药、汽车及零配件、智能制造装备、纺织服装、新材料、家用电力器具制造等产业的人才紧缺问题最为显著，紧缺程度占比大于60%。高层次人才“招不来”也是困扰企业发展的重要因素。调研数据显示，78%以上调研企业表示“本科以上学历、中级以上职称”人才占比较低，43%的企业表示“高级工以上技能等级”人才占比较低。新一代信息技术产业、新材料产业有高学历（硕士及以上）要求的岗位在40%左右；占总比24%的大专及以下学历的人才。

（5）三水区。从《佛山市三水区紧缺技能人才职业（工种）目录》和《三水区紧缺技能人才职业（工种）目录》中可以看到，电子商务、化工涂料、汽修行业、制造业和服务业等10个行业中本科以上学历、中级以上职称的高层次的研发工程师、机械工程师、化工材料工程师、软件开发工程师、国际外贸业务人员等专技类人员缺口比较大。

4. 高层次产业人才发展特点

高层次产业人才引进涉及供给方和需求方，市场供求状况以及高层次产业人才自身的一些特点决定了双方讨价还价的能力和定价水平。因此，探究高层次产业人才的供求特点，有利于更好地掌握此类人才市场供求规律，更好地开展市场化引进机制创新，实现“有的放矢”。

（1）供给特点

从供给角度来看，理论上而言，高层次产业人才可以通过用人单位内部供给和外部供给来获得。然而，现实情况是，很多用人单位不愿意自身培养高层次人才。究其原因，主要有以下几点：第一，高层次产业人才培养需要很长时间，从人才培养对象的选定到具体培养工作的开展，再到各个阶段的历练和考核，整个过程显得非常漫长。面对动态、复杂和不确定的企业内外部竞争环境，企业更倾向于“拿来主义”，毕竟人才培养与紧迫需要之间存在矛盾。而且，即使一些企业做好了人才培养规划，但经过漫长培养以后，面对新的环境和新的需求，培养出来的人才很可能跟不上需要。第二，高层次产业人才培养成本更高。除了工资福利以外，还需要提供科研经费、科研设施和科研场所。这种投入是持续性的，并且时间会很长。第三，高层次产业人才培养风险大。与一般人力资本投资存在风险一样，高层次产业人才人力资源投资也存在风险并且更大。因为培养成功与否本身存在着很大不确定性，再加上培养以后人才流失的风险更大。一旦企业在薪酬待遇、配套环境以及其他方面跟不上需要，很可能导致高层次产业人才离职。

上述这种用人单位的“拿来主义”直接导致外部高层次产业人才供给减少。因为与其他人才不同的是，高层次产业人才很难直接来自高校，也难以自学成长，他们需要在长期在产业和企业实践当中得到历练，将理论和实践结合，方能积累成为高层次人才所需的各种素质和能力。

（2）需求特点

从高层次产业人才的需求角度来看，需求的主体具有多样性和差异性。各个地方的国有企业、民营企业、外资企业以及其他一些组织对高层次人才都有着不同方面、不同层次和不同用途的需求，例如提高科研实力和经营管理水平、开拓市场、研发新产品、参与地区竞争，等等。这种需求有时候往往又是紧迫性的，它产自于用人单位当下的生产经营活动，而不是过去或未来，如果需求不能得到及时满足，用人单位的发展将受到一定限制。

上述“僧多粥少”的高层次产业人才市场供求特点，必然会导致各个地区和企业的激烈争夺。高层次产业人才的产出效益、高创造性、动态性、国际化等特征将进一步加剧人才争夺。据本课题组调研整理，2014—2018 年间仅长三角地区、珠三角地区以及京津冀地区等 47 个城市就颁布了 681 份人才政策，并且呈现逐年上升趋势，在高层次待遇方面奖补力度越来越大，一些地区对于一类和二类人才甚至推出了“一人一议”和“待遇面谈”的措施。

（二）高层次产业人才发展面临的主要问题

1. 各区人才市场存在分割不统一，市场机制作用有限

市场化人才引进机制作用的发挥，需要有统一的人才市场，实现人才资源能够跨区域自由流动。然而，现实情况是，目前 5 个区的人才市场并不是统一的，存在一定程度的分割。各区人才市场主要是以政府人事主管部门举办或其授权、委托的事业单位或第三方机构举办，因此，人才市场格局及其运作管理或多或少带有地方行政区划的“地盘”色彩，市场细分有余而统筹不足。各区人才市场供求关系各异，资源分割、管理依据迥异。例如五个区的高层次人才在认定的范围与条件、认定标准、认定程序、层次划分等方面存在较大差异，且各区之间也未建立有相应的互认机制。从人才服务来看，各区间的人才服务中心服务标准和信息化标准、业务范围不一，服务水平存在一定距离。

从表面上看，各区之间存在高层次产业人才市场的差异无可厚非，属

于各区结合自身实际因地制宜的结果。但实质上是各区为了抢夺笼络高层次产业人才，人为设置了人才流动的区域壁垒，加大了用人单位获取包括人才在内的各种市场资源难度，也增加了高层次产业人才流动的成本。

2. 价格机制表现乏力，市场化人才评价不足

价格机制是高层次产业市场化引进机制发挥作用的重要基础和保障，它对人才资源优化配置具有重要作用。人才价格机制的有效发挥，离不开人才供需双方在人才价格、供求关系等方面的信息是否掌握充分、及时和对称，能否运用科学合理的定性定量方法评价出人才的真实价值。然而现实情况是，由于高层次产业人才资源本身所具有的复杂性、特殊性和不确定性，其能力价值评价往往难度非常大。尽管近年来对于人才价值的评价指标的研究在深入，围绕人才测评的工具和认证手段也有了一定进展，但仍缺乏比较有权威的、可操作性、系统性的评价体系。

目前，在高层次人才认定方面，大多主要由各级政府相关部门事先通过政策按照学历、职称和荣誉等设定等级标准，然后依据这些标准将人才认定为某一等级。这种政策认定方式将人才价值差异简单粗暴地强制限定在少数几个等级范围内，忽略了高层次产业人才价值的连续性差异，难以区分同一等级内不同人才的个体价值差异。另外，对人才认定评定标准“一刀切”的做法也不符合实际，不同类型产业人才例如科研人才、经营管理人才、专业技能人才以及一些特殊人才例如文艺设计类人才其价值体现有着差异性，“一刀切”的做法容易导致许多优秀人才被拒之门外。例如，禅城区在引进高层次设计类人才就发现，现有的《佛山市禅城区推进“通济才智”工程建设实施办法》（佛禅府办〔2016〕26 号）大多以职称、学历、职业资格等为依据，而设计类人才大多却以作品获奖、项目设计、薪酬水平等作为评定标准，导致许多设计人才价值难以得到客观评价。

3. 市场化的人才服务供给主体力量不强，服务体系尚未健全

多样化的市场化人才服务供给主体是提升人才引进机制市场化水平的又一重要保障。然而，在实践运行当中，各区仍然存在以下几个方面的问题：一是人才引进服务供给主体当中，政府仍然占据主导位置，许多人才引进服务例如住房、入户、医疗和教育等大多由政府一手操办，其他市场

化主体力量有限。二是对人才服务理解不够深入全面，更多地将人才服务机构理解为人才中介服务机构，例如人才猎头企业、求职招聘、劳务派遣等人才中介服务，因此非常注重这类机构的培育发展。事实上，高层次人才服务中所涉及的服务主体非常多，包括人才在创新创业过程中所需要的各种科研中介、金融中介、管理咨询机构，等等，需要这些机构来提供各种创新指引、成果转化、创业辅导、融资帮助、品牌价值塑造，等等。另外，高端人力资源外包服务机构、高端人力资源管理咨询机构以及高端人才培训测评机构等比较缺乏。三是高层次产业人才引进方式较为单一，市场化载体力量未得到充分发挥。企业引才仍占据较大比例，人才中介机构、行业协会、高层次人才荐才、项目引才、技术引才、成果引才、大赛引才、会议论坛引才等方式不足。本研究作者在 2017 年针对顺德高层次人才发展环境的调研时发现，在各种高层次人才招聘渠道当中，招聘会、网络、员工和熟人介绍、主动求职者仍然是最主要的渠道。

4. 市场化人才引进的对象层次还不够高，能级需要提升

从佛山高层次产业人才引进层次来看，绝大多数的一、二级高层次产业人才还主要依靠政府部门通过各种手段引进，市场化作用能级有限。依靠用人单位和人才中介机构引进顶尖、拔尖、特优级例如诺贝尔奖获得者、国内外院士等还很少。虽然市、区两级对这类人才都给予了高额补贴甚至“一事一议”，但实际上申请补贴的人员并不多，即使是顺德和南海也是如此。

虽然佛山已经有了人力资源产业园区例如绿岛湖人才资源产业园区等，园区内也集聚了不少市场化人才引进机构，但是由于人才市场的规模和层次有限，与广州、深圳等地相比，佛山在集聚高端、国际化的人才服务机构还比较欠缺。例如进入《财富》 世界 500 强的人力资源服务公司机构、全球大型猎头公司还比较少。

5. 市场化激励不足，重引进轻考核

市场化激励的一个重要体现就是根据人才的价值及其产出来开展激励，人才没有产出不奖励，没有贡献不奖励，大产出大贡献要重奖励。而从目前佛山高层次产业人才激励来看，市场化程度明显不足：一是高

层次人才引进的重点放在前端，即重视高层次人才的引进，为此制定各种奖补政策和配套保障措施。但对被引进的人才后期缺乏持续的业绩跟踪和反馈，也缺乏相应的考核激励政策，导致高层次人才的收益与其创造的绩效和价值贡献脱节。二是市场化的激励手段不足。目前，对高层次产业人才的激励主要集中在购房补贴、安家费、薪酬补贴、子女教育、医疗等方面为主，与产出和业绩挂钩的激励方式例如股权激励、科研成果转化收益分享激励、经营业绩分享激励等并不多见。

三、教育类人才发展现状及问题

（一）教育类人才发展现状

1. 佛山市教育发展基本现状

根据《佛山市 2019 年国民经济和社会发展统计公报》，如表 6-4 所示：截至 2019 年底，佛山市有普通高等院校 13 所，在校学生 12.99 万人；普通高中 60 所，在校学生 12.07 万人；初中 152 所，在校学生 23.56 万人；小学 417 所，在校学生 61.66 万人；幼儿园 1016 所，在园幼儿 31.85 万人。学龄儿童入园率 100%，小学毕业升学率 100%，初中毕业升学率 99.57%，普通高中毕业升学率 97.79%。

从动态增长变化来看，2009—2019 年，普通高等院校数量从 3 所增加到 13 所，增加了 10 所，增长 333.33%，年均增长 15.79%。高等院校在校学生从 3.70 万人增加到 12.99 万人，增加 9.29 万人，增长 251.08%；普通中学数量从 179 所增加到 212 所，增加 33 所，增长 18.44%，年均增长 1.71%；小学数量从 429 所减少到 417 所，减少 12 所，减少 -2.80%。进一步分年度看，小学数量呈现出先减后增现象，即从 2009 年的 429 所下降到 2014 年的 406 所，随后缓慢上升至 417 所。但从小学生人数来看，一直呈现上涨趋势，从 2009 年 43.42 人增加到 2019 年的 61.66 万人，增加 18.24 万人，增加 42.01%，年均增长 3.57%。另外，技工学校数量总体变化不大，但在校学生数呈现逐年下降趋势。

表 6-4　2009—2019 年佛山市各类学校及在校学生数

		单位	2009	2010	2011	2012	2013	2014	2015	2016	2017	2018	2019
普通高等学校	数量	所	3	3	3	3	3	3	3	3	13	13	3
	在校生数	万人	3.70	3.97	4.46	4.58	4.73	4.67	4.94	5.00	12.20	12.42	12.99
技工学校	数量	所	12	12	14	13	12	12	12	12	12	12	12
	在校生数	万人	2.13	2.38	2.66	2.85	1.92	1.82	1.70	1.65	1.60	1.64	--
普通中学	数量	所	179	179	178	189	191	193	199	198	200	203	179
	在校生数	万人	32.31	32.34	32.34	31.86	31.56	30.78	30.60	31.34	32.77	34.25	35.63
小学	数量	所	429	424	423	411	408	406	407	408	409	413	429
	在校生数	万人	43.42	43.82	44.55	45.28	46.37	47.44	49.01	51.25	54.36	58.01	61.66

与此同时，2009—2019 年，佛山市常住人口从 687.47 万人增加到 815.86 万人，增加 128.39 人，增长 18.68%，年均增长 1.73%。对比同期人口的变化，可以看到，除小学和中学数量指标以外，其他指标的增速均超过人口增长速度。这表明，从各类学校发展来看，总体而言，佛山市的教育环境有了较大改善。

2. 教师人才总量规模

从教职工人数来看，近十年来，佛山市各级各类学校的教职工人数，在总量规模上呈现出稳步增长，从 2009 年的 47886 人增加到 2018 年的 67133 人[①]，增加 19247 人，增长 40.19%，年均增长 3.83%。其中，普通高等学校教职工人数增长尤为明显，从 2009 年的 2740 人增加到 2018 年的 4728 人，增加 2258 人，增长 91.42%，年均增长 7.48%。其次是普通中学，教职工人数从 2009 年的 22690 人增加到 2018 年的 32737 人，增加 10047 人，增长 44.28%，年均增长 4.16%。小学教职工从 2009 年的 21954 人增加

①由于佛山市统计年鉴中未统计幼儿园教职工人数，故此处不含幼儿园教职工数。

到 2018 年的 28619 人，增加 6665 人，增长 30.36%，年均增长 2.99%。技工学校教职工人数从 2009 年的 772 人增加到 2018 年的 1049 人，增加 277 人，增长 35.88%，年均增长 3.47%。

（二）教育类人才发展面临的主要问题

1. 各类学校资源总量仍然不足

从珠三角 9 市各类学校的数量对比来看，如表 6-5 所示：普通高等院校数量佛山排第 2 位，与深圳相等；普通中学排名第 5 位，中等职业教育学校排名 2 位，小学排名第 3 位。虽然就各类学校数量而言，佛山各类学校数量与其在珠三角地区的经济发展位置大体匹配。但是，结合常住人口来看各类学校分布密度，可以明显看到，优势并不明显，甚至有些指标还很靠后。例如，普通中学分布密度排在第 9 位，小学分布密度排名第 7 位。虽然普通高等院校分布密度排在第 3，但与排名第一和第二的广州和珠海相差较远，而离其他地区距离非常接近。中等职业教学学校分布密度排在并列第 4。未来随着城镇人口流动及生育政策调整双重因素的影响，佛山人口将快速增长，各类学校资源总量不足的矛盾会较为明显。

表 6-5　2018 年 佛山各类学校与珠三角其他地区各类学校对比

	普通高等院校		普通中学		中等职业教育学校		小学	
城市	数量（所）	密度（所/万人）	数量（所）	密度（所/万人）	数量（所）	密度（所/万人）	数量（所）	密度（所/万人）
广州	82	0.055	527	0.354	82	0.055	965	0.647
深圳	13	0.010	390	0.299	15	0.012	344	0.264
珠海	10	0.053	75	0.397	8	0.042	124	0.656
佛山	13	0.016	203	0.257	33	0.042	413	0.522
东莞	9	0.011	240	0.286	21	0.025	328	0.391
中山	5	0.015	103	0.311	11	0.033	208	0.628
惠州	5	0.010	271	0.561	25	0.052	468	0.969
江门	4	0.009	194	0.422	19	0.041	324	0.705
肇庆	6	0.014	184	0.443	18	0.043	228	0.549
平均	16.3	0.022	243.0	0.370	25.8	0.038	378.0	0.592

2. 技工类人才培养跟不上佛山经济社会发展的需要

从前面表 6-4 中可以看到，从 2009 年到 2019 年，全市技工学校数量维持在 12 所的位置不变，虽然在 2011 年增加了两所，随后又下降至 12 所。另外，尤其特别值得关注的是，全市技工类在校学生数从 2.13 万人减少到 1.64 万人，数量不仅没有增长，反而减少了 0.49 万人，下降了 23.00%。这与佛山当前经济发展的形式是不相适应的：一方面，在经济结构调整和产业优化升级的新形势下，对技能型人才的需要更多。另一方面，在外部技工类人才比较难招的情况下，本土技工教育的基础性、全局性和先导性作用更加突出。然而，现实情况下，本土培养的技工类人才数量又呈现下降趋势。

3. 教育人才队伍素质仍需进一步提升

虽然近年来佛山市通过各类相关政策和措施积极提升教育人才素质，例如《佛山市基础教育“强师工程”行动计划（2017—2020 年）》《佛山市基础教育高层次人才引进、认定（评定）及管理办法（试行）》《佛山市教育局关于做好佛山市“国家级基础教育杰出人才”及“省级基础教育领军人才”扶持工作的通知》（佛教人〔2018〕51 号），制定中小学校长综合评价指导意见，出台义务教育学校校长教师交流轮岗实施方案，出台全面加强和改进师德建设的实施意见，也培养了一批特级教师、正高级教师及省级名校长、名教师。但是就总量而言，数量还比较少。尤其是学科领军人才，相对佛山市经济发展水平以及教育现代化水平而言，尚不匹配。例如，按照三年“强师工程”行动计划，新增 10 名国家级基础教育杰出人才、100 名省级基础教育领军人才、1000 名市区两级“三名人才”（其中，市级 300 名），培养 10000 名校级以上骨干人才。又如 2020 年 7 月公布的国家级基础教育杰出人才仅 3 人，省级基础教育领军人才也只有 63 人。相较于当前佛山市教育人才总体而言，学科领军人才占比并不高。

另外，从职称来看，中小学专任教师中具有本科及以上学历的占 75%，初中专任教师中具有本科及以上学历的占 95%，普通高中专任教师中具有研究生及以上学历的占 21%。虽然这一比例表明佛山的教育人才学历并不低，但与广州、深圳及其全国其他一些教育发达城市相比，特别是与一些基础教育体量与佛山相当的城市相比，佛山中小学教师配置和高层次人才数量指标存在差距①。

四、医疗卫生类人才发展现状及问题

（一）医疗卫生类人才发展现状

1. 医疗卫生设备设施以及卫生人才总量

媒体公开报道数据显示②，截至2019年底，佛山市共有各类医疗卫生机构2097家，其中：三级甲等医疗机构11家，三级乙等医疗机构9家，二级医疗机构42家、基层医疗卫生机构1913家。从动态来看，根据佛山市统计年鉴和佛山市统计公报，2009—2019年，全市医疗卫生发展情况如下:

（1）卫生机构数变化：从2009年的1249个增加到2019年的2097 个，增加了848个，增长67.89%，年均增长5.32%。

（2）医院数量变化：从2009年的57家增加到2019年的127家，增加了70家，增长122.81%，年均增长8.34%。

（3）卫生机构病床数变化：从2009年的21456张增加到2019年的38085张，增加了16629张，增长77.50%，年均增长5.91%。

（4）卫生技术人员数变化：从2009年的31459人增加到2019年的58215人，增加了26756人，增长85.05%，年均增长6.35%。

（5）医生人数变化：从2009年的11391人增加到2019年的20937人，增加了9546人，　增长83.80%，年均增长6.28%。

①数据来源：广州日报，2018.1.

②数据来源：后疫情时代，佛山医疗卫生体系加速发展，南方都市报，2020-08-25。

（6）护士人数变化：从 2009 年的 12530 人增加到 2018 年的 25444 人，增加 12914 人[①]，增长 103.06%，年均增长 8.19%。

与此同时，从佛山市同期常住人口变化来看，2009—2019 年，佛山市常住人口从 687.47 万人增加到 815.86 万人，增加 128.39 人，增长 18.68%，年均增长 1.73%。对比医疗卫生事业发生数据，可以看到，无论是各类医疗卫生机构、设备设施，还是医疗卫生人才，其增长速度都要快于人口的增长。说明就佛山市医疗卫生资源的数量而言，近十年来有了显著提升，医疗卫生环境有了明显改善。

另外，根据佛山在线数据显示，截至 2017 年底，佛山市共有各类全科医生人数 2004 名，每万名常住人口全科医生数为 2.62 名，居于广东省前列，高于广东省“卫生强省战略”中所提出的关于“到 2018 年全省每万常住人口全科医生数达到 2 名以上”的目标。

2. 医疗卫生人才结构

从职称来看，截至 2018 年 1 月，全市卫生专业技术人员中，副高以上职称占 9.53%，中级职称占 21.16，初级及以下职称占 69.31%。另外，为更好地反映高质量医疗卫生人才的最新结构，本书搜集了佛山市内 13 家三级医院的医疗卫生人才数据，统计结果显示：13 所三级医院共有职工 18727 人，其中正高职称有 673 人，占 3.59%；副高职称有 1923 人，占 10.27%；高级以上职称合起来共有 2596 人，占 13.86%；中级职称的有 4369 人，占 23.33%；初级及以下职称的有 11812 人，占 63.07%。从学历来看，博士学历有 330 人，占 1.76%，硕士学历的 1861 人，占 9.94%。从三级医疗卫生人才结构来看，明显要高于全市水平。考虑到统计中分母为职工总人数而非专业技术总人数，因此，无论是中高级职称还是研究生以上学历比例，实际数都还要更高一些。

①因 2020 年鉴未出版，佛山 2019 年统计公报又未统计该数字，故此处用 2018 年数据。

3. 医疗卫生人才引进和培养

在医疗卫生人才引进方面，市区两级均出台各种政策，积极招揽高层次人才。以区级为例，2017 年 1 月，顺德区出台《顺德区医疗卫生系统高层次卫生人才确认办法》，对引进的高层次卫生人才在住房、薪酬、医疗体检等各方面予以激励；又如 2019 年 6 月，禅城区制定《佛山市禅城区公立医疗机构卫生人才建设实施办法》，对公开招聘和柔性引进的医疗卫生人才，分 A、B、C、D 四类在安家、租房、入住公寓、工资外津贴、子女入学等给予补助；对个别紧缺专业如精防、儿科、全科等给予岗位奖励金。

医疗卫生人才培养方面：近年来，佛山市加强了培养力度，尤其是高层人才的培养，更是通过各种政策激励手段，加快培养进程。2016 年，佛山市出台《中共佛山市委佛山市人民政府关于深化医药卫生体制改革建设卫生强市的决定》《佛山市构建医疗卫生高地行动计划（2016—2018 年）》（佛府函〔2016〕105 号），明确提出要“加大高层次医疗卫生人才的引进、培育力度”，实施医疗卫生人才培养“112 工程”，即每年要选拔 10 名市级医学领军人才、100 名杰出青年医学人才、200 名医学骨干人才为重点培育对象。2018 年 11 月，首批“112 工程”人才遴选结束并向社会公示，覆盖全市 50 多个医学学科，并在工作场所、实验设备、人员配备、培养经费、科研立项、学科建设、成果推广等支撑条件方面予以保障。2018 年 11 月，佛山市卫生和计划生育局联合组织部、人社和财政局等多部门联合发布《佛山名医扶持工程实施细则》，重点激励临床和基层一线贡献突出的医生，对认定的名医给予 30 万人才扶持资金。2019 年 10 月，首批 30 名“佛山名医”遴选结束并向社会公示。2019 年，佛山市卫生健康局制定和落实《佛山市扩内需资金（卫生）提升生活服务业分配方案》，推进康复医师、治疗师、护士培训等项目。

（二）医疗卫生类人才发展面临的主要问题

1. 医疗人才资源总量仍然不足

从佛山与珠三角其他城市的医疗卫生设备设施以及卫生人才的比较来看，如表 6-6 所示：每千人的卫生医疗机构数、卫生工作人员数、卫生技术人员数、职业（助理）医师数分别为0.244个、82.13人、70.07人和25.30人，四个数字均低于珠三角平均水平，与广州、深圳和珠海三市也还存在一定距离。表明在数量上，佛山还需要增加医疗卫生机构卫生工作人员、技术人员和医生人数。在医院及床位数量方面，虽然佛山接近或超过珠三角等市平均水平，但与佛山经济发展水平居于广东第3的位置明显不相适应，仍需加大力度，以争取走在珠三角城市前列。另外，随着二孩政策实施、人口老龄化、疾病谱改变和人们健康意识不断提高，未来佛山市医疗卫生服务需求将继续保持高速增长，医疗卫生人才资源总量不足的问题仍然会表现得较为突出。

表6-6　2018年珠三角9市医疗卫生设备设施以及卫生人才比较

城市	每千人拥有的医疗卫生设备设施及人才数						
	机构	医院	床位数	医院床位	卫生工作人员	卫生技术人员	职业（助理）医师
广州	0.308	0.017	63.83	57.71	126.60	105.00	36.32
深圳	0.336	0.011	33.17	30.58	88.18	71.89	27.87
珠海	0.443	0.024	52.35	46.79	117.22	97.46	37.49
佛山	0.244	0.015	47.09	43.65	82.13	70.07	25.30
东莞	0.324	0.012	37.01	36.03	76.68	64.72	23.25
中山	0.270	0.019	47.74	47.39	84.80	73.77	26.59
惠州	0.572	0.016	44.41	32.95	85.71	72.05	27.62
江门	0.359	0.010	51.07	37.14	78.73	66.28	22.40
肇庆	0.749	0.013	41.78	32.34	77.69	60.29	19.61
平均	0.401	0.015	46.49	40.51	90.86	75.73	27.38

另外，疾控中心卫生专业人才资源不足。截至 2020 年 8 月，佛山市和各区 7 家疾控中心共配有卫生技术人员 483 人，与常住人口相比，配置比例仅为万分之 0.59，远远低于中央编办、财政部和国家卫生计生委于 2014 年下发的《疾病预防控制中心机构编制标准指导意见》[①]中提出的万分之 1.75 的配置标准，仅为其三分之一。其中，市级疾控中心的人员配置远远少于全国平均水平，介于全国平均水平的 1/2 ～ 1/3 之间。

2. 医疗卫生类人才结构性问题仍然有待优化

一是五区之间、各区内各镇之间优质医疗卫生人才资源分布不均，优质人才资源主要集中在禅城、南海和顺德三区的一些中心镇街，三水和高明分布较少，一些偏远镇例如更合、明城、均安、大塘、南山等镇街更是少之又少。受优质的专科医院数量和规模小的影响，相关的医疗卫生人才数量也比较少。二是一些医科人才供需矛盾较为突出。受二孩、老龄化以及各种压力的影响，一些医科专业如儿科、妇产科、全科、传染病科、精神病科、老年病科、康复科等方面的人才需求比较大，呈现结构性紧缺现象。三是中高端医疗卫生人才队伍规模还有待进一步提升。虽然近年来佛山市加大了中高层次卫生医疗人才的培养力度，但是从目前来看，“112 工程”和“佛山名医”人才还仅仅进入首批人才的遴选培养，总人数 340 人，仅占全市医生总数的 1.62%，占医疗卫生技术人员总数的 0.58%，还需要进一步加大培养力度、加快培养进度，以提高优质医疗卫生资源的保障力度，吸引和集聚更多其他高层次人才。

3. 医疗卫生类人才的使用、激励还存在一定的体制机制障碍

使用和激励方面，当前存在的问题主要有三方面：一是一些重大科研项目所需要各种实验科研项目设备设施还跟不上高层次人才发展的需要。二是受制于医疗卫生工作量而人员总量不足，一些医院难以安排足够人力

①中央编办．财政部．国家卫生计生委．关于印发疾病预防控制中心机构编制标准指导意见 [Z].2014.

物力去加入高层人才的科研团队充当助手，一些基层和常规性工作仍然需要依靠高层次人才来完成，分散了他们的时间和精力，对其能力和技术地发挥也带来一定影响。三是在考核激励机制方面，考核内容、考核方式、薪酬水平和薪酬结构、加班管理等方面还有待优化。

4. 基层卫生医疗人才队伍不稳定，结构不合理

受人事编制、福利待遇、培训、晋升等因素限制，不少镇街医疗机构、村卫生机构等基层医疗机构人员还存在不足、结构不合理、队伍不稳定等情况。一些基层医疗卫生机构如高明和三水一些偏远镇、村，年轻的、高学历高职称的卫生医疗人员流失，人员短缺，人才梯队断层。一些村卫生服务站还是依靠中老年“赤脚”医生在维持运转，有的甚至已经六七十岁，影响着乡村医疗卫生发展。虽然近年来，各级政府也采取了一些措施来培养乡村医生，但是面对待遇不高、上升空间有限、乡村生活环境不佳等因素影响，所发挥的作用仍然有限。此外，随着近年来国家医疗机构改革力度加大，各种民营医疗机构数量上升和不断壮大，对各种医疗卫生人才的需求也在不断提升，人才争夺也日趋激烈，对佛山基层医疗卫生机构也带来一定冲击。

五、农村实用类人才发展现状及问题

（一）农村实用类人才的范围及特征

1. 范围

农村实用类人才为农村经济和社会发展提供各种服务，推动和带动农村各项事业发展，具有较高知识和技能的劳动者。早在 2004 年，农业农村部就将其划分为生产能手、经营能手、能工巧匠以及农民技术人员四大类。2008 年，农业农村部又对此作出新的划分，将其分为生产型人才、经营型人才、技术服务型人才、社会服务型人才以及技能带动性五大类人才。具体如表 6-7 所示：

表 6-7 农村实用人才统计范围和标准[①]

类 型	统计范围和标准
生产型人才	从事种植、养殖、捕捞、农产品加工，达到较大规模，以及在同等投入条件下，单位产出或效益明显超过本地平均劳动水平，具有一定的示范带动效应，帮助农民增收致富的农村劳动者。包括种植能手、养殖能手、加工能手、捕捞能手等。
经营型人才	具有一定的经营管理能力，从事工业、建筑业、运输业、商业、饮食业、中介和其他服务业等非农产业经营，以及创领办专业合作组织，具有一定规模并有较高经济收入，有一定示范带动效应或能解决一定数量的劳动力就业的农村劳动者。包括企业经营人才、农村经纪人、农民专业合作组织带头人等。
技术服务型人才	在农村中专门或主要从事农业产前、产中、产后技术服务的各类人员。
社会服务型人才	指在农村教育、文化、体育、卫生、就业、社会保障等领域提供服务的各类人才。包括乡村教师、乡村医生、文体艺术人才、社会工作人才等。
技能带动型人才	指具有种植业、养殖业、加工业、制造业、建筑业、服务业等方面的特长或技能，并能带动其他农民掌握该技术或进入该行业，在自身获得一定经济收入的同时，为当地经济发展做出贡献的人员。包括各类能工巧匠和科技带头人等。

①表格内容来源：刘选会，李文君，杨兴，农村实用人才统计问题研究．科技创新与生产力．2019 年 09 期 第 10-13 页。

2. 特征

从农村实用人才的特征来看，其与其他民营企业、国有企业、医疗卫生类人才有所不同，具体体现在：一是农村实用人才不一定能够在学历和职称上达到相关要求，但是在从业经验方面一般都能达到要求，具备较为丰富的、最实际的农业或者农村生产经营的实践经验。二是其工作内容具有广泛性。农村实用人才在不同地区、不同领域和不同时间从事不同工作任务。例如在顺德、南海和禅城的一些工业主导型村肩负的村级集体财产经营、村级工业园区管理、村级环境整治、村级文化、村级教育、村组织建设等工作，而在高明和三水的一些以农业为主的农村则从事农作物生产、技术推广、农产品宣传销售、农业产品物流管理、村级生态环境、教育以及组织建设等工作。此外，一些研究认为村级实用人才还具有引领农村发展、获得广大农民支持和认可以及具有创新能力等。

（二）农村实用类人才发展现状

1. 农村实用类人才发展的经济基础

（1）农业经济发展状况

从佛山市农业经济发展来看，如表 6-8 所示：2018 年全市纯耕地面积为 541648 亩，农作物总播种面积 904378 亩。其中，粮食作物播种面积 124214 亩，经济作物播种面积 176232 亩，其他作物播种面积 603932 亩。全市农业总产值为 289.89 亿元，其中渔业产值排名居于第一位，产值为 131.92 亿元，占 45.51%；其次是农业产值，占 30.56%；牧业产值为 47.86 亿元，占 16.51%，居第三位；排在第四位的是农林牧渔服务业，产值为 19.84 亿元，占 6.84%。林业产值最少，仅为 1.66 亿元，占 0.57%。从其他年度来看，农业产业结构基本趋于稳定，呈现出渔业、农业、牧业三大产业比重大、农林牧渔服务业、林业比重低的特点。从增长速度来看，2009—2018 年，全市农业总产值从 195.03 亿元增加到 289.89 亿元，增加 94.86 亿元，增长 48.63%，年均增长 5.40%，增长较为快速。分结构来看，渔业、林牧渔服务业、林业在近十年当中均呈现出逐年稳步增长趋势，而农业、林业有增有减，但总体上呈现出上涨态势。

表 6-8 佛山市农业经济发展状况[①] 单位：亿元

年份	农业总产值	农业产值	林业产值	牧业产值	渔业产值	农林牧渔服务业产值
2009	195.03	50.40	0.83	57.13	76.98	9.70
2010	211.17	61.37	0.63	57.87	81.70	9.60
2011	238.72	68.69	0.75	69.57	88.67	10.86
2012	258.02	80.40	0.98	65.95	98.77	11.93
2013	263.52	90.93	1.20	59.14	99.16	13.09
2014	270.47	91.32	1.38	53.30	110.11	14.36
2015	275.69	95.15	1.33	53.51	110.31	15.39
2016	293.05	102.62	1.36	57.75	115.08	16.23
2017	270.33	80.66	1.47	48.91	120.42	18.87
2018	289.89	88.60	1.66	47.86	131.92	19.84

从农业产业发展特点来看，佛山已形成市（区）有区域、镇有特色、村有专业、户有规模的农业产业格局，近郊以叶菜和花卉为主、远郊以水产和瓜菜为主、山区以水果和牧业为主的区域产业带。数据统计显示，2018 年主要农产品中，粮食产量 4.28 万吨， 蔬菜 83.22 万吨，水果 4.27 万吨，水产品 67.51 万吨，肉类总产量 19.2 万吨。

另外，在农业产业发展载体方面，佛山目前也已建成市级现代农业园区 47 个，市级以上“菜篮子”基地 62 个。通过广东省名牌产品（农业类）认证 67 个，其中禅城区 1 个，南海区 22 个，顺德区 16 个，高明区 12 个，三水区 16 个。拥有佛山市农业龙头企业 105 家，其中禅城区 3 家，高明区 18 家，南海区 26 家，三水区 26 家，顺德区 31 家[②]。

①数据来源：根据《广东省统计年鉴 2019》统计整理。

②数据来源：佛山市农业农村局官网。

（2）农村居民人均收入状况

从佛山市农村居民人均收入来看，近十年间，增长迅速，如表 6-9 所示：农村居民年人均收入从 2009 年的 10699 元增长到 2018 年的 28765 元，增加 18066 元，增长 168.86%，年均增长 18.76%。分区来看，禅城区农村居民人均收入最高，其次是南海和顺德，高明最低。

表 6-9　2009—2018 年佛山市农村居民人均收入状况①

年份	农村居民人均纯收入（元 / 年）					
	全市	禅城	南海	顺德	高明	三水
2009	10699	11367	12326	10899	7239	9066
2010	12202	12788	13285	12543	8225	10092
2011	13862	14806	14805	14149	9483	11697
2012	15684	16829	16673	16062	10743	13254
2013	17503	18976	18515	18111	12003	14798
2014	20094	--	--	--	--	--
2015	22063	--	--	--	--	--
2016	24159	--	--	--	--	--
2017	26390	--	--	--	--	--
2018	28765	--	--	--	--	--

（3）农村村级组织设置状况

从农村村级组织设置来看，如表 6-10 所示：2018 年佛山市有 21 个乡镇，乡镇户数为 89.69 万户，乡镇人口共有 344.35 万人，占佛山市总人口的 43.56%。从近十年的变化来看，乡镇户数和人口呈现波动特征，有增有减。从村委会数量来看，2018 年全市共有 326 个村，其中分布在顺德的村最多，有 108 个，占 33.13%。其余四个区分布的村级数量均较为均衡，禅城、南海、三水和高明四区分别为 53、66、51 和 48 个。

①数据来源：根据《广东统计年鉴 2019 年》统计整理。

表 6-10 2009—2018 年佛山市农村基层组织情况[①]

年份	乡镇个数（个）	乡镇户数（万户）	乡镇人口（万人）	全市村委会数量（个）	禅城	南海	顺德	三水	高明
2009	21	84.84	289.43	--	--	--	--	--	--
2010	21	89.03	305.66	--	--	--	--	--	--
2011	21	91.16	309.37	--	--	--	--	--	--
2012	21	93.85	343.96	--	--	--	--	--	--
2013	21	90.27	342.06	--	--	--	--	--	--
2014	21	91.14	335.77	--	--	--	--	--	--
2015	21	83.79	301.98	--	--	--	--	--	--
2016	21	61.44	227.54	327	54	66	108	51	48
2017	21	84.27	305.52	327	54	66	108	51	48
2018	21	89.69	344.35	326	53	66	108	51	48

2. 农村实用类人才发展现状

从总量上看，数据统计显示[②]，截至“十二五”末，佛山市共有各类农村实用人才 5.96 万人，其中，农业科技人才约 2600 人，约占 4.36%。从结构上看，生产型人才约 0.99 万人，占 16.58%；经营型人才约 4.55 万人，占 50.82%；技能带动型人才约 0.19 万人，占 3.23%；科技服务（推广）型人才约 0.13 万人，占 2.21%；社会服务型人才约 1.62 万人，占 27.16%。另外，全市还有农村行政管理人才 490 人。此外，早在 2016 年，佛山市就出台了《关于加快培育新型职业农民工作的实施意见》《佛山市新型职业农民认定管理办法》，培训和认定职业农民两万余人。

① 数据来源：根据《广东统计年鉴 2019 年》统计整理。

②数据来源：佛山市农业局，2017.8.

另外，从佛山市乡村劳动力来看，如表 6-11 所示：2018 年全市共有乡村劳动力 195.10 万人，比 2010 年增加 15.4 万人，增加 8.57%。十余年间，乡村劳动力数量呈现先增后减态势，其中 2012—2015 年四年间乡村劳动力均超过了 200 万人，其中 2013 年达到最高，为 218.89 万人。从乡镇就业人数来看，2018 年为 166.68 万人，比 2009 年下降 8.35 万人。乡镇就业人员中，农、林、牧、渔业就业人数比重呈现下降趋势，其中 2018 年就业人数为 19.26 万人，占乡镇就业人数的 11.42%。另外，和乡村劳动力变化趋势一样，十余年间乡镇就业人数呈现先增后减趋势。其中 2012—2014 年分别为 205.73 万人、218.88 万人和 211.34 万人，均超过 200 万人规模。2015 年以后，乡镇就业人数呈现下降趋势。从就业人员的性别构成来看，总体而言比例均衡，男性就业人数略高于女性就业人数。

表 6-11　2009—2018 年佛山市乡村劳动力和就业状况[①]

年份	乡村劳动力（万人）	乡镇就业人员（万人）	农、林、牧、渔业（万人）	按性别分	
				男（万人）	女（万人）
2009	--	175.03	--	91.21	83.82
2010	179.70	179.70	93.67	86.03	26.30
2011	197.36	197.36	25.29	103.51	93.85
2012	205.73	205.73	23.19	108.91	96.82
2013	218.89	218.88	23.93	113.45	105.43
2014	215.23	211.34	21.59	110.03	101.31
2015	201.38	174.90	21.63	90.73	84.17
2016	196.86	110.03	58.69	58.41	51.62
2017	193.98	172.27	21.40	89.44	82.83
2018	195.10	166.68	19.26	85.82	80.68

①数据来源：根据《广东统计年鉴 2019 年》统计整理。

（三）农村实用类人才发展面临的主要问题

1. 农村人才队伍还需要进一步扩充壮大

一是农业科技人才的队伍亟须扩充壮大。前文已经提到，5.96 万农村实用人才当中，农业科技人才仅有 2600 人，仅占 4.36%。由此可以看到，当前佛山农村最为紧缺的是农业创新引领型人才和农业技能型人才。从佛山农业发展水平来看，当前亩产经济效益并不高，尤其与工业相比，差距还比较大，如何充分利用好土地资源，扩大农业亩产效益，亟须借助农业科技力量。而且从佛山农业来看，一些地区的农业种植还形成了一定的产值和规模，具备科技改造升级的基础。二是农村经营型人才、社会服务型人才等人才缺口也将进一步加大。未来在实行乡村振兴战略、推动农业产业转型和促进农民增收的过程中，还需要更多懂经营、会服务的农村实用型人才。例如各类特色农业经营人才、观光旅游农业推广人才、农业生态环境整治人才、农村社会工作人才，等等。三是农村电商人才队伍建设还需要加强。发展农村电子商务是实现乡村振兴的一条重要路径。然而，从佛山实际来看，人才都集中于禅城、顺德和南海中心城区，至于高明和三水的偏远镇村，往往很难吸引和找到电商人才。在企业调研当中，位于三水芦苞镇的一家农业企业就表示，公司已经连续两三年在广州某农业高校招聘人才，但没过多久都走了，人才留不住。事实上，这种情况并不是个案，在三水的南山和大塘、高明的更合等镇同样存在这样的问题。由于这些农村电商企业大多规模小，甚至有些还是小型家庭式企业，在管理模式、人才意识和薪资待遇等方面不符合大学生预期，加之周边生活环境相对封闭，吸引和留住大学生电商人才较为困难。

2. 农村实用人才整体素质不高

伴随着农村实用人才短缺而带来的另一个问题就是农村实用人才的整体素质不高问题。一方面，人才短缺而无法及时补充更新，较高学历、知识和技能年轻人、大学生不愿回乡创业，导致学历、职称和技能等级结构趋向不合理。随着时间的推移，现有的人才队伍逐渐呈现出年龄结构老化现象，人才素质和能力不能适应农业产业转型升级的需要。另一方面，现有的农村实用人才大多处在老年阶段，加之其受教育程度不高，生活工作环境相对封闭，对各类培训的接受程度有限，难以在短时间内通过培训来迅速提升自身的素质和能力。

从佛山市一些农村来看，老年人、农村留守的已婚妇女已成为农村剩余劳动力的主力，由于专业技能不够丰富，导致种植结构较为单一，土地利用效率不高。此外，受文化水平不高以及小农意识影响，一些农村劳动力缺乏经营管理知识，市场意识较为淡薄，管理水平和市场竞争力弱，导致农业生产的整体经济效益一般。

3. 农村实用人才培养体系不完善

在制造业和民营经济发达的佛山地区，工业以及服务业发展受到的关注要比农村农业发展相对较多，这也导致农村农业发展相对滞后。受农业经济对地区经济贡献较低以及农村人口较少等多种因素的影响，佛山农村教育长期处于相对较低水平，现有的农民整体受教育程度偏低。具体来看，第一，虽然有市级主导的中高层次新型职业农民的培训，但是区、镇、村三级分类、分级、分专业的农村各类人才培养尚未形成体系化、常态化，在培养对象、目标、内容、方法等方面尚不明确。加之一些培训需要结合农业农村生产实践进行，相关培训基础设备设施还不完善，例如缺少农村基层农民职业培训中心，等等。第二，农村实用人才培养师资较为缺乏。与其他地区农村不同的是，佛山的农村类型多种多样，有以工业为主导的村，有以农业为主导的村，有以旅游商贸为主导的村，有以金融、文化等主导的村，等等，这些农村实用人才多种多样，相关培训需求也呈现多样化特点，对培训师要求也相对较高。然而，就目前来看，建立一支庞大的、成熟的培训师队伍还需要一段过程。了解佛山农村实际情况、既懂农业又懂工业、既懂生产又懂管理和技术的复合型师资还比较少，需要挖掘、引进和培养。

4. 农村人才工作和人才政策体系面临各种挑战

一是责任落实和目标管理机制不健全。当前农村人才工作涉及农业农村、人社、人才办、科技、教育、医疗等多个部门，涉及的任务包括乡村振兴、粤港澳大湾区建设、生态环保、旧改等多个重大领域，相关目标和任务细分、责任落实等还需要进一步理清明确，否则容易导致相关人才工作难以落到实处。

二是对农村各类实用人才的认定机制还不健全。目前，在产业、企业以及教育卫生医疗等人才方面，认定体系相对比较成熟。但是对于农村各类实用人才的认定方面，由于指标比较难统一、标准比较难客观、数据比较难搜集等一些客观原因，相关认定机制还不健全。各类实用人才难以分类、分级，这给人才的引进、激励和使用等方面带来挑战。

三是农村实用人才政策尚未细化，针对性一般。虽然佛山近年来出台了相关农业人才发展扶持政策，但这些针对未分门别类地针对某一特定类型人才。事实上，不同类别人才发展特点有很大不同，例如农业科技人才和农业经营管理人才，一个偏技术，其人才引进和培养可以对接现有的一些技术和职称评价体系，但农业经营管理人才的评价更多偏向经验和综合素质，对其引进和培养，相关考核评价体系显然与农业科技人才有所不同。不仅如此，现有的政策更多侧重于人才引进环节，而对人才的使用、绩效评价、提拔等后期管理等方面，涉及较少。

四是农村实用人才政策的激励力度一般。各种优惠政策力度与产业、企业、卫生医疗等人才政策力度存在较大差距。事实上，农村实用人才优惠政策力度不仅要拉平其他人才政策，而且还要高于其他人才政策，这样才能更有效地弥补人才由城乡人才环境差距带来的各方面损失。

此外，农村实用人才政策方面，还存在宣传力度不够，导致一些农村人才政策和措施不能有效落地实施；在农村人才工作方面，还存在着重视、关心、用好和留住人才的氛围不够，相关措施力度不够等现象。

第七章　佛山市人才高质量发展面临的主要挑战

一、人才争夺战愈演愈烈

进入21世纪以来，随着科学技术在经济增长中的贡献不断增加，作为创新的主体—人才越来越受到重视。产业转型升级、乡村振兴、区块链、大数据、人工智能等技术的加速发展，迫切需要有更多、更优质的人才储备。为此，各地纷纷出台各种政策和措施，纷纷加入“人才争夺大战”。根据安居客发布的《2019人才政策与安居就业报告》，截至2019年底，全国已有100多个城市出台了各种人才政策。事实上，出台人才政策的城市数量远不止这些。陈新明等（2020）的统计就显示，全国共有233个直辖市及地级市先后颁布人才工作专项政策文件。政策内容从最初的安家补贴、医疗卫生、子女入学、项目和活动资助、落户等方面延伸至薪酬补贴、人才房购买、社保、创新创业、税收等诸多方面，参与争夺的城市也从最初的一线城市延伸至二三线城市，扶持的力度也越来越大，人才的门槛也越来越低。这种愈演愈烈的“人才争夺战”对城市人才高质量发展至少带来了以下几种挑战。

（一）直接拉高各项人才成本

1. 拉高人才引进成本

当前各地人才引进政策都将重点放在资金待遇方面，很大程度上造成区域间或区域内部政策内容的趋同化，进而引发互相攀高、待遇加码情况。虽然近几年一些地区的人才政策也开始寻求差异化，但总体来看，当前人才政策主要还是集中在购（租）房补贴或优惠、落户、医疗卫生、项目及活动资助等方面，即使有其他方面的一些优势政策，但大多数人才政策基本上都离不开这些基本选项，尤其是涉及居住方面的补贴，更是必选项目。这就导致各地人才政策主要比拼的不是“手段”和“内容”，而是谁的力度大。例如，2017年9月，兰州市出台高层次人才政策，最高给予一次性100万安家补贴；2018年初，吉林国内外领军人才可获最高200万元安家补贴；同年1月，《佛山市人才发展体制机制改革实施意见》，安家补贴最高可以获得400万人；2019年4月，《宁波市人才安居实施办法》和宁波市人才分类目录（2018）中，顶尖人才来宁波可以获得800万安家补助。从这些政策来看，一方面，集中财政力量，加大激励力度，吸引人才，抢夺人才制高点，对于当地经济社会发展而言，有着积极的作用。但另一方面，也加大了财政负担，增加了地区人才引进的成本。在财政收入有限的情况下，对其他方面也会带来影响，不利于人才整体环境的打造。从佛山来看，2018年，人均一般公共预算收入为9036元，在珠三角九市中排名第5位①，优势并不明显。而从近年佛山市财政收入的增长和财政收支平衡来看，财政赤字的情况比较多。而分区来看，在财政收入有限的情况下，高明和三水面临的人才成本压力要更大一些。

2. 容易产生重置成本

人才争夺战对重置成本的影响主要体现在：一是一部分人才由于受到短期各种人才政策刺激，选择留在佛山，但是经过一段时间的磨合发现，自身与企业和地区可能存在不匹配，进而选择离开。除了错配以外，其他地区以优厚的待遇条件“挖墙脚”，也容易导致一些人才主动流出。虽然人才享受的一些资金补助可以追回或部分追回，但也无形中增加了人才二次招募、二次甄选认定、上岗以后磨合适应期等一系列重置成本。二是现有的人才政策更多放在增量人才方面，对存量人才的激励不足。这种人才待遇不平等现象，容易导致现有人才因为感到不公而主动离职，产生重置成本。

①数据来源：《广东统计年鉴2019》。

3. 频繁流动容易导致其他各种机会成本的增加

除人才引进成本和重置成本增加以外，其他的如分离成本、因岗位空缺以及其他一些机会成本也在增加。频繁人才流动也容易导致企业一些无形成本上升，如知识技能的流失、生产率的下降、组织效率的下降、客户的流失、竞争对手增加、品牌效率的下降、产品质量的下降、商业机会流失等。

此外，企业对人才进行培训以及人才在“干中学”(learning by doing) 中积累的特殊人力资本，可以稳定地为企业带来收益。这种特殊人力资本往往是对某一特定企业有价值的资本，是一般人力资本与企业的结合资本，如熟悉一个特定企业的供应商、用户、内部业务流程等。若人才离开企业，这些特殊人力资本也就丧失价值，而企业需要花费一定时间成本及其他成本来培育这种特殊人力资本。与一般员工相比，中高层次人才，尤其是经营管理类人才管理的人员比较多、管理层面比较广、管理深度比较深。因此，其所积累的特殊人力资本比其他人员要多得多。他们对企业的外部人员如客户、媒体、政府等会比较熟悉，而且会形成自己特有的关系处理方式，而这些外部人员也会习惯于这种处理方式，一旦这些人才离开企业，往往是比较大的。

（二）给各项人才政策带来各种挑战

1.“增量”人才和“存量”人才的激励平衡问题

当前，各地为了增加人才总量，往往会通过户口松绑、住房或薪酬等各种货币补贴以及医疗卫生保障等政策来吸引外地人才。然而，相比本地已有存量人才规模，新增外地人才的数量毕竟只是其中少部分或者说一部分，受制于地方财政收入水平，这些政策大多对存量人才的激励不足，造成存量人才的潜在流失。尤其是当本地人才政策对新增外地人才激励力度大时，存量人才的不公平感越强烈，潜在的流失更大。与此同时，短期内新增外地人才的大量流入往往也会推高房价和各项生活成本，增加存量人才的各项生活负担。因此，面对激烈的“人才大战”，如何平衡“存量”人才和“增量”人才的关系，兼顾效率和公平，在加大“增量”人才激励力度的同时，适当增加“存量”人才的激励，实现既让“增量”人才进得来、留得下，又让“存量”人才有公平感、不流失，是人才政策的制定和实施中的一项重要挑战。

2.“引进”和“培养”的平衡问题

“抢”人，不仅要靠“抢”，更要靠“育、用、留”。“抢”只能解决短期内人才的数量问题，难以保证长期人才数量的增长，尤其是素质的提升和效益的发挥，需要靠“育、用、留”来解决。“育”就是要在人才引进来以后，要通过各种培养培训机制来提升人才的适应能力，帮助其提升与本地、本单位、本岗位相适应的特殊人才资本，提升其为本地服务所需要的各种能力。“用”就是要建立健全好人才使用机制，完善各项软硬件条件，使人才能够有机会、有条件开展适合自己的相应工作。同时也有相应的激励考核机制，客观评价人才的业绩，做到公平公正，保证人才获得合理的回报。“留”就是要建立人才相关保障机制，例如各项教育、卫生医疗、文化、居家养老等生产生活保障机制，解决人才后顾之忧，增强人才的幸福感和获得感。这就意味着人才政策的制定既需要考虑系统全面，又需要兼顾短期和长期激励、物质和精神激励等相结合，无疑给人才政策的制定和实施带来更大挑战。

3.“政府手段”和“市场手段”两种手段的有效运用问题

人才政策的制定，不仅要考虑在“人才大战”中的力度、方式方法的等自身因素的完善，而且还需要考虑：作为一种手段，如何与其他手段例如市场手段的有效结合问题。人才政策通过各种货币或实物补助，表面上解决了当前人才引进面临的一些困境，但实际上这与人才市场发展的规律并不太相符：其一，人才使用的主体是用人单位，使用方和受益方是用人单位，因此，人才发展的主体责任应为用人单位。人才发展的过程中，应充分发挥用人单位的主体作用。其二，人才流动遵循市场规律，受人才供求关系和工资的影响。政府要做的是完善双方交易信息，建立和维护良好的人才市场交易秩序，必要时进行适当适量干预。然而，当前的一些人才政策内容已经部分替代了“传统的市场职能”，容易导致资源难以实现最快、最优和最为广泛的配置。另外，一些地区的人才政策中，人才的认定、补助和优惠，并不一定非常契合市场供给和用人单位需求，尤其是面对复杂多变的经济形势和市场变化时，难以做出及时调整，存在一定的滞后性。

（三）给城市人才综合环境发展带来新的挑战

1. 容易拉大地区间发展差异

“抢人大战”容易导致人才在地区间的流动，例如从经济欠发达地区流向发达地区，从农村流向城市，从偏远镇街流向中心城区。一些欠发达地区由于经济社会发展相对落后，加之财政收入有限，未出台或者低力度的人才优惠激励措施，对人才的吸引力有限，形成“强者更强”“弱者恒弱”的现象，进一步加大地区间的发展差异。此外，即使一些地区抛开本地财政因素，大力度甚至超常规力度采取各种措施来吸引人才，但是由于人才发展所需要的各种产业、载体以及其他环境难以配套，难以真正实现人才和城市共同发展，最终也会削弱自身的实力，拉大与其他城市的差距。

2. 容易增加城市承载力负担

“抢人”的同时，也要考虑人才“抢进来”以后，本地的承载力如何。如果本地的资源和承载力有限，例如教育和医疗资源，如果不能及时跟上大规模的人才引进需要，公共产品变得拥挤，容易导致人才环境下降。在于企业 HR 和人才的一些调研当中，确实也发现存在一些地区人才子女的入学以及医疗卫生优惠扶持力度大，但承诺很难兑现。原因在于现有的教育和医疗卫生资源不够，尤其是优质资源不够。一些代表也反映到，虽然能解决子女的学位问题，但有的离自己的住所较远，上下班高峰期又堵车，很不方便。

（四）给各项人才工作带来新的挑战

1. 需要更精细化的人才需求调查与评估

要转变人才发展观念，在注重人才总量增长的同时，更应注意人才与地方经济产业结构的“匹配性”。“抢”人才不是盲目的“抢”，尤其是在“抢”的成本更高时，更需要在有限的财力下精准“抢”到合适的人才。这就对地区人才工作提出了更高的或者说更为苛刻的要求：在对本地经济环境如产业和企业环境的做系统深度调研的基础上，精准把握本地人才的需求，结合本地产业发展、人才结构、区位特点以及城市发展规划等各方面因素来做好人才规划，同时根据各种因素变化动态做好调整。虽然佛山市近年来定期出台了一些《重点产业人才紧缺目录》，但是这些目录大多一年甚至两三年为一个周期，更新的速度还不够快。另外，紧缺人才目录与现有的人才激励政策也还存在着衔接不够的问题。

2. 需要有更灵活的人才管理机制

一方面，“抢”人大战中，除了比拼政策激励力度以外，还需要比拼速度。这就需要更为灵活的人才管理机制，打破户籍、地域、学历、程序等方面的制约，使人才引进过程中少点“红灯”，多点“绿灯”。另一方面，作为一种稀缺资源，人才资源是有限的，尤其是中、高层次人才，这就需要在人才管理上打破人才归属方面的条条框框，树立“不求我有，但求我用”思想，实现人才跨地区、跨组织和跨部门的共享和使用。

二、新冠疫情对人才工作提出新的要求

新冠疫情对企业带来较大冲击：据《中欧商业评论》2020 年 2 月初发布的中小企业的报告数据显示：29.58% 的中小企业营业收入下降 50% 以上，只有 4.02% 的中小企业营业收入下降在 10% 以内。从佛山来看：据罗锋（2020）等对基于佛山 250 家制造业企业的调查数据显示，新冠疫情对佛山中小型制造企业产能影响较大，23% 的企业产能利用率不足 50%，48% 的企业产能利用率在 70% 以下。半数企业无法按原计划投资，64% 的企业存在资金缺口。从上述数据可以看到，新冠疫情对企业的经营环境产生不利影响：

一是容易引发企业内部劳资关系紧张疫情防控期间，企业和员工之间因休息休假、工资待遇、合同管理等方面的争议增多，企业裁员增加，

失业人数增多，诱发劳资关系紧张。二是企业人才发展方面的经费减少。一些企业迫于生存的压力，在人员开支方面也在不断压缩，用于引进和培育人才等方面的支出相应减少。三是各种人才交流活动受到影响：各种因公出国（境）、海外专家引进、海外人才与科技交流合作活动等受到影响。四是一些企业尤其是小微企业面临招工难、招工贵的问题。一方面源于其自身抗风险能力较弱，对人才吸引力有限。另一方面，疫情下人员流动减少，导致招工困难。

受此影响，人才管理工作也面临新的要求：

（一）劳动关系管理专业人才需求量上升

劳动关系管理专业人才至少包括了企业内部的和地区公共管理服务类两大类人才：

一方面，就企业内部而言，劳动关系管理人才包括从事企业各种劳动关系实务的相关应用型人才，包括相关劳动关系管理专员、主管和经理等。他们承担着劳动关系档案信息管理、劳动争议的处理、企业文化与福利制度的执行以及劳动关系信息收集等诸多工作。受疫情的影响，企业劳动争议数量增加，处理劳动关系的工作量增加，难度加大。一些企业 HR 部门尚未做相应的职能分工，未设置相应劳动关系调解岗位，也未配备相应人才，亟须补充或培养相关人才，以提升企业内部劳动争议的自我协调和调解能力。

另一方面，从地区公共管理服务而言，劳动关系管理人才包括各级人社部门、劳动监察部门、工会以及司法调解机构、第三方律师事务所等相关人才。他们在处理劳动关系中扮演中重要角色。受疫情所带来的劳动争议数量的上涨，相关人才的需求量也在增长。另外，在疫情常态化影响下，未来这类人才需求还将呈现持续增长态势。

（二）人才管理工作亟须新的变革

受疫情影响，无论是企业还是政府的人才管理工作，都将面临新的变革要求：

首先，从企业而言，面对来自疫情的各种冲击，企业需要转为危机，寻找生存和发展的突破口，就必须进行做我变革。在企业变革当中，人才管理工作的变革要先行，因为它是整个组织变革的一个基础和核心。具体而言，企业需要从以下几方面开展变革：一是根据组织战略目标的调整，重新审视和调整组织的战略目标和绩效体系。例如有的企业出口转内销，有的企业调整产品和业务领域，有的企业调整生产方式和经营方式等，这就需要企业根据战略目标的变化，明确企业的绩效目标，及时调整相应的绩效评价体系。二是要根据企业战略目标的调整，及时调整企业人力资源战略，编制好企业人才发展规划。要考虑重构与组织业务和架构调整相适应的人才梯队，降低人才成本，提高人才效益。三是在人才管理的手段、方式方法等方面需要进行改革创新。受疫情影响，各种人才管理活动受到一定限制，要充分借助于现代信息技术手段开展如远程办公、视频面试、在线测评等。四是在人才观念上需要改革创新。需要紧紧秉承“以人为本”的核心理念，完善好人才发展体系，谋划好人才职业规划，围绕人才发展设计和调整人才培养体系。五是需要重新审视并建立新的人才激励机制。受新冠疫情影响，一些企业人才工作状态受到一定程度影响，容易出现各种不适应状况，例如，对未来发展缺乏信心、焦虑、抑郁，等等。然而，当前许多中小微企业的人才激励机制仍然以物质激励为主，缺乏或者缺少相应的精神激励，未将人才管理与员工辅导与咨询等工作结合起来，导致一些人才缺乏归属感。

其次，从政府和社会角度而言，新冠疫情同样给人才管理工作提出一些新的要求：（1）企业经营压力与研发需求增加的矛盾，迫使政府需要更多的科研扶持力度。一方面，受疫情影响，企业各种经营压力增大，需要削减开支、降低各项经营成本。另一方面，消费者和市场对新产品和新技术的研发需求不会因为疫情而停止或降低。此时，如何通过有效的科研资金扶持来缓解当前这种困境，是政府需要长远考虑的一个重要问题。（2）市场供求不平衡，需要考虑人才资源的有效配置和充分利用。受疫情影响，一方面，受产品市场需求和订单的影响，企业的人才需求相应减少。数据显示，有 31.4% 的企业当前仍采取“精减人员”以应对疫情所带来的影响[①]。另一方面，市场人才供给增加，大量人才找不到工作，造成人才资源的闲置浪费。如何更好地拓宽人才就业机会、增加更多人才载体和平台，同样也是当前政府人才管理工作的一个重要挑战。（3）对人才服务提出了更高要求。一方面，受疫情影响，各种人才服务机构、职业介绍所、劳务派遣以及职业培训机构等相关业务不能开展，一些现场招聘活动暂停，相关的人才服务受到影响。另一方面，相关的一些人才服务又必须开展，例如发放工资、缴纳社保、各种人才补贴以及相关人才政策执行，等等。因此，政府以及相关人才公共服务机构需要建立健全各种线上服务、线上引才、高层次人才精准一对一服务、“一站式”服务，等等。这不仅要有人才服务队伍的保障，还需要完善各种平台和工具，建立相应的制度作为长期保障。

三、全球贸易摩擦对企业经营带来冲击

（一）外向型企业经营成本上升

佛山外向型经济发达，数据统计显示，2019 年，佛山外贸进出口创历史新高，进出口值达 4827.6 亿元。其中，民营企业进出口 2972.2 亿元，占 61.6%。受全球贸易摩擦影响，一些佛山外向型企业各种生产要素成本明显提高，不少企业面临较大的生存压力：

一是原材料进口成本上升。中美贸易摩擦容易导致佛山外向型企业从美国进口的原材料成本上升。虽然一些企业能够通过从国内或者其他国家寻找进口来源地，但受制于各种转换成本，总成本并没有出现明显下降。根据 2018 年国家发改委宏观经济研究院对佛山 29 家制造业企业的调查数据显示，48.3% 的企业认为全球贸易摩擦让企业生产经营成本大幅上升。

①数据来源：新浪财经，随着疫情影响加深 企业采取降薪和裁员举措的比例在上升，2020.5.29。

二是出口关税成本上涨。受中美贸易摩擦影响，一些主要出口到美国的外向型企业关税成本上升。虽然少部分企业能够通过自身技术和产品等方面的优势来迫使美方企业承担或部分承担，但实际当中，多数成本主要还是由佛山外向型企业承担。

三是各种环保成本上升。从佛山外向型企业出口来看，大多以美国、欧盟等发达国家为主。近年来，这些国家的技术壁垒明显增多，迫使佛山出口企业不得不提高相关产品生产的环保及技术标准，导致生产成本增加，挤占了企业利润。

四是企业的用工成本增加。受贸易摩擦影响，一些抗风险能力弱的中小企业不敢轻易下长订单，导致订单数量下降。甚至一些企业受此影响，关停部分产能或子公司。与此同时，企业辞退员工的难度和成本加大，导致人均效益下降。虽然也有一些企业及时将相关订单转至其他国外子公司，但相比国内的劳动力成本优势，企业用工成本明显上升。

（二）企业出口萎缩，影响企业人才队伍的稳定

受全球贸易摩擦所带来的订单下降、成本上升等方面的不利影响，企业收入下降，利润减少。根据 2018 年国家发改委宏观经济研究院对佛山 29 家制造业企业的调查数据显示，短期来看，受全球贸易摩擦影响，有 37.9% 的企业认为订单量将有所减少， 34.5% 的企业认为订单价格将有所下降，有 65.5% 的企业表示利润减少或大幅减少。而从长期预期来看，62.1% 的企业认为贸易摩擦会导致企业整体盈利缩减，55.2% 的企业认为订单会大幅缩减。另外，除制造业以外，佛山其他一些传统行业如纺织服装业受到冲击。佛山市统计年鉴数据统计显示，受中美贸易摩擦影响，2018 年末佛山纺织服装出口额开始呈现下降趋势，2019 年出口额下降至 46.9 亿美元，降幅 3.9%。

受出口萎缩影响，收入下降和利润减少，一些企业不得不通过变相降薪或者裁员来应对危机。与此同时，受企业发展预期下降等的影响，一些人才也可能会主动出现离职。受此影响，企业的人才流失率增加，人才队伍稳定性下降。

（三）技术研发受阻，对高科技人才需求增加

当前，佛山正面临制造业转型升级，一些新的核心技术起步较晚，积累不足，许多领域尚处于学习摸索当中。一些新的产业如新能源、新材料、智能制造也还需要先进技术作为支撑。企业通过各种途径如投资、并购、产品应用、人才交流等方式可以获得来自发达国家的一些先进理念，学习和借鉴到相关的先进技术。但是，受全球贸易摩擦尤其是中美贸易摩擦影响，相关交流活动遭受不同程度阻碍，影响相关行业核心技术的发展进程。尤其是以美国为首的西方国家对一些核心产品如芯片、集成电路等产品以及核心技术采取了限制出口的政策，相关企业产品“断供”，不仅直接影响到这些“断供”企业，对其上下游企业也带来一定影响。

为应对美国为代表的西方国家对相关关键技术“卡脖子”问题，引进、培养技术型人才是高科技企业转型升级、开展自主研发、提高核心竞争力的必由之路。尤其是对一些重点领域如芯片、集成电路、光刻机、原材料，能否吸引全球的顶尖人才是关键。根据工业和信息化部《中国集成电路产业人才白皮书》数据统计，我国集成电路人才的缺口 34 万人，人才问题已成为制约我国集成电路产业发展尤其是芯片业自主创新发展的瓶颈。因此，可以预见，对于佛山企业转型升级而言，未来对高科技人才的需求量将持续快速增加。然而，所得税过高、工作绿卡门槛高办理复杂、语言文化环境等制约了海外高科技人才引进，亟须打破这些障碍。除了引进海外科技人才以外，本土人才的培养也不容忽视。对于佛山企业和政府而言，必须思考好人才培养的目标和规格、培养模式、培养主体和培养对象等一系列问题。

四、各区之间经济社会发展不平衡

（一）地区间的经济发展差距不断扩大

地区间经济发展不平衡通过就业机会和就业环境影响到人才分布的区域空间结构，对地区间的人才协调发展带来重要影响。一方面，经济发展优势地区利用各方面优势容易形成对落后地区形成人才虹吸效应，导致一

些落后地区人才引进和使用变得困难。另一方面，从人才发展集聚氛围来看，越是群英荟萃的“人才高地”，人才交流氛围会越浓厚，越容易吸引同类，人才有身份认同感和归属感。尤其是当地区间的经济发展差距进一步扩大时，上述这种虹吸效应会越发明显。

统计数据显示，2014—2019 年，佛山五区的经济总量差距呈现进一步扩大趋势。

1. 五区间的 GDP 差距扩大

2014 年五区之间的 GDP 极差值为 1754. 94 亿元，而到了 2019 年，极差值扩大到 2651. 60 亿元，扩大 51. 09%。 另外，本书用五区 GDP 的标准差进一步来反映各区间经济发展的不平衡程度，结果显示：2014 年，五区 GDP 的标准差为 665. 03，而到了 2019 年这一数值扩大到 1041. 24，扩大 56. 57%。如图 7. 1 所示。

2. 五区间的工业总产值差距扩大

从工业从产值来看，五区之间差距也在进一步扩大：2014 年五区之间的极差值为 3378. 58 亿元，而到了 2018 年，极差值扩大到 4014. 20 亿元，扩大 18. 81%。五区工业总产值的标准差也从 2014 年的 1447. 01 扩大到 2018 年的 1930. 09，扩大 33. 39%。这表明，五区工业发展的不平衡程度进一步扩大，如图 7. 1 所示。

3. 五区间的固定资产投资差距扩大

固定资产投资对于就业总量和结构有着重要影响。从五区间的固定资产投资来看，2014 年五区之间的极差值为 486. 42 亿元，而到了 2018 年，这一数字扩大到 900. 94 亿元，极差值扩大 414. 52 亿元，扩大 85. 22%。与此同时，五区之间的标准差也从 2014 年的 176. 32 亿元扩大到 350. 96 亿元，表明五区之间的固定投资差距进一步扩大，如图 7. 1 所示：

4. 五区间的企业实力差距较大

从 2020 年佛山民营企业 100 强的分布来看，主要分布在南海区、顺德区两个区，其中南海有 36 家，顺德有 33 家，两者占到 69%。其次是禅城区，有 22 家。三水和高明非常少，分别仅有 7 家和 2 家，占比不足一成。另外，从营收来看，南海和顺德的营收占到 100 强企业营收的 87. 45%。这表明，无论是企业发展数量还是发展质量，五区之间的差异都比较大。

上述这种经济差距进一步加大趋势，不利于佛山五区人才队伍的协调发展：一方面，相比顺德和南海，高明和三水地区人才引进难度加大，尤其是在相关人才政策扶持力度不够时，企业吸引和集聚人才的成本更高、代价更大。另一方面，当优质的创新要素集聚顺德和南海地区时，高明和三水留住人才、发挥人才价值的载体和空间也会变得有限。

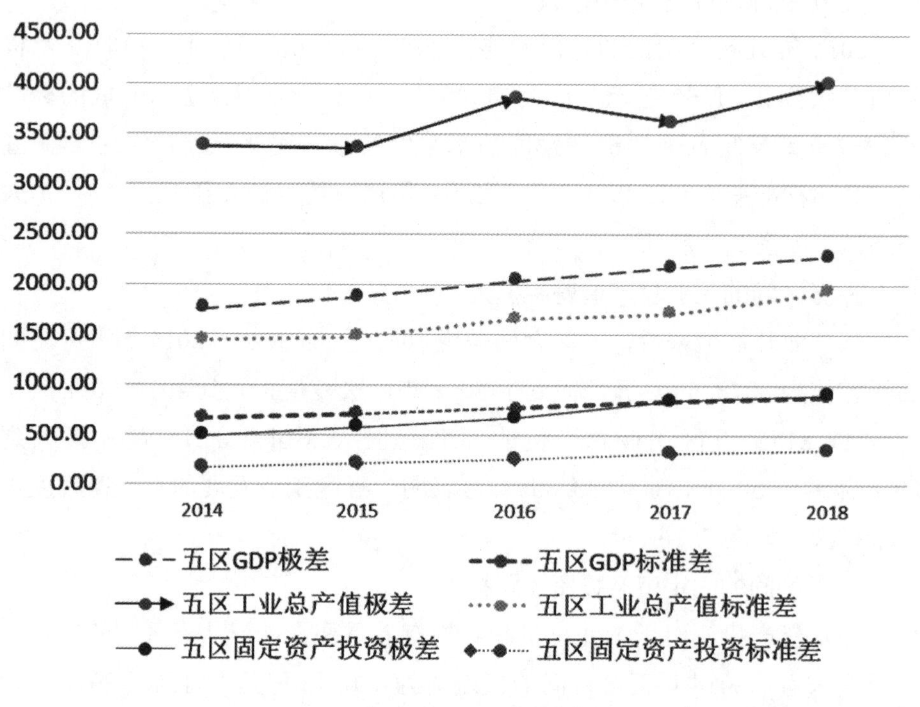

图 7.1　2014—2018 年佛山五区经济发展差距走势图

（二）地区间的人口差距不断扩大

除了地区间经济发展差距在扩大以外，近年来，五区间人口的差距也在进一步扩大，统计数据显示：2014 年，人口最多的南海区有 266.80 万人，人口最少的高明区仅有 42.85 万人，意味着五区间的人口极差值为 223.95 万人。而到了 2019 年，人口最多的南海区达到了 303.17 万人，增加了 36.37 万人，增加 13.63%。人口最少的高明区为 44.96 万人，仅增加 2.11

万人，增加 4.91%。五区间人口数据的极差值进一步扩大到 258.21 万人，扩大了 15.30%。而从五区人口的内部分布来看，2014 年五区人口数的标准差为 105.21，而到了 2019 年，这一数字增加到 120.92，增加 14.93%，表明五区人口分布的不均衡程度进一步扩大，如图 7.2 所示。

从人口密度来看，统计数据显示①，2019 年，五区人口分别为：禅城 7849 人 / 平方公里、南海 2825 人 / 平方公里、3453 人 / 平方公里、468 人 / 平方公里、772 人 / 平方公里，密度最大的禅城是高明的 16.77 倍，是三水的 10.17 倍。已有的实证研究结果表明，城市人口密度对人才集聚具有显著的正向促进作用：城市人口密度提升有利于城市内部的知识溢出和工资增长，满足人才的发展需求和预期收入需求，从而促进人才向城市集聚（杨东亮 等，2020）。

从人口流动变化来看，统计数据显示，2014—2018 年，人口净流入最多的依次为顺德、南海、禅城、三水和高明，流入总人口分别为 52201 人、147079 人、116773 人、18645 人和 8947 人，显然人口主要向顺德、南海和禅城三地集聚，三地人口流入占到总流入人口的 91.97%。

此外，从城乡人口分布来看，统计数据显示，2018 年，佛山城镇人口占常住人口的比例达到 94.98%，居省内第二，仅低于深圳 99.75%。而从动态来看，从 2000 年到 2018 年，佛山城镇人口占常住人口的比例从 75.06% 提高到 94.98%，增加 19.92 个百分点，增速远高于广州（2.59%）、深圳（7.29%）、珠海（4.6%）、汕头（3.41%），低于东莞（30.98%）和中山（27.68%）。这一方面说明近年来佛山城镇化建设水平加快，另一方面也说明佛山人口正在呈现从农村流向城镇的趋势。

因此，基于以上五区间人口差距的扩大以及城乡人口变化特征，本书认为，未来五区间的人才空间分布结构更密集于禅城、顺德和南海地区，地区间人才分布的不均衡程度可能会进一步加大。

---

①数据来源：根据佛山市和广东省统计年鉴数据整理，后同。

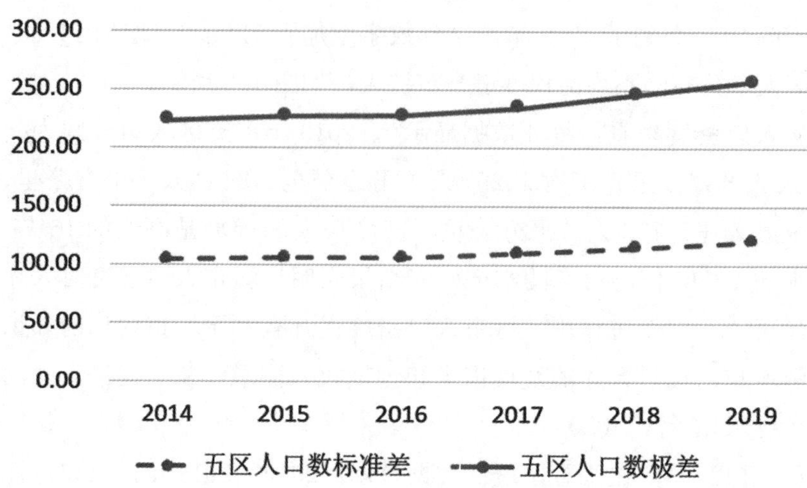

图 7.2　2014—2019 年佛山五区人口分布差距走势

五、人才队伍的结构性矛盾突出

人才发展是一项长期性和持续性的过程，需要更强实力和更多地投入。规模以上工业企业在当前经济发展中占有重要地位，其人才发展状况也更能反映人才发展的质量水平。从佛山市规模以上工业企业人才队伍内部结构来看，还存在以下较为突出的结构性矛盾：

（一）规模以上工业 R&D 人员人才占比不高

统计数据显示，2014—2018 年，佛山市规模以上工业企业 R&D 人员分别为 68198 人、68198 人、74427、96072 人和 93256 人，分别占比为 4.03%、4.06%、4.38%、5.97% 和 6.00%，除 2017 年有增长以外，其他各年度总体变化不大。

（二）规模以上工业企业高学历人才占比不高

从规模以上工业企业研究机构的人才学历来看，2014—2018 年博硕士人才总量在上升，从 2014 年的 2957 人增加到 2018 年的 6324 人，增加超过一倍。但从博硕士人才占比来看，除 2017 年有增长以外，其他年份均有下降，总体呈现下降趋势，从 2014 年的 7.46% 下降到 2018 年 6.24%，如图 7.3 所示：

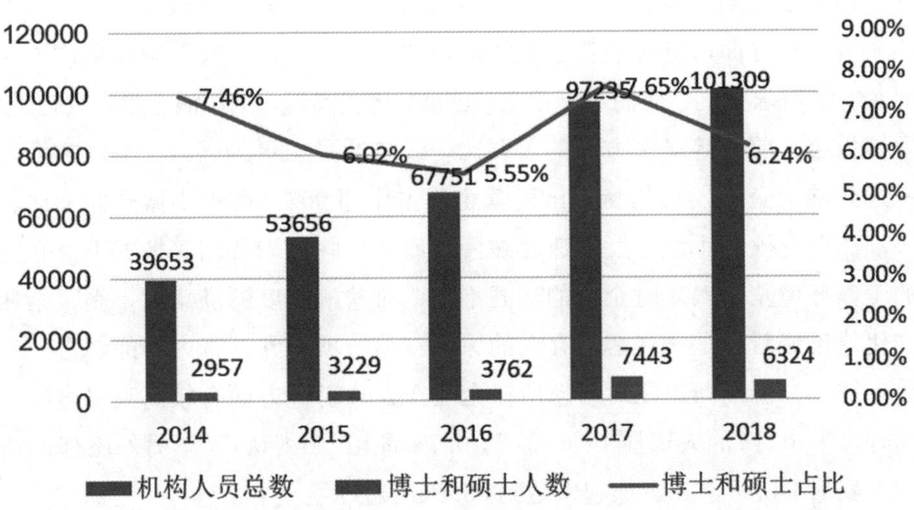

图 7.3　规模以上工业企业研究机构人员情况

六、用人单位内部人才环境亟待改善

长期以来，无论是学术研究还是企业界，对人才环境的关注更多聚焦于城市基础建设、人才政策等宏观环境以及产业和行业发展的中观环境，从人才发展的因素来看，这些也确实对人才发展有着重要影响。然而，需要进一步强调突出的是，用人单位是人才的使用方，也是人才的受益方，其在人才发展当中扮演着重要主体角色。用人单位的发展速度、发展水平、人才待遇、激励约束制度、办公场地、各种设备设施、企业文化、团队工作氛围、对人才的重视和尊重等对人才有着直接影响。即使中、宏观环境良好，能够从外围帮助企业吸引和引进优秀人才，但如果用人单位的内部环境不佳，也会影响到人才的使用以及能否留住人才。

从佛山市用人单位内部人才环境调查来看，问卷统计结果显示，仅有9.7%的人认为“非常好”，50.6%的人认为“较好”，认为“一般”的有30.3%，认为不太好的有6.0%，另外还有3.2%的人认为“非常差”。这说明有四成左右的人才认为用人单位内部的环境还有较大的改善空间。从原因来看，一方面，有可能在于人才需求层次比较高，尤其是中高层次人才对企业的需求更高，他们对于社交、尊重、自我实现、工作满意度、成就感、发展机会、前途等诸多方面的需要比一线普通员工更为强烈。另一方面，考虑到佛山企业发展的特点，民营企业占比超90%，而中小微企业又比较多，在自身盈利不佳、发展速度缓慢、雇主品牌意识薄弱等情况下，企业的工作环境差、人才对企业的认同不高、对薪酬制度的满意度不高、企业文化建设滞后也是一些客观存在的原因。另一项问卷调查内容能够进一步佐证这一分析判断：在对“您所在企业在人才引进方面有较高吸引力”一问时，有40.4%的人选择了“一般”，9.7%的人“不太认可”，另外还有3.6%的人表示不认可，三者加起来达到53.5%，超过了一半。

具体而言，主要体现在：

（一）用人单位对人才竞争态势研究不够，人才战略储备意识不强

进入21世纪以后，劳动力市场不断呈现出一些新的变化，先后出现“用工荒”，然后到“技工荒”，再到“人才荒”“人才大战”，从人才发展趋势演变当中可以看到，企业的人才需要及其结构正在发生重大变化，对人才需求的侧重点也在发生变化。一方面，企业越来越看重人才在企业生产经营当中的作用，对人才的需求越来越迫切，需求量也越来越多。如果用人才市场供求曲线来表示的话，相当于人才市场需求曲线向右上方移动。另一方面，企业对人才的需求从人才金字塔的底端逐渐上移，这意味着供给对象在数量上逐渐减少，相当于人才市场供给曲线下移。两方面供求曲

线的变化必然导致人才价格的上涨。表面上看是人才引进成本的上升，实际上从人才使用的时间轴来看，是人才使用的成本分配从后端向前段转移。一些企业在支付较高的人才引进成本以后，却难以承受人才引进以后的各种后期使用、后期激励、办公环境、工作条件等方面的配套成本，类似于“拿重金搞装修”却“缺钱运营”现象。尤其在引进人才所释放的经济效益非常缓慢的时候，这种现象会更为突出一些。“前端强、后端薄弱”容易导致用人单位留住人才困难，增加人才重置成本，难以实现人才引进带来的经济效益。从人才竞争的发展态势来看，未来除了比拼地方政府的人才政策以及企业的人才引进待遇以外，还将是企业用工环境的整体比拼。然而，许多企业对当前的人才竞争态势未给予深入准确的研判，对人才竞争的特点和趋势缺少整体把握，不能抢占机遇。

另外，一些企业对人才战略储备的意识不强。针对人才关于“企业已制定清晰的人员培养和发展措施”问卷调查时，结果显示：34.01% 的人认为企业的人才培养和发展措施一般，15.38% 的人认为企业缺乏有效的人才培养发展措施，整体规划不够清晰，未能结合企业的发展战略拟定相应的人才发展规划，人才战略储备意识不强。一些既没有区位优势又没有自身优势的企业，仍然信奉“拿来主义”，过多依赖“空降兵”，重引进轻培养的现象仍然比较突出。

（二）用人单位内部人才制度零散化，整体性和互补性不强

人才管理工作是一项系统工程，需要依托良好的制度来加以规范。无论是引进人才，还是留住、使用和激励好人才，都必须有一套完善的人才管理制度，例如人才引进制度、人才培养制度、人才评价制度、人才激励制度等。这些制度之间必须形成互补，互为支持。然而，现实情况是，一些企业的人才制度呈现零散化的特征：或一些环节缺少相关制度，或制度间缺少衔接，存在“制度孤岛”，不能形成统一体系。一些企业有人才引进制度却缺少后续的考核激励制度，有的企业有绩效考核制度却不能更好地服务于企业的人才招聘和培训开发工作。

问卷调查结果反映了上述现象。问卷调查结果显示，有 34.82% 的人才表示所在用人单位的人才管理制度呈现碎片化特征，一些人才管理问题得

不到解决时，常常会出现用人单位以临时的行政文件来替代制度。这容易导致制度缺乏权威性，丧失公信力，不利于规范化管理。另外，有 65.22% 的人表示所在企业没有人才制度的汇编文件，未形成较为完整的人才制度体系。这也反映用人单位的人才档案管理意识薄弱，不利于各项人才制度制定过程中保持前后一致性和连续性。

（三）组织文化发展滞后，凝聚人才的氛围还很薄弱

组织文化是一个组织赖以生存和发展的重要基础，是一种精神支柱，积淀着组织传统、人文精神和价值诉求。组织文化对人才发展有着重要影响：（1）影响企业的人才观。企业文化中的核心价值观涉及对组织员工的态度、自身存在和发展的意义、组织目的等多方面内容，对组织人才观念的形成有着重要影响。（2）对组织人才凝聚力的影响。组织文化通过建立共享的价值观以及共享的物质利益分配制度，将个人目标同化为组织目标，树立起团队协作和集体意识，增强个人对组织的认同感和规范感。（3）满足人才的精神需求。人有追求被尊重、被认可、实现自我价值等多方面的精神追求，而企业文化通过各种价值观的传导和相关活动载体，能够满足人的这些需求。（4）对人才素质的提升。组织文化中强调以人为本、构建良好的培训文化、鼓励员工创新变革等，对于人才的智力、技能、经验和品德等方面都有着重要影响。当然，组织文化对人才发展的作用还不仅仅限于以上这些，还包括对人才职业发展、人际关系等诸多方面。可以说，人才的发展离不开组织文化的作用。

然而，现实情况是，大多数用人单位都能意识到组织文化建设对人才的重要性，一些用人单位也确实采取有力措施加强了组织文化建设，也收到了一定效果，但仍有不少企业的组织文化建设存在诸多问题，例如组织文化建设重短期轻长期、重设计轻落实、重形式轻内容，员工感受性不强。问卷调查显示，不少企业文化发展滞后：有 38.86% 的高层次人才表示企业使命或目标让没有让自己感觉到自己很重要；50.21% 的人认为企业员工尝试新业务、新机会、新方法得不到企业强有力的鼓励和支持，相应的条件往往也不具备。一旦失败，受到的惩罚多于鼓励；42.1% 的人认为企业对

个人才干的重视不足；37.25%的人认为当工作需要其他部门协作事，往往得不到很好的配合；31.17%的人认为自己在职权范围内未能享有充分的工作自主权；34.45的人认为自己在企业的成就感很低。

（四）人才管理体系尚未建立健全，作用发挥有限

良好的人力资源管理体系对组织的人才发展具有重要作用。这种体系建设要求：第一，人力资源管理各个模块内部的功能要形成体系化，能够系统发挥本模块的主要工作。以员工培训为例，需求分析、方案设计、组织实施以及效果评估四个流程构成一个闭环，缺失任何一个工作环节都难以保证培训的整体效果。另外，制度层次、资源层面和运营层面是培训与开发能够有序进行的重要保障。第二，与人力资源管理活动有关的各个模块化工作缺一不可，因为他们之间彼此互相关联、相互支撑。某一环节的缺失或人为割裂，都很难确保人才发展的效果。第三，人力资源管理活动与组织战略紧密关联，以组织战略为导向，服务于组织战略。这背后体现了人才的发展与组织发展相协调、相促进。

然而，从问卷调研来看，一些企业在人才管理体系建设方面，还存在诸多需要改善的地方。针对人才引进方面的调研数据显示：43.32%的人认为企业引进人才的政策和条件等方面的激励力度不够；35.63%的人认为引进人才的方法不够灵活，措施不够具体；21.86%的人认为企业的引进人才政策难以兑现；30.36%的人认为企业缺乏引进人才的平台和载体；培训方面的调研数据显示，45.44%的高层次人才表示企业在开展培训前，未能采取有效的手段来了解员工的培训需求，导致培训的内容与自身实际需求不相吻合；有42.52%的人认为其所参加的培训对自身实际帮助作用不大，收效甚微；考核方面的调研数据显示，37.24%的人认为企业对自身的考核不太合理，缺乏明确的标准和客观依据。38.46%的人认为未能及时收到上级对自身的工作评价和反馈；薪酬方面的调研数据显示，57.49%的人表示对自身当前的薪酬不满意；52.22%的人表示目前的薪酬未能充分体现岗位价值和个人贡献；29.15%的人表示自己在工作上的成绩未能得到充分地承认和鼓励。

（五）与政府人才政策的对接不够，配套服务有待完善

政府人才政策出台以后，用人单位对本单位人才相关配套服务非常重要。然而，问卷调查结果显示，在政府出台相关人才政策以后，一些企业并没有制订相应的配套制度或措施，一定程度上也影响到政策的执行效果。如表 7-1 所示：

表 7-1　对用人单位涉及与政府人才政策有关的配套服务的评价

评价内容	非常认可	较认可	一般	不太认可	不认可
企业能为人才主动提供各种周到服务，能够帮助处理日常琐碎事务。	10.93%	29.55%	38.46%	14.98%	6.07%
企业为人才享受子女入学政策提供了各种帮助，例如推荐、资格初审、填写推荐意见等，或制定了相应制度、采取了其他相关措施。	12.55%	28.74%	37.25%	15.79%	5.67%
企业为人才享受薪酬补贴积极创造条件，并在政策宣传、材料准备、资格审查等方面制定了相应措施、提供了各种帮助。	20.24%	41.7%	25.1%	9.72%	3.24%
企业为人才及其家属落户，在政策宣传、入户申请办理、材料准备等制定了相应措施、提供了各种帮助。	14.98%	32.79%	32.79%	14.17%	5.26%
企业为人才在安居方面制定了相应制度，采取了相应措施，提供了各种帮助。	16.6%	34.41%	28.74%	15.38%	4.86%

第八章　佛山市人才高质量发展面临的主要机遇

一、产业集聚与企业转型升级

佛山工业体系发达，几乎涵盖了所有制造业行业，家电、家具、建材、陶瓷、装备制造、金属加工等传统行业优势突出，机器人、新能源汽车、新材料、生物医药、生命健康、节能环保、现代服务业等新兴产业也在蓬勃发展。

（一）产业集聚推动了企业发展

1. 产业集聚增加了企业数量

产业集聚能够不断细化产业内相关主体的分工，增加相关市场主体的数量。一方面，随着产业链各个环节的分工细化，产业链上将分离出更多领域、更多工序、更多产品，衍生出更多的市场主体，形成上下游合作关系，从原料生产供应到产品设计、生产和销售等各环节形成完整产业链。另一方面，相关的科研机构、中介机构、金融机构等相关的参与者也在产业链中提供着各项知识、技术、资金等服务，衍生或吸引更多相关企业集聚。

公开数据显示，截至 2019 年 10 月 17 日，佛山市实有各类市场主体突破 80 万户，其中企业 34.53 万户，分别比 2012 年商改前增长 113% 和 173%。2019 年日均新设市场主体 728 户，日均新设企业达 260 户。从具体类型上看，企业数量、个体户、农民专业合作社分别为 34.53 万家、45.44 万家和 334 家，分别比 2012 年增加 21.87 万家、20.63 万家和 239 家，分别增长 172.61%、83.15% 和 251.58%。

2. 产业集聚为留住企业创造了条件

产业集聚不仅有利于新增企业，同时对于留住企业也具有重要影响。在针对顺德企业外迁行为的调查研究中发现：问卷数据进一步显示，高达 66.04% 的企业留在顺德是因为看重顺德产业配套能力强，71.43% 的企业表示其在顺德本采购的上游产品或服务采购总量超过 30%，有 57.14% 的企业表示超过 50%，有 41.67% 的企业在顺德本地采购量甚至达到 70% 以上。有 59.52% 的企业表示与企业产业上关联最密切的地区是顺德，有 40.48% 的企业表示是顺德以外的其他佛山地区，有 26.19% 的企业表示是佛山市以外其他珠三角地区。主要提供的配套生产和销售。

与企业的座谈也进一步佐证了这一现象。例如，佛山某激光技术有限公司相关人士表示，为企业提供配套的有上千家，最核心的十几家，重要的一两百家。核心的供应商在顺德约占 20%，重要的在佛山超过 50 ～ 60%，珠三角地区达到 80 ～ 90%。某家电器制品有限公司相关人士表示，企业的原材料和配件都是珠三角地区购买，因为这里比较便宜。企业有 900 多个供应商，99% 都在珠三角。相对高端的材料电机、电路板在深圳，纸箱、包装盒等都在两公里范围内。钢材在乐从钢材市场，塑料也在这附近。企业不愿意去越南，因为这里的产业配套很好。某机器人自动化有限公司相关人士表示，企业的配套供应商有几百家，其中在顺德本地的就占一半以上。大部分零配件都外包给其他配套企业，像电池等也都是在本地购买的。某股份有限公司科技管理部相关人士表示，企业 70% 都在周边六七十公里以内。某数控机械有限公司相关人士表示，企业零配件主要是委托加工，委托加工的大部分都在佛山，大多分布在珠三角企业。在佛山这边占比比较大，在 70% 左右。

以上问卷调查和访谈结果表明，顺德良好的产业配套一定程度上抑制了企业的外迁行为，即使成本上升，一些企业仍然选择继续坚守顺德。未来顺德还应着力完善先进制造业产业链条。推动先进制造业企业向产业链上游的设计、研发、金融等环节延伸，向产业链下游的销售、租赁、维修等环节拓展。

3.产业集聚有利于提升企业成长质量

产业集聚除了增加企业数量以外，对于企业竞争力也有着重要作用。一方面，它有利于企业和产业的生产力提升。另一方面，它也增加了创新能力，并因此促进了企业生产力的提高（波特，2000）。这主要是因为：（1）产业集聚所形成的集群网络资本，如企业间的相互认同、互惠与信任等，有助于缺乏个人关系资本的中小企业获取成长所需的资源（王珺等，2003）。（2）促进企业的技术创新，提高企业的合作效率以及扩展市场环境（逯宇铎等，2005）。（3）作为一种资源，可以为集群内部相关企业提供了获取稀缺资源的工具和途径（邬爱其，2005），是集群内部企业能够获得比外部企业更多地发展机会（邵桂荣等，2007）。（4）可以在知识外溢效应、中间投入品关联效应、市场规模效应、劳动力市场共享效应和集体行动效应五个方面产生集聚经济，提高了企业合作和集体行动的效率（赵祥，2009）。一些实证研究证实了这一点：Suffocate(2003) 对意大利 Belt 地区眼镜业集群的案例研究结果表明，意大利 Belt 地区眼镜业大企业依靠集群网络取得了快速成长。

统计年鉴数据显示，2014—2018 年，全市规模以上企业[①]从 5883 家增加到 6206 家，增加 5.49%。（1）从企业各项经济效益总量指标来：工业总产值（当年价）从 18796.65 亿元增加到 21591.09 亿元，增加 2794.44 亿元，增长 14.87%；企业资产合计从 11005.01 亿元增加到 13298.11 亿元，增加 2794.44 亿元，增长 20.84%；企业主营业务收入从 17953.59 亿元增加到 20759.16 亿元，增加 2805.57 亿元，增长 15.63%；企业利润总额从 1365.33 亿元增加到 1528.25 亿元，增加 162.93 亿元，增长 11.93%。（2）从企业各项经济效益平均数指标来看，平均每家企业工业总产值从 3.2 亿元增加到 3.48 亿元，增加 0.28 亿元，

①统计口径为年主营业务收入 2000 万元及以上的工业企业。

增长 8.89%；平均每家企业资产规模从 1.87 亿元增加到 2.14 亿元，增加 0.27 亿元，增长 14.55%；平均每家企业主营业务收入超过 3.05 亿元增加到 3.35 亿元，增加 0.3 亿元，增长 9.83%；平均每家企业利润总额从 0.23 亿元增加到 0.25 亿元，增加 0.02 亿元，增长 8.62%。以上数据充分表明，规模以上企业无论是数量还是质量方面都呈现出稳步增长态势，为人才发展提供了良好的企业载体环境。

表 8-1 2014—2018 年佛山市规模以上企业经济效益情况

年 份		2014 年	2015 年	2016 年	2017 年	2018 年
企业单位数（个）		5883	5787	5671	6212	6206
工业总产值（当年价）（亿元）	总量	18796.65	19544.95	21187.32	21015.53	21591.09
	平均数	3.20	3.38	3.74	3.38	3.48
资产（亿元）	总量	11005.01	11409.34	12321.96	12676.83	13298.11
	平均数	1.87	1.97	2.17	2.04	2.14
主营业务收入（亿元）	总量	17953.59	18510.23	20199.21	20303.16	20759.16
	平均数	3.05	3.20	3.56	3.27	3.35
利润总额（亿元）	总量	1365.33	1450.40	1589.80	1560.76	1528.25
	平均数	0.23	0.25	0.28	0.25	0.25

4. 产业集聚发展规划为企业进一步发展打开空间

另外，根据佛山市及各区规划，未来产业集聚还将进一步加快。从市的层面而言，佛山将围绕装备制造、泛家居产业，培育两个万亿级先进制造业产业集群；围绕汽车及新能源、军民融合及电子信息产业，培育两个超 5000 亿元产业集群。同时，市的层面还将加快推进美的库卡智能制造科技园、一汽—大众新能源汽车、大疆创新顺德技术研发和生产基地、华南高能激光产业园、8 英寸 MEMS 晶圆制造工厂等项目。从区的层面来看，根据《顺德区高质量推动村级工业园升级改造总体规划》，顺德未来将打造

20 个产业集聚区和 30 个主题产业园；禅城区规划以大项目为龙头，着力培育汽车及新能源、军民融合及电子信息、泛家居、生物医药及大健康、新材料等五大超千亿、百亿元的产业集群；南海区规划打造超百亿大健康产业集群、新能源汽车产业集群，规划推动“区块链 +”金融科技产业、集成电路产业、建筑和旅游产业等的集聚发展；高明区规划推动食品饮料、塑料制品、精细化工、电子电器、家居建材、纺织服装、金属制品七大传统产业以及新能源、新材料以及智能制造产业集聚发展；三水区重点依托制造业、服务业及科技型三大类型 14 个载体，积极打造饮料食品、科研服务、商务配套、电子信息、通信设备、物联网、新能源汽车及其配套产业、装备制造、汽车制造、日化产业、新材料、大健康等产业。这些产业集聚发展及其规划为企业未来发展创造了良好条件。

（二）企业转型升级推动高新技术企业发展

高技术企业发展对人才集聚的作用主要体现在：一是产业内的各种创新资源相比其他产业更为丰富，有利于人才在信息、知识、技术等方面实现共享，为人才交流学习创造条件，有助于降低人才各种信息搜寻和隐性知识获取成本，更好更快地解决创新过程中面临的各种问题。二是其对高新技术的升级换代需求更多，迫切需要更多的、更优质的人才集聚，为吸引和留住人才，其在工作环境、企业文化、薪酬福利、教育培训等方面会提供更为优厚的条件。三是高新技术企业还容易形成人才“头雁效应”，一旦引进一些顶尖级高端人才，这些人才在项目申报、团队建设、技术研发等方面发挥积极作用，带动和吸引更多人才集聚在其周边。一些实证研究均已从多个方面证实：高新技术产业发展对人才聚集具有重要积极作用：高技术产业通过带动区域经济发展影响科技人才集聚，而区域经济的发展程度对区域科技人才集聚具有重要的作用（Mention，2003；Taylor，2007；刘思峰、王锐兰，2008）。高技术产业发展较好的地区，经济发展水平、人才市场环境、科技政策环境等影响科技人才流动的因素较为成熟，科技人才具有自发聚集的意愿（牛夏然　等，2014；裴玲玲，2016）。

1. 高新技术企业数量增长迅猛

近年来，佛山市委市政府高度重视高新技术企业培育工作，压实责任，市、区两级层面均出台了相应激励政策。例如市层面出台了《关于印发佛山市加快培育高新技术企业专项行动方案（2015—2020 年）的通知佛府函〔2015〕50 号》《关于印发佛山市加快培育高新技术企业专项行动方案（2017—2018 年）的通知（佛府办函〔2017〕86 号）》，南海区出台了《佛山市南海区人民政府关于印发佛山市南海区推进高新技术企业发展专项扶持奖励办法的通知（南府〔2016〕24 号）》，顺德区出台了《顺德区加快培育高新技术企业专项行动方案（2017—2018 年）》，禅城区出台了《佛山市禅城区人民政府办公室关于印发佛山市禅城区加快培育高新技术企业和推进企业研发机构建设实施细则的通知》，三水区出台了《佛山市三水区人民政府办公室关于进一步加强高新技术企业培育工作的意见三府办〔2016〕22 号》、高明区出台了《佛山市高明区加快培育高新技术企业专项行动方案（2017—2020 年）的通知》（明府办〔2017〕96 号）。通过加大这些政策宣传、精准辅导等一系列有效措施，推动了高新技术企业数量迅速增长，为人才集聚创造出良好条件。数据统计显示[①]，2019 年，佛山市有高新技术企业 5500 家，比 2013 年增加 4886 家，增长了 795.77%。尤其是进入 2015 年以后，每年均呈现高速增长态势，2016—2019 年增速分别高达 93.58%、83.50%、55.05% 和 39.28%，如图 8.1 所示。

①数据来源：佛山市科技局。

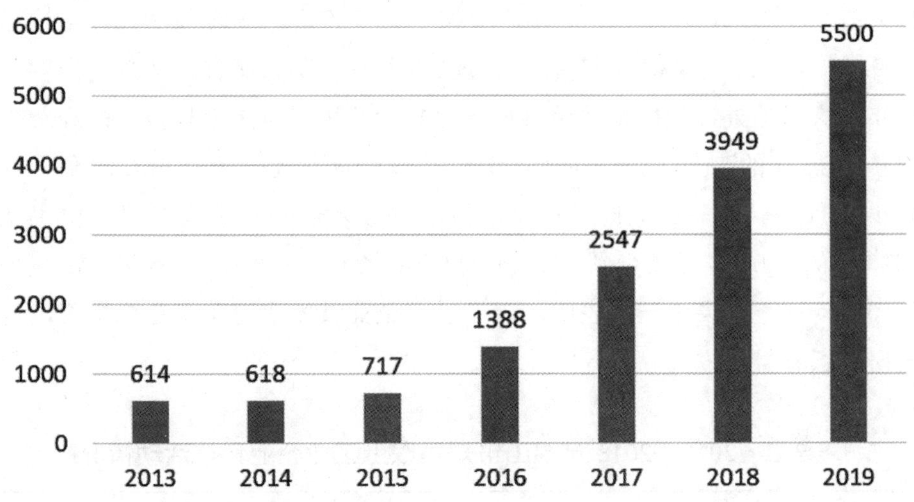

图 8.1 2013—2019 年佛山市高新技术企业数量

2. 企业研发载体、研发投入高速增长

与此同时，吸引和集聚人才的相关科研载体、科研投入等方面也在快速增长。统计数据显示①，2013—2018 年间，全市规模以上企业中，有研发机构企业数从 2013 年的 391 家增加到 2018 年的 3406 家，增加 2915 家，增长 593.69%；R&D 经费支出从 2013 年的 146.88 亿元增加到 2018 年的 235.17 亿元，增加 88.29 亿元，增长 60.11%；研究机构数量从 2013 年的 491 个增加到 2018 年的 3643 个，增加 3152 个，增长 641.96%，如表 8-2 所示。

3. 规模以上企业自主研发意愿增强

从资金来源来看，如表 8-2 所示：虽然政府资助呈现出先减后增现象，但从近两年来看，政府资助投入力度明显加大，尤其是 2018 年比 2017

①数据来源：佛山市历年统计年鉴。

年增长 175.83%。从企业投入来看，呈现出稳步增长态势，从 2013 年的 140.97 亿元增加的 228.43 亿元，增加 87.46 亿元，增长 62.04%，年均增长 9.46%。这一结果初步表明，规模以上企业研发意愿有所增强，力度在稳步加大。另外，从研发费用具体支出来看，用于引进境外技术的经费支出从 2013 年的 5.76 亿元下降到 2018 年的 1.98 亿元，减少了 3.78 亿元，减少 65.63%。而与此同时，用于引进境外技术的消化吸收经费支出也从 2013 年的 2.01 亿元减少到 2018 年的 0.67 亿元，减少了 1.34 亿元，减少 66.67%。这一结果进一步表明，规模以上企业技术引进购买意愿下降，自主研发意愿增强。

表 8-2　2013—2018 年佛山市规模以上工业企业科技活动情况

年　分	2013	2014	2015	2016	2017	2018
有研发机构企业数（个）	491	537	815	1356	3049	3406
R&D 经费支出（亿元）	146.88	161.15	192.99	194.88	216.02	235.17
政府资金（亿元）	3.77	3.09	1.97	1.51	2.10	5.80
企业资金（亿元）	140.97	155.77	189.97	192.55	213.04	228.43
境外资金（亿元）	0.84	1.07	0.15	0.02	0.13	0.64
其他资金（亿元）	1.29	1.22	0.90	0.79	0.74	0.30
研究机构情况（个）	491	537	1187	1640	3386	3643
引进境外技术经费支出（亿元）	5.76	5.73	3.73	3.36	3.62	1.98
引进境外技术的消化吸收经费支出（亿元）	2.01	2.19	1.45	2.07	1.95	0.67

二、区位优势与区域经济一体化

（一）区位优势

劳动力流动和人力资本流动理论认为，人力资本要素和其他生产要素一样，在市场化配置当中都是追求效益最大化为目标。人才流动最主要的目的在于创造出相对较高价值，获得更好的包括经济效益在内的各种效益。例如较高的收入、更好的发展机会以及更舒适的工作和生活环境。

知识经济时代，区位优势是人才聚集的一个重要驱动力。一方面，区位优势明显的地区集聚了大量的产业和企业，为人才就业和职业发展提供了更为广阔的空间。另一方面，这些地区的社会、经济、科技、文化、教育、医疗、交通、旅游购物休闲等发展良好，有助于满足人才的各种需要。人才的流动规律充分说明了这一点：从国别来看，发达国家充分利用其雄厚的资金实力和所能提供的优厚待遇环境，使得人才流动从发展中国家流向发达国家；从国内来看，东部沿海地区凭借良好的经济基础、有利的区位地缘，吸引人才从中西部地区流向东南沿海地区。一些相关的实证研究也充分证明了这一点：周亮、张亚（2019）以中国科学院 755 名院士为例，运用核密度分析与流动指数等空间分析方法，系统分析中国顶尖学术型人才的就业与工作地变更等流动规律时发现，47.68% 院士最终工作地点分布在北京，12.72% 在上海，其余 39.60% 分布在江苏、湖北、陕西在内的 24 个省份，西藏、广西、海南等 6 个省（区）则无院士工作分布。总体来看，81.99% 的院士最终工作地位于东部地区，且主要以北京、上海等中心城市为主，中西部地区分布的院士各占 11.26% 和 6.75%。聂晶鑫和刘合林（2019）利用教育部直属高校 2015 届本科毕业生就业数据，采用指标评价与冷热点分析方法研究人才流动低于模式时发现，北京、广东和上海等经济中心或经济强省对人才吸引力最强，属于第一、二层次，湖北、浙江、四川等 9 省位于三、四层次。良好的发展基础和潜在的发展前景，构成了对人才的核心吸引力。其他经济发展水平相对滞后的省市，对人才吸引力明显不足。

从佛山来看，佛山地处珠三角和粤港澳大湾区腹地，邻近广州和深圳两个特大城市。与广州共同构成“广佛都市圈”，也是“广佛肇经济圈”“珠江－西江经济带”的重要组成部分。32个镇街中，有12个镇街与广州接壤，占37.5%。目前，佛山已形成了完善的水、陆、空的立体交通网络。广佛、佛开、广三等多条高速公路在佛山交汇，广三铁路与三茂铁路贯通全市，客运火车从佛山直通香港九龙。佛山市中心区距广州三大交通枢纽（广州新白云机场、广州南沙港、广州火车站）车程均在1小时之内。与香港、澳门分别相距231公里和143公里，车程均在2小时左右。目前，珠三角新干线机场已经列入广东“十三五”规划以及重点建设项目，佛山将力争把珠三角新干线机场打造成为珠西新空港中心，成为粤中地区各种资源要素齐聚的“中心地带”，实现珠三角经济圈核心区域。另外，根据2020年9月的佛山市委十二届十次全会报告，佛山将打造珠江西岸门户型航空枢纽。加快推进珠三角枢纽（广州新）机场规划建设，强化与广州白云机场、广州南站、佛山西站等枢纽的互联互通，与广州加快形成全国现代化综合交通枢纽体系。推动广湛和深南高铁、肇顺南城际等接入机场，打造空铁联运综合枢纽，高效衔接“一核一带一区”城市群。完善与珠三角枢纽（广州新）机场无缝对接的高快速公路，推进佛肇高速、江肇第二高速、南沙至云浮高速（佛山机场高速）等规划建设，高标准规划建设临空经济区。可以从中预见，随着一系列交通规划的落地实施，未来佛山的区位优势将更加明显，对人才的吸引力进一步提升。

（二）区域经济一体化

1. 粤港澳大湾区建设

佛山是参与粤港澳大湾区建设的重要城市。按照《粤港澳大湾区发展规划纲要》要求，要发挥“‘广州－佛山’强强联合的引领带动作用”“支持佛山充分发挥自身优势，深化改革创新，增强城市综合实力，形成特色鲜明、功能互补、具有竞争力的重要节点城市，带动周边特色城镇发展”“打造佛山为龙头建设珠江西岸先进装备制造产业带”“发挥佛山产业链齐全的优势，加强大湾区产业对接，提高协作发展水平”“支持佛山深入开展制造业转型升级综合改革试点”，可以预见，未来佛山与粤港澳大湾区城市在产业发展、物流运输、科技、金融、人才交流共享等方面将全面开展合作。

具体而言，粤港澳大湾区建设将为佛山人才发展带来如下机遇：（1）人才流入的机遇。随着交通等城市基础建设的完善，佛山与周边城市的距离缩短，来自广州、深圳等周边城市的人才，增加了流入佛山的概率。（2）人才共享的机遇。一方面随着湾区一体化建设，各种制约人才共享的制度性障碍逐渐消除，例如人才认定标准差异缩小，人才及其成果的区域归属界线虚化或破除，人才共享变得越来越容易。“养在深圳和广州，用在佛山”的模式也未尝不可。同时，随着佛山与周边城市其他涉及物流、资金流等的紧密衔接，人才流也会随之加快。以大湾区名义、各城市全面开展的项目申报、科研攻关、院所合作等会逐渐增多，也为人才共享提供了更多抓手。（3）建设中高端人才团队的机遇。目前佛山在中高端人才团队建设方面，还有不少短板。大湾区建设将为解决这一短板提供机会。一方面，广州的科研院所和高校的研究型人才优势、深圳的创新型人才优势以及佛山的中高端经营管理人才优势，三地可以实现优势互补，有效融合组成强大的中高端人才团队。另一方面香港的金融、贸易，深圳、广州的高技术制造业和生产性服务业，佛山的先进制造业，产业间的这种协作也为组建中高端人才团队创造了良好的产业基础条件。（4）人才培养的机遇。根据国际权威机构英国 QS 世界大学排名最新显示，香港拥有世界 100 强大学 4 所（其中 50 强 3 所），数量位居世界四大湾区前列，国内仅有 6 所，而广东没有。随着湾区内部各种相关壁垒的消除或降低，港澳的高校创新资源将流入珠三角城市，佛山可以通过共建高校方式来培养佛山本地创新人才。事实上，目前佛山也在这方面开展了一些相关工作，例如 2019 年香港科技大学与佛山市、南海区签订产学研合作备忘录，共建香港科技大学（佛山）创新中心。香港理工大学与佛山达成共建高水平理工大学框架协议，推进香港理工大学（佛山）分校的建设。

2. 广佛同城

广佛两地自古唇齿相依，同风同俗，两地间经济、文化和人脉等各方面都紧密相连。2009 年 3 月，两地签署《广州市佛山市同城化建设合作协议》，在城市规划、交通基础设施、产业协作、环境保护等方面开展对接。随后，《广州市城市总体规划（2011—2020年）》以及《佛山市城市总体规划（2011—2020年）》都明确提出要深入推进广佛同城化。

当前，广佛高层次人才交流和资源共享具备了实现的可行性。首先，从两地的产业结构对比来看，如表9-2所示，三大产业构成当中，两地在第一产业构成差异不大。但在第二、三产业方面却有着明显差异：近五年，广州第三产业平均占比为68.71%，第二产业平均占比仅为30.21%，第三产业占比为第二产业的2.27倍。从发展趋势来看，这种差距呈现扩大化趋势，2014年，第三产业是占比是第二产业占比的1.92倍，而到了2018年这一数字进一步扩大到2.63倍。而从佛山来看，情况恰好相反，近五年第二产业平均占比为59.64 %，第三产业平均占比为38.83%，第二产业占比是第三产业占比的1.54倍。两地的这种产业差异表明，目前或者在一段较长时间内，广州的服务业和佛山的制造业具备产业发展协同的基础，能够形成“优势互补、错位发展”。

表8-3　广佛地区产业结构对比

年份	广州市 各产业占地区GDP比重（100%）			佛山市 各产业占地区GDP比重（100%）		
	第一产业	第二产业	第三产业	第一产业	第二产业	第三产业
2018	0.98	27.27	71.75	1.45	56.50	42.04
2017	1.03	27.95	71.02	1.42	57.72	40.86
2016	1.09	29.89	69.02	1.54	60.29	38.17
2015	1.13	32.07	66.80	1.56	61.18	37.26
2014	1.19	33.89	64.92	1.67	62.52	35.81
平均	1.08	30.21	68.71	1.53	59.64	38.83

其次，两地相邻，地铁、高铁和公路等交通互通互联，交通十分便利。截至目前，两地已建成主要道路通道二十余条。两地轨道交通对接也在加速，已建成广珠城际、广佛肇城际、贵（南）广高铁、武广高铁、广珠铁路、广茂铁路等多条城轨。地铁规划建设中，目前至少两地将有 9 条地铁进行对接，将尽快实现两地轨道交通“一张网、一张票”。如此便捷的交通网络，使两地进入半小时生活圈，两地的人才交流变得非常便捷。

最后，也是最为关键的一点，两地的人才结构、人才载体等具有较强的互补性。从两地的人才载体和人才结构来看，广州的高等学校、科研机构、金融和服务机构分布众多，拥有丰富的高校人才、金融和服务类人才、研究类人才资源，如表 8-4①所示。广州市内有 82 所高等学校，而佛山仅有 13 所。卫生机构数广州有 4598 个，而佛山仅有 1932 个。从第三产业机构数量来看，广州有中资金融机构数 2395 个、证券分支机构 344 家、县级及以上政府部门属研发机构数 102 个，而佛山仅分别为 1775 个、124 家和 4 个。此外，广州市拥有市级研发机构 2425 家、人力资源服务机构 1308 家。数量庞大的机构也集聚了大量的人才资源，从两地的第三产业人才数量来看，广州显著多于佛山。其中，普通高等学校专人教师数是佛山的 17.78 倍，卫生技术人员数是佛山的 2.62 倍，金融业从业人员数是佛山的 1.98 倍，科学研究和技术服务业人员数数是佛山的 5.60 倍，租赁和商务服务业人员数是佛山的 6.48 倍，居民服务、修理和其他服务业人员数是佛山的 4.38 倍，信息传输、软件和信息技术服务业人员数是佛山的 5.76 倍。广州的这种在服务业等第三产业当中具有的载体和人才优势，在广佛同城战略中，能够为佛山制造业的发展创造良好的人才资源要素条件。同时，实现两地间的人才交流，尤其是高层次人才的流动和共享，将有助于推动广佛两地产业互补协同，加快两地融城，实现珠三角地区的跨越式发展。

---

①数据来源：《广州市统计年鉴 2019》《佛山市统计年鉴 2019》《广东省统计年鉴 2019》《2018 年广州市国民经济和社会发展统计公报》。县级及以上政府部门属研究与开发机构数据统计截止时间为 2017 年，中资金融机构数统计截止时间为 2010 年，其余均为 2018 年。

表 8-4　2018 年广佛地区人才载体与人才结构对比

人才载体			人才结构		
	广州	佛山	分 类	广州	佛山
普通高等学校数	82 所	13 所	普通高等学校专任教师数	62732 人	3528 人
医疗卫生机构数	4598 个	1932 个	卫生技术人员数	145045 人	55398 人
中资金融机构数	2395 个	1775 个	金融业从业人员数	121730 人	61519 人
证券分支机构数	344 家	124 家	科研和技术服务业人员数	216071 人	38565 人
县级及以上政府部门属研发机构数	102 个	4 个	租赁和商务服务业人员数	359815 人	55500 人
市级研发机构数	2425 家	--	居民服务、修理和其他服务业人员数	398922 人	91021 人
人力资源服务机构数	1308 家	--	软件信息技术服务业人员数	298905 人	51923 人

3. “一带一路”倡议

“一带一路”是“丝绸之路经济带”和“21 世纪海上丝绸之路”的简称，是 2013 年 9 月和 10 月由中国国家主席习近平分别提出建设“新丝绸之路经济带”和“21 世纪海上丝绸之路”的合作倡议。2015 年 3 月，国家发展改革委、外交部、商务部联合发布了《推动共建丝绸之路经济带和 21 世纪海上丝绸之路的愿景与行动》。“一带一路”倡议是新时期以习近平同志为核心的党中央基于国内外新形势新变化，主动应对世界发展机遇与挑战，是我国全面推进对外开放的新举措，旨在进一步拓展我国地缘经济发展空间，创造和平与稳定的地区安全环境，全面提升中国地区影响力。“一带一路”重点推进相关国家和区域在政策沟通、设施联通、贸易畅通、资金融通、民心相通等方面展开合作。国内主要涉及我国广东、海南、上海、新疆、西藏、甘肃等18个共计18个省、自治区、直辖市。国（境）外目前有俄罗斯、印度、新加坡、泰国、伊朗、波兰等65个国家和地区参与其中。“一带一路”倡议自提出到发展至今，六年多时间里取得了令世人瞩目的成绩。包括蒙内铁路、卡拉奇—拉合尔高速公路、巴基斯坦卡洛特水电站、中亚天然气管线项目、印尼雅万高铁、德黑兰至马什哈德高铁、老挝铁路、孟加拉国希拉甘杰电站二期等重大项目正在被推进，相关金融等服务机构例如亚洲基础设施投资银行、乌克兰“一带一路”贸易投资促进中心等也已建成并处在不断完善当中。

“一带一路”倡议的推进实施，将为佛山人才高质量发展带来机遇：（1）为人才发展提供需求动力。“一带一路”倡议从构思、设计到组织实施，都需要大量人才来推动。具体而言，一方面，无论是佛山企业走出去新建分支机构、与异地企业联合组建机构或者开展并购，还是其他国家和地区的企业走进佛山等，都为人才提供了新的就业机会。另一方面，在跨文化经营管理和项目合作中，面对复杂环境，企业需要更多新型专业人才。此外，一带一路也将带来更多新的创新创业机会，需要更多创新创业人才。（2）有助于进一步优化佛山人才结构。推进“一带一路”倡议过程中，“政策沟通”需要懂得法律和政策的专业人才和具有全球视野、懂得国际化经营、具备或熟悉跨国管理的复合型经营管理人才；“设施相通”需要懂得相关建筑、工程、水利、桥梁等相关领域的技术工兵型人才；“贸易畅通”需要具有精通跨境电商、物流、国贸、法律等相关专业知识的人才；“资金相通”需要跨国金融、证券、保险、会计等领域的专业人才；“民心相通”需要经验丰富、懂得跨文化管理、擅长沟通、资历深厚的服务型、管理沟通型人才。这为佛山在人才引进和培养等方面明确了人才发展导向，有助于佛山建立多样化、分类齐全的人才队伍。（3）有助于佛山培养中高端复合型人才。一方面，“一带一路”将倒逼企业和本地高校注重复合型中高端人才的培养。佛山以家电、家具、陶瓷等支出产业为主，通过“一带一路”有助于其拓展海外市场，为企业发展注入新动力。但许多企业对跨境电商规则、营销方法和数据分析方面不熟悉，亟需加大人力资本投资力度，加大对熟悉外贸、网站运营、政策法规等方面运营的电商核心人才培养力度。与此同时，也会推动高校和相关机构改进人才培养模式，优化人才培养方案。另一方面，“一带一路”也使得跨地区联合人才培养成为可能，佛山企业和高校可以联合其他国家和地区的高校和企业共建中高端人才培养基地，构建本土化与国际化相结合的中高端人才培养模式，从而有助于跨国经营管理复合型人才的培养，提升人才在国内、国际市场的从业能力和水平。（4）为人才跨国、跨地区流动和交流创造了良好条件。通过跨国跨地区的项目合作、会议论坛、教育合作、企业对接等诸多方式，人才流动和交流在“一带一路”合作国家和地区间更为容易。

三、城市升级与城市环境改善

（一）城市升级

人才流动受到的除了企业、产业和区域一体化因素以外，城市品牌因素也是一个不容忽视的重要因素。在市场化进程中，城市其实也是人才选择的一个重要商品，好的城市品牌，会改变人才的成本-收益预期，进而容易吸引更多的人才。

从佛山来看，虽然相比北上广深苏杭等城市，其城市品牌对人才吸引力还存有一些距离，但与此同时也应该看到，近年来佛山在城市升级方面建设加快，品牌影响力也在逐步提升，各种有利影响正在逐步释放。自21世纪初开始，佛山在城市建设升级方面，步伐明显加快。早在2003年，佛山就明确提出“‘1＋2＋5’组团式城市发展道路①”，依

①即强化1个中心组团、建设2个100万人口以上、5个30万—50万人口的新城区，形成强中心、多组团城市格局。

托原有中心城市和经济强镇，打造“佛山新城”这一城市中心，沥桂新城和顺德新城两大副中心，以及若干个中心城镇。2010 年以后，佛山又力推“文化强市”，着力推进文化产业园区发展，提升城市文化。2012 年 2 月，全面实施城市升级三年行动计划，结合民生、“三旧”改造、产业升级和“创国家文明城市”四方面工作，通过重点实施组团中心提升、交通基础设施建设、主要轴线和节点提升及城乡环境整治等四方面 103 个项目，推进城市绿化、亮化、美化、文化的“四化”建设。三年行动计划促使佛山公共交通、市政基础设施、生态环境、第三产业软硬件等方面得到迅速提升。2015 年 4 月，《佛山市城市升级两年延伸行动计划》进一步提出以高水平的规划引领城市现代化，以城市的现代化促进产业高端化，推动厂区向园区和城区转变，从硬件建设向软硬件并重转变，进一步提升城市文化内涵，城市管理从粗放向精细化转变，城市环境从外在形象提升向既要青山绿水，也要金山银山的内外兼修转变，从中心城区向城镇、乡村和基层全面覆盖转变，逐步实现“产城人”发展战略转化为“城产人”发展战略，推动城市升级向城市升值转变。在这份计划里面，具体提出了城市空间升级、产业升级、生态升级、文化升级、交通升级、设施升级六大方面的升级。2017 年，佛山出台了《“文化佛山”三年升级行动计划（2017—2019 年）》，通过 75 个项目，从文城相融、文经相促、因文善治、因文立名四个方面推动文化导向型城市建设。按照这一计划佛山要实现：（1）到 2020 年认定、创建 30 ～ 40 个市级特色小镇，8—10 个省级特色小镇，争取建成 5 ～ 8 个国家级特色小镇。（2）到 2020 年，空气质量优良天数比例达到 90%。（3）到 2019 年，城镇生活垃圾无害化处理率 100%。（4）到 2020 年，全市文化产业集聚区达到 21 个。（5）到 2020 年全市城市建成区 20% 以上面积达到海绵城市建设要求。（6）到 2019 年底，城市人均公园绿地面积达 16.60 平方米以上。（7）推动全市 80 个以上城中村（旧社区）的改造升级。推进岭南天地等 6 个文旅街建设，打造 10 条特色文化街。

随着一系列城市升级举措的有序推进，佛山也囊括了诸多荣誉，城市品牌形象正在逐步上升：2017 年中国百强城市排行榜排第 21 位①、2017 年中国地级市全面小康指数排名第 23②、2017 世界特色魅力城市 200 强③、2018 中国大陆最佳地级城市第 9 名④、2018 中国创新力最强的 30 个城市之一⑤、2019 年中国百强城市排行榜第 20⑥、2019 中国城市品牌评价百强榜（地级市）⑦、“中国城市科技创新发展指数 2019”第 22 等⑧。另外，2019 年 6 月，中国社会科学院和经济日报社共同发布《2018 年中国城市竞争力报告》，佛山市综合经济竞争力排名全国第 12 名（含香港和台北）；可持续竞争力排 36 名；城市宜居竞争力排 32 名。2019 年 11 月中国社会科学院与联合国人居署共同发布的《全球城市竞争力报告 2019—2020：跨入城市的世界 300 年变局》，以全球 50 万人口以上的 1006 个城市做样本，从全球城市的经济竞争力、可持续发展竞争力、城市评级等方面全方位评价城市发展，中国 39 个城市上榜，佛山排名 17 位。

（二）人才环境改善

人才环境是影响人才发展的一个重要因素，也是一个综合概念，它所囊括的内容非常多，既包括地区各种基础设施、教育卫生医疗、收入水平等方面的硬环境，也包括地区学习交流氛围、文化底蕴、文化观念以及公众的思想境界、精神品格和修养品位等诸多方面，体现的是人才在生理、心理、发

① 2017 中国百强城市：山东 15 城上榜再次领跑．凤凰网 [引用日期 2018-04-24].

②中国城市全面建成小康社会监测报告．凤凰网 [引用日期 2018-04-20].

③中国 29 个城市入选 2017 世界特色魅力城市 200 强．央广网 [引用日期 2017-12-29].

④中国大陆最佳地级城市 30 强发布，苏州中山无锡列前三．福布斯中国。[引用日期 2018-12-7].

⑤福布斯中国公布创新力最强的 30 个城市，苏州超越上海 ．福布斯中国。[引用日期 2018-12-7].

⑥ 2019 年中国百强城市排行榜发布：北上广深稳居“一线” ．网易新闻。[引用日期 2019-09-24].

⑦ 2019 中国地级市品牌百强榜发布（附榜单） ．央广网。[引用日期 2019-11-30].

⑧最新城市科技创新指数发布！你的家乡排名第几？．新浪网。[引用日期 2020-01-5].

展以及寻求社会价值等多方面需求。无论是纵向还是横向来看，近年来佛山在人才环境方面都有非常大的改善。由于人才环境涉及的方面比较多，加之一些内容例如交通在前文中得到反映，这里用近几年的工资水平、医疗卫生、文化休闲、通信以及公共服务等主要方面的内容做简要说明。

第一，在岗职工年平均工资水平方面，2016—2018 年分别为 67187 元、72712 元和 80288 元，分别比往年增长 8.70%、8.22% 和 10.42%，而同期 GDP 增速分别为 7.67%、7.32% 和 5.72%，同期 CPI 增速分别为 101.96%、101.92% 和 102.27%，在岗职工年平均工资水平增速要快于 GDP 增速，远高于 CPI 增速。第二，医疗卫生机构方面，2016—2018 年分别有 1469 个、1715 个和 1932 个，除 2016 年同比减少外，2017—2018 年分别增加 246 个和 217 个，分别增长 16.75% 和 12.65%。其中，医院数分别为 105 家、110 家和 120 家，分别增加 3、5、10 家，呈现出加速度特征。第三，文化休闲方面，2018 年增加了 4 间博物馆，增加 22.22%。2016—2018 年图书馆图书总藏量分别为 492 万册、567 万册和 1029 万册，分别同比增加 70 万册、75 和 462 万册，分别增长 16.59%、15.24% 和 81.48%。第四，通信方面，2017 年 11 月，佛山实现光纤入户基本全覆盖，成为广东省内首个正式发布千兆宽带城市。第五，公共服务方面，2014 年 3 月，禅城区率先启动“一门式”改革试点，至 2015 年 9 月底，全市实现自然人“一门式”改革全覆盖，极大地提高了政府公共服务效率。2017 年 10 月，禅城“零跑腿”App 正式上线，市民在手机上即可办理相关业务。2018 年，禅城完善自然人库、法人库、地理空间库、信用库建设，构建禅城区大数据分析基础平台，为企业和个人提供各种公共服务。

问卷调查的一些结果，也进一步反映了人才对佛山人才环境改善的认可：有 92.86% 的人才认为产业和企业环境好或良好，90.47% 的人认为创新创业环境好或良好，76.19% 的人认为公共秩序与安全环境好或良好，76.19% 认为交通环境好或良好，80.95% 的人认为教育环境好或良好，80.96% 的人认为卫生医疗环境好或良好，88.10% 的人认为住房与社区环境好或良好，78.57% 的人认为商业消费环境好或良好，73.81% 的人认为休闲娱乐环境好或良好，83.34% 的人认为人才政策环境好或良好，76.19% 的人认为人才载体环境（工业园、科研院所）好或良好，78.57% 认为人才市场环境（如人才自由流动、招聘公开、外地人才引进、人才中介从业人员数量、人才市场违法数量等）好或良好，69.05%的人认为人才服务环境好或良好，等等。

另外，针对企业HR的座谈也进一步印证了上述结果：某集团制药有限公司与会人员表示，顺德这两年人才方面，政府很重视，做了很多工作，而且取到很好效果，像引进人才、住房、薪资、就业、子女入学、入户、人才确认等，其接触到的科技工作者比较多，大家比较满意；广东某精细化工股份有限公司与会人员表示，当前的一些人才政策对吸引专家创新创业，对个人、对企业有帮助，对企业招聘高层次人才的宣传有吸引力。某商业银行股份有限公司与会人员表示，当前的一些人才政策体现了对人才的重视，等等。

四、人口增长速度加快

人口是在一定的时间、一定的地域、一定的社会制度下，具有一定质量和数量的生命个体的社会群体。人口是人才长成的基础和前提，没有人口的集聚，很难谈得上人才的集聚。近些年来，受各种因素的影响，佛山市常住人口呈现稳步上涨趋势，尤其是近两年来，人口数量更是呈现出快速上涨趋势。

数据统计显示，2014—2018年，佛山市常住人口分别从735.06万人增长到790.57万人，五年间分别增长0.75%、1.09%、0.43%、2.60%和3.25%，呈现出稳步上涨趋势，尤其是近两年来，增长速度明显加快，从过去不到1%左右的平均增速，迅速提高到2.60%和3.25%，人口总量分别增加了19.4万人和24.9万人。从与珠三角城市六市对比来看，2018年增速超过广州，排列第3位，仅次于深圳和珠海。人口总量位居第3位，远超过珠海和中山，略低于东莞。另外，考虑到佛山的增速比较快，预计未来几年，佛山常住人口将超过东莞。

表 8-5 2014—2018 年珠三角六市人口变化情况

城市	衡量指标	2014	2015	2016	2017	2018
深圳	总量	1077.89	1137.87	1190.84	1252.83	1302.66
	增速	1.41%	5.56%	4.66%	5.21%	3.98%
广州	总量	1308.05	1350.11	1404.35	1449.84	1490.44
	增速	1.19%	3.22%	4.02%	3.24%	2.80%
珠海	总量	161.42	163.41	167.53	176.54	189.11
	增速	1.50%	1.23%	2.52%	5.38%	7.12%
佛山	总量	735.06	743.06	746.27	765.67	790.57
	增速	0.75%	1.09%	0.43%	2.60%	3.25%
东莞	总量	834.31	825.41	826.14	834.25	839.22
	增速	0.32%	-1.07%	0.09%	0.98%	0.60%
中山	总量	319.27	320.96	323.00	326.00	331.00
	增速	0.59%	0.53%	0.64%	0.93%	1.53%

另外，从佛山人口与国内其他城市对比来看，2018 年，16 个城市中，常住人口增速超过 3% 的只有 3 个城市，分别为西安 4.02%，杭州 3.57%，佛山 3.25%。一些城市例如北京和重庆还出现负增长，分别下降 0.76% 和 -1.91%。上海、苏州、天津和温州增长都呈现微增长，增速不及 1%，分别为 0.23%、0.36%、0.18% 和 0.38%，如表 8-6 所示：

表 8-6 2014—2018 年佛山以及全国其他一些主要城市人口变化情况

城市	2014	2015	2016	2017	2018
佛山	0.75%	1.09%	0.43%	2.60%	3.25%
北京	1.74%	0.88%	0.11%	-0.10%	-0.76%
上海	0.44%	-0.43%	0.18%	-0.06%	0.23%
宁波	1.93%	0.18%	0.64%	1.65%	2.46%
杭州	0.54%	1.42%	1.89%	3.05%	3.57%
苏州	0.24%	0.11%	0.30%	0.34%	0.36%
南京	0.35%	0.24%	0.41%	0.79%	1.21%
厦门	2.14%	1.31%	1.55%	2.30%	2.49%
天津	3.03%	1.99%	0.97%	-0.33%	0.18%
温州	-1.40%	0.54%	0.64%	0.44%	0.38%
武汉	1.85%	2.61%	1.49%	1.18%	1.73%
成都	1.91%	1.43%	13.91%	2.60%	2.84%
郑州	2.03%	2.04%	1.62%	1.61%	2.58%
合肥	1.12%	1.21%	1.02%	1.22%	1.53%
西安	0.46%	0.91%	1.45%	8.88%	4.02%
重庆	0.72%	0.84%	1.06%	0.88%	-1.91%

五、高等教育的加速发展

（一）高等教育对经济和人才发展的作用

高等教育机构对人才发展的影响是多方面的，一方面，其作为人才培养机构，能够实现将人力资源或劳动力资源向人才资源的转变。另一方面，它也是吸纳人才的重要载体，能够为人才发展提供各种资源和创造各种条件。许多经济发达和人才集聚的区域，都有着大量高校的集聚。例如北京、上海、广州、南京、西安和武汉等地，近十年来深圳的高校也在集聚。可以说，高等教育与经济和人才之间的关联是非常紧密的。一些学术研究也证明，高等教育对经济和人才发展具有重要作用：早在 20 世纪 60 年代，著名人力资源管理学家舒尔茨就发现，美国教育投资可以带来 17% 的平均收益率，其中 70% 的收益体现在劳动收入增长当中，30% 的收益体现在国民收入增长当中。20 世纪 90 年代，人力资本对经济增长的贡献率高达 26%，人力资本在生产要素当中作用进一步增强。杨伟吉等（2019）的研究表明，高等教育投入和人才集聚形成一对共轭要素，合力影响区域经济增长。

（二）佛山高等教育的加速度发展

近年来，广东省以及佛山市政府对佛山高等教育的重视程度进一步加强，并将高等教育的发展作为推动地方人才集聚和经济转型升级的重要抓手。早在 2015 年 9 月，广东省就将佛山科学技术学院列入首批广东省高水平理工科大学建设高校。2017 年 9 月，2017 年 9 月，佛山市委市政府出台《关于加快高等教育发展实施意见》。按照意见要求，到 2020 年，佛山高等教育办学机构（含校区、研究生院和产业特色学院）增加 7 所，达到 20 所。到 2025 年，高等教育办学机构再增加 10 所，达到 30 所。将引进高校院所“高精尖”人才，到 2020 年，扶持 2000 个左右有高技术含量和产业发展前景的高校青年创客。意见还提出要加快引进国内外优质高等教育资源，通过新设增设校区、中外合作办学等形式，发展一批创新型、特色化、国际化高等教育办学机构。同时也坚持市区共建，联动发展，其中，南海、顺德区各举办3—4所，禅城、高明、三水区各举办1—2所。2018年6月，佛山市人民政府办公室下发《关于印发佛山市引进和培育优质高等教育资源若干扶持政策的通知》，受此政策推动，佛山近两年在引进优质高等教育资源方便快速发展。

统计数据显示，2016—2018年间，佛山市普通高等学校从3所增加到13所，增加了10所，增长333.33%，在校学生从49994人增加到124245人，增加74251人，增长148.52%人，教职工人数从2810人增加到4728人，增加1918人，增长68.26%。公开报道显示，目前南方医科大学顺德校区、广东财经大学佛山校区、佛山理工大学、东北大学佛山研究生院、华南师范大学国际联合学院、广东工业大学佛山研究生院等一批高校正在推进建设当中，可以预见，未来将对佛山人才高质量发展产生积极作用。

六、房价偏离带来的跨区域溢出效应

（一）房价偏离的溢出效应

房地产市场的发展在改善人们居住环境的同时，也对人口流动和企业迁移有着重要影响。从人口流动来看，一地的房价上涨容易导致当地居民生活成本提高，出于生活压力，一些人会主动选择去住房成本较低的其他城市，尤其是在容易找寻工作和其他生活环境质量降低不大的情况下。另一方面，从企业迁移来看，一地的房价上涨容易导致土地价格上涨和用工成本增加，挤压企业的利润空间，一些企业也会迁移至其他地区。这样，不仅直接减少了原来地区的就业机会。此外，高房价也容易影响到当地的经济发展进而影响到人才环境。

一些实证研究支持了上述观点：陈卓（2016）基于长三角区域各城市在2005—2013年间房价数据、人均可支配收入数据和城镇人口数据等数据，实证研究结果表明上海、南京和杭州三个核心城市相互之间的溢出效应不明显，但是三个核心城市对其他非核心城市缺失存在溢出效应。其中，上海对苏州、绍兴和常州均存在较长、较大的单项溢出效应。其他两个核心城市对苏州和绍兴存在较短、较小的溢出效应，对常州存在较长、较小的溢出效应。汪洋和沈晨（2019）以粤港澳大湾区广东省9个城市的高层次人才调查问卷数据，实证研究结果证实：高房价对高层次人才具有较大的挤出效应，攀升的房价、上涨的房租、与日俱增的生活成本给高层次人才带来了巨大心理和经济压力，极大影响了个人的生活幸福感，从而驱动高层次人才向较低房价城市流动。

（二）佛山与其他地区的房价收入比比较

从佛山与周边城市以及全国一些其他主要城市的住房价格与工资比较来看，如表8-7所示。21个城市平均房价为25286元/平方米，佛山为13012元/平方米，低12274元/平方米，低94.33%，相当于21个城市平均房价的近一半，居第18位。与珠三角城市六城市相比，仅略高于中山，居第5位。 从月平均工资来看，21个城市的月平均工资为7890元/月，佛山月工资为6691元，虽然位居第16位，但从与21个城市的月平均工资比较来看，仅低1199元/月，低15.20%。综合房价与工资比来看，最高的北京，为5.43，最低的是重庆，为1.6，平均为3.03。这意味着21个城市中，平均3.03个月的工资收入才能买1平方米的房子，以购买一套3居室100平方米左右的房子来计算，假设在没有其他如财产性收入和投资性收入等收入，并且不消费的情况下，一个人需要工作25.25年。而从佛山来看，房价工资比为1.94，排名第18位，意味着在佛山只需要工作16.16年，缩短9.09年。

进一步从珠三角六市对比来看，深圳、广州、珠海、东莞、佛山和中山的房价与工资比分别为5.47、4.30、2.47、2.59、1.94和1.90，平均为3.11。其中佛山位居第5位，微高于中山。相比21个城市平均数3.03，佛山房价工资比在珠三角周边城市的优势进一步扩大。此外，如果剔除南海金融高新区和千灯湖一带高房价因素，顺德、禅城的优势将更加明显。

表 8-8　全国主要城市房价工资比①

城市	房价（元 /M2）	年平均工资	月平均工资	房价工资比	房价工资比排名
北京	67822	149843	12487	5.43	3
上海	52584	140270	11689	4.50	4
深圳	50900	111709	9309	5.47	2
广州	40030	111839	9320	4.30	5
厦门	39723	83839	6987	5.69	1
杭州	30729	103798	8650	3.55	6
南京	26714	106100	8842	3.02	8
天津	23333	103931	8661	2.69	10
温州	20482	78528	6544	3.13	7
珠海	17949	87032	7253	2.47	12
苏州	17727	94421	7868	2.25	14
宁波	17327	98323	8194	2.11	16
武汉	16667	70590	5883	2.83	9
成都	16286	85993	7166	2.27	13
东莞	15114	69937	5828	2.59	11
郑州	14881	79414	6618	2.25	15
合肥	14792	89022	7419	1.99	17
佛山	13012	80288	6691	1.94	18
西安	12207	87125	7260	1.68	20
中山	11798	74484	6207	1.90	19
重庆	10926	81764	6814	1.60	21
平均	25286	94679	7890	3.03	--

①数据来源：房价数据来源中国产业信息网，工资数据来源各市统计年鉴。因个别地区未有城镇非私营单位在岗员工工资，故用相关从业人员工资进行替代。

第九章 推动佛山市人才高质量发展的主要路径

一、提升全市统筹能力，做好高质量的人才发展规划

（一）把握七大人才工作基本原则，提升全市人才统筹能力

1. 坚持人才统一规划与分类指导相结合

推进人才高质量发展，既需要加强各方面的统筹协调，同时又需要注重人才发展的差异性，加强人才工作和人才服务的针对性。因此要注重统一规划和分类指导相结合。统一规划方面，至少须注意两点：一是注重从人才引进、配置、使用、激励、发展和保障等方面的体系化规划，不能割裂开来。二是要注重人才发展规划同其他领域如教育、卫生医疗、其他产业的发展规划相结合。要建立市一级的人才发展统筹规划部门，加强各区、各部门人才规划的协调性。分类指导方面，要能够针对不同类别人才特点和成长规律，创新人才工作理论、体制和方法，使人才各得其所、各尽其能。针对不同人才的要求，采取有效措施，实行分类指导，不断提高各类人才队伍的整体素质。

2. 坚持人才发展与地区经济发展相协调

前文关于人才高质量地发展中已提到，总体来看，佛山人才发展与地区经济发展相适应。但是从未来进一步发展来看，随着佛山经济转型升级步伐加快，产业结构的调整和技术升级，客观上也在要求佛山需要加快人才高质量发展步伐。为此，本研究人为，佛山需要人才发展作为制定国民经济和社会发展十四五规划的重要内容，逐步建立健全人才资源开发调控体系。为适应佛山经济社会发展对人才总量、结构和素质的需求，有效盘活人才存量，积极吸纳和利用粤港澳大湾区人才，大幅度提高人才增量，不断提升人才素质，调整和优化人才结构。紧密配合全

市十四五经济发展战略的实施，积极有效地开发和配置人才资源，采取各种有力措施，促进人才在全市各区、城乡、各产业和行业以及不同所有制之间的合理分布，优化配置。进一步加大力度推进人才资源整体开发，不断扩大人才工作覆盖面，实现各类人才队伍建设的协调发展。

3. 坚持宏观调控和市场调节相结合

人才发展离不开政府、市场和企业等各方力量的作用。因此，一方面，要积极发挥市、区、镇各级政府部门对人才高质量发展的宏观调控作用，如政府在人才发展规划、人才环境建设、重大人才载体平台、文化和人才交流氛围、人才供需信息发布等方面的作用。另一方面，也要积极依托市场化力量来有效提升人才的市场化配置效率。根据完善社会主义市场经济体制的要求，通过健全专业化、信息化、产业化、国际化的人才市场服务体系。建立和完善人才市场机制，遵循市场规律，进一步强化用人单位和人才市场主体地位，促进企事业单位通过市场自主择人和人才进入市场自主择业。

4. 坚持自主培养与引进人才相结合

自主培养和引进人才，是提升人才总量和质量“两条腿”，“一条腿”走路容易失去平衡，速度跟不上经济发展的需要。针对佛山尤其是高明和三水等地区吸引人才难度大的地区，“十四五”期间，应注重坚持自主培养为主、自主培养与重点引进相结合的策略。一方面要重视加强对本地潜在和现有人才资源的培训开发，积极发展中高等职业教育、技工教育，鼓励企业和相关院校联合培养人才。另一方面也要高度重视提升人才素质和人才使用效能。要特别重视本地初高中毕业生等青年人才资源的培养开发，考虑针对落榜生源建立学历提升计划，鼓励其本地就业。加快培养一批熟悉本地情况、适合本地需要的复合型人才，加快人才科技知识和科研成果的转化，重点培养本地急需的高层次人才。通过制定政策，激励社会各方面的力量加大对人才队伍建设的投入，实现投资渠道的多元化，逐步提高人力资本积累的收益率，以推动本地区经济和社会发展。

5. 坚持整体开发与重点投入相结合

人才开发涉及诸多方面诸多部门，所需要的投入也比较大，因此，提升人才统筹能力就必须坚持整体开发与重点投入两者有效结合。具体而言，一方面，在整体开发上，要加快构建政府、社会、用人单位和个人多元化、多渠道人才开发投入机制。在加大政府财政资金投入的同时，也需要鼓励各类用人单位加大人才投入，两者实现有效联动。同时，还需要鼓励社会相关人才机构为人才开发创造良好的开发模式、师资力量等条件，以提升人才开发效果。另一方面，在重点投入方面，人才开发必须与佛山当前各区产业特征和人才现状相适应，有针对性地进行重点开发，以“卡脖子”技术痛点等为重点，把佛山急需的紧缺人才的开发放在首位，把高层次与高绩效人才队伍建设摆上重要位置，努力提高佛山人才队伍整体素质。

6. 坚持留住人才与合理流动相结合

频繁人才流动，容易影响到人才队伍的稳定性和相关工作的连续性，给企业和本地经济带来一定负面影响。人才不流动，也容易导致本地和企业难以获得新的思想和观点，失去一些创新活力。在粤港澳大湾区发展过程中，地区间人才流动加快，对于佛山而言，既是一种机遇也是一种挑战。因此，佛山需要加大人才引进力度，完善人才引进政策，创新人才引进方式，积极吸纳各类人才，重点引进高层次、高技能人才的同时，加强人才载体建设，建立人才市场有效的运行机制，制定合理政策促进人才的合理流动。尤其是应该制定相关政策，鼓励人才在区内企业之间、行业之间和镇街之间的合理有序流动。具体从企业角度而言，要推进内部人才环境建设，实现人岗匹配，能位匹配，尽力做到人尽其才，才尽其用，用其所长，避其所短。从政府角度而言，通过建立和完善人才市场体系，积极推进机制健全、运行规范、服务周到、指导监督有力的人才市场体系建设，健全人才市场的公共人才服务功能，充分运用现代信息技术手段，提高服务效能，使其成为本地经济社会发展中调节、集聚和配置人才资源的主要阵地，达到人才资源有效配置的目的，从而实现留住人才和保持合理人才流动间的均衡。

7. 坚持发展硬环境与改善软环境相结合

人才发展既需要硬环境作为基础，同时也需要软环境的推动。为此，在推进人才高质量发展的过程中，一方面，佛山需要积极建设有利于人才高质量发展的硬环境，如发展高新技术企业、推动企业小升规、增加工程技术中心、创新创业孵化器，完善各种交通、商业、娱乐休闲设施等。另一方面，重视软环境的建设，进一步厘清政府在人才高质量发展当中的职能，破除人才高质量发展的各种体制性障碍，积极推进政府所属人才服务机构体制改革，逐步实现管办分离、政事分开。积极疏通不同人才队伍之间、不同所有制组织之间、不同地区之间的人才交流共享渠道。发展人事代理等业务，改革户籍、人事档案管理制度，放宽户籍准入政策。完善人才统计分析制度，编制和发布人才开发目录，定期发布人才供求信息，引导人才培养单位和求职者适应市场，提高政府对人才的宏观管理水平和服务水平。鼓励和支持各种所有制形式的人才中介机构有序发展。形成“引才，育才，用才，留才”为一体的有效机制，促进人才的合理有序流动。以政府为主导，对人才队伍实施人文关怀，建设好由信念、情感、人际关系等内容组成的软环境。

（二）重点做好以下人才规划建设

1. 卫生、教育等领域专业技术人才队伍建设

仅有高素质人才的引进机制而缺乏自主培养的载体是难以留住高级人才的，应把引进和培养有机结合，确立“以引进为主要手段，以培养为坚实后盾” 作为佛山高素质卫生、教育人才队伍建设的主要思路。加强佛山博士后站和其他科研基地建设，依托区内重点科研和建设项目、重点学科和科研基地以及国际学术交流与合作项目，积极推进高素质卫生、教育团队建设，加强专家和学科带头人的载体建设和培养力度。根据本区经济和社会发展需要，每年选派一定数量的各类优秀人才到国内外著名高校、科研院所、跨国公司带薪脱产进修或培训，逐步培养一大批能适应佛山建设需要的创新型、复合型高级人才。

目前佛山市专业技术人才主要集中在事业单位，事业单位是当前人才

管理的重点，对事业单位专业技术人员，应逐步实行聘用制度，竞聘上岗，择优聘用；对不同类型的事业单位领导人员的选拔任用引入竞争机制，结合实际情况实行聘任、选任、委任和考任，并加强考核和监督；尝试对事业单位的管理人员实行职员制度，制定相关条例，规范职员的聘用和管理。人事部门在全面推行聘用制度和岗位管理的同时，应着力探索进行制度创新，研究建立适应不同类型单位的人事人才管理制度，建立和完善有利于优秀人才成长和发挥作用的用人机制和重实绩、重贡献的分配机制。

首先在教育系统，强化教育科研，提高教师教学和创新能力；实施新秀、名师工程，提高教师的竞争意识；引进高职称、高学历、高层次、高素质的教育人才。其次应该重新核定佛山卫生系统医疗卫生单位人员编制，对编制外中专以上学历或士级以上职称技术人员实行人事代理制度。优化卫生人才结构，应优先考虑吸引预防医学、妇幼保健、中医中药专业方面的人才充实卫生人才队伍。再次进一步完善选拔、培养文化人才的环境建设和有关机制，改善文化人才缺乏和人才结构不合理的状况。

2. 产业人才和企业经营管理人才队伍建设

一方面，对于产业人才，加强引进工作，可采取以下几种形式：一是借助于新闻媒体以及猎头公司等形式招聘。二是围绕重点产业和重点企业发展需要，利用粤港澳大湾区建设优势，实施境外人才积聚工程，专设海外、境外人才联络处，负责优秀的境外、海外人才引进与交流。三是通过项目合作、项目招标的方式对经营管理人才进行团体引进，创造条件支持、鼓励优秀经营管理人才以知识、技术、成果、专利、管理等智力要素参与企业投资创业。

另一方面，针对佛山企业经营人才缺乏的状况，可建立企业经营管理人员评价中心，并逐步扩大实行职业经理制度试点，实行市场化选拔机制，在未来五年逐步建立佛山市企业经营管理者人才信息库；打破各类人员的身份界限，变身份管理为岗位管理，按照精干、高效原则设置岗位和人员职数，在企业内部推行管理人员实行公开竞聘、择优聘用、定期考核、自主录用，并实行任期制，形成能上能下的用人机制，以创新精神、创业能力和经营管理水平为核心，大力提高企业家素质。加快建设一支精通国内外经济、法律和市场经济运行规则的复合型管理人员队伍，引进和培养造就一支职业化、现代化、国际化的优秀企业家队伍。

3. 技能型人才队伍建设

重视和加大对职业技能人才的培养力度，提高技能人才素质，变普通人口压力为技能人才就业动力。在未来五年要特别注重培养企业所需各类技能人才，以弥补目前佛山市企业技能人才不足的状况。以市场需求为导向，加大投入，整合各种职业技术人才培养资源。结合佛山实际，以高级技工学校为发展主导方向，与区内外有关机构合作，创办技工师资队伍培训中心和技工学校，通过加大对外来劳动力和本地新增劳动力的培养、进一步提升本地技工技能和素质、在大学生中推广职业技能培训等方式，加强技能型人才队伍的建设，并逐步探索职业技能人才培养的产业化发展道路。

4. 关注农村人才管理

农业人才特别是农业科技人才是建设都市型农业的中坚力量。针对目前佛山市面临农业科技型人才严重短缺，镇农业技术推广站干部待遇偏低，农业人才工作环境不好等问题，应制定合适的农业发展政策，加大对农业人才的投入和管理，通过各种渠道解决农业人才队伍建设中存在的问题，壮大农业科技人才队伍。培养造就一支规模适当、布局合理、专业门类齐全的适应农村地区经济社会发展的实用型人才队伍。制定政策鼓励区、镇一级的农业科技人员到农村生产第一线创业；鼓励建立农业生产者协会，加紧选拔和培养乡土人才；为吸引和留住农业人才创造良好的综合环境。

二、破除人才市场分割，实现人才高质量的共享与合作

（一）打破人才市场分割壁垒，建立统一开放的人才市场

有效化解当前佛山市各区之间所形成的高层次产业人才市场分割壁垒，需要从人才政策、卫生医疗、教育等相关的制度因素方面着手，具体包括：

一是加快探索建立市一级统一的高层次产业人才认定评价制度，或者积极探索五区互认互准的高层次产业人才认定制度。由于各区人才认定标准不一，导致同一人才在不同区之间享受的政策待遇存在差异，形成“人往高处走”，造成区与区之间为争夺人才无序的恶性竞争，进一步加大各区之间社会经济发展差距，不利于人才在各区间的交流与合作。因此，需要建立市一级统一的高层次产业人才认定标准，或者对现有的各区间存在差异的高层次产业人才认定、评定标准进行分层级等同化互认，在各区间能够享受同等待遇。

二是要逐步实现五个区之间人才流动与共享服务一体化建设。市一级要加大人才工作的统筹力度，逐步规范和融合各个区在高层次产业人才服务和信息化标准，实现五区之间高层次产业人才服务项目的对接、人才项目和业务范围的贯通；积极推进五区高层次产业人才服务窗口服务及管理规范化建设，为高层次产业人才流动和共享提供便捷服务；建立全市统一、覆盖面广的高层次产业人才服务网络体系和站点，开通高层次产业人才流动和共享业务的绿色通道，实现各区都能为全市高层次产业人才提供一系列全程式服务。

三是建立市一级统筹、各区广泛参与的高层次产业人才联合管理和协调机构。市和区都要抽调一些相关专业人员配备到此机构当中，负责统筹协调好五区之间的高层次产业人才交流和合作，平衡五区之间的利益以及解决五区间的高层次产业人才共享和合作纠纷。联合管理和协调机构应专门制定五区各项高层次产业人才共享和合作的措施和相关的规章制度，并监督五区的贯彻实施，确保政策措施能够得到贯彻实施。

（二）完善广佛人才流动和共享机制

广佛两地的人才流动和共享机制的建立，需要在广佛同城总的框架体系下，立足于两地实际，根据广佛同城的进度和程度，系统协同产业、科技、户籍管理、教育、卫生、税务等多个相关领域，做好顶层制度设计，逐步建立有利于广佛人才流动和共享的统一人才制度框架。具体而言，现阶段亟须完善的制度性策略主要有以下几方面。

第一，做好两地人才政策衔接的整体规划设计。一是做好两地人才政策衔接规划设计的前期准备工作，包括政策预测、政策调研、政策可行性论证以及内容设计。二是做好两地政策实施过程管理，包括统一政策宣传、统一政策实施、统一政策执行等。三是做好两地政策后期管理，包括统一两地政策执行效果评价、信息反馈、政策调整等。

第二，加快探索建立两地互认互准的人才评价制度。广佛两地应组织专家开展两地高层次人才认定制度，分析两者差异，积极探索并制定《广佛人才互认标准》，对两地间存在差异的高层次人才认定、评定标准进行分层级等同化互认。尤其需要注意的是，要重视两地专业技术人才在职称、资格、学历等方面的互通互认，避免部分高技能人才由于在学历、职称等方面受限，导致享受的奖励待遇低。要实现高技能人才凭技术能力也能够被认定为高层次人才，在两地间实现自由流动，并能够参照相应职称或相应经历给予认定，享受相应人才奖励政策。

第三，加快两地人才流动与共享的社会保障制度对接。一方面，要系统深入展开广佛两地高层次人才政策研究，筛选与户籍有关的各种人才政策，加快改革两地涉及与户籍制度挂钩的高层次人才政策，逐步淡化户籍标签，消除流动障碍。另一方面，要推进全省统筹的社保制度建设，探索和完善养老保险转移接续制度，建立统一的社会保险制度。同时，广佛两地也可以结合两地社保的差异，评估高层次人才的流动和共享所产生的社保成本，建立相应的差别补偿制度，由两地政府和企业共同承担。

第四，加快两地人才流动与共享服务一体化建设。首先，广佛两地要逐步规范、融合人才服务中心服务标准和信息化标准，实现两地人才服务项目的对接、业务范围的贯通以及服务标准的统一。其次，要互相加快开放异地人事代理、人才派遣、人力资源外包合作渠道，加快人才信息网建设，深化两地在涉及人才项目的各领域合作。最后，要积极推进广佛两地人才服务窗口服务及管理规范化建设，为高层次人才流动和共享提供便捷咨询服务。此外，两地还应建立覆盖面广的服务网络体系和站点，开通人才流动和共享业务的绿色通道，为人才提供一系列全程式服务。

第五，应建立广佛人才联合管理机构。广佛两地要积极建立人才联合管理机构，抽调一些相关专业人员配置到机构当中，负责统筹协调好广佛两地的人才交流和合作，平衡两地间的利益以及解决两地间的人才共享和合作纠纷。联合人才管理机构还应专门制定广佛两地各项人才共享和合作的规章制度，并监督两地的贯彻实施，保证政策连续性和协调性。

三、创新人才体制改革，形成高质量的市场化人才机制

（一）市场化人才引进机制运行的基本要求

1. 正确处理好市场机制和政府人才政策的关系

市场化人才引进机制运行的首要条件是正确处理好市场机制和政府人才政策的关系。两者之间并不是对立关系而是一种互补关系。吸引和集聚人才，必须依赖市场机制的作用来实现，而这一作用能否发挥作用并获得成功，则有赖于有效的政府人才政策。政府的支持作用和市场作用其实是一种共生关系，为此，在运行市场化人才引进机制时，需要把市场的作用和政府的政策引导更好地结合起来。

2. 清晰界定好人才市场各方主体角色和责任

市场化人才引进机制中，政府、用人单位、其他第三方组织以及人才各自的角色明确，政府主要是人才市场交易秩序的制定者和维护者，是除企业内部环境以外的外部环境主要建设者。用人单位和人才双向自由选择，第三方组织主要提供相关服务，降低用人单位和人才双方搜寻成本和各种交易成本。

3. 完善相关政策法规，理顺人才市场秩序

良好的人才市场秩序才能保障市场化人才引进机制的有效运行。因此，必须依靠政府部门相关法律法规和政策来理顺人才市场秩序，规范人才市场各种交易行为。例如各种人才投资政策、社会保障政策、人才流动政策、人才中介服务规范或政策、市场化人才评价政策，等等。同时，政府还应当加强对人才市场的监督和执法力度，确保相关法律法规和政

策能够得到有效落实。

4. 完善用人单位内部人才制度和企业文化

由于用人单位是人才的使用方也是受益方，在人才引进中承担着主体责任。因此，改革和完善用人单位内部人才制度和企业文化，营造良好的内部用工环境，也是运行市场化人才引进机制的重要条件。用人单位合理的选聘标准、有效的人才管理制度、科学的人才管理方式、良好的企业文化，等等，促使人才市场化配置更为合理有效，同时也能够抑制人才的过度流动，在提升用人单位的人才市场竞争力方面发挥重要作用。

（二）创新人才引进方式，依托平台和项目引才

市场化引才需要充分激发用人单位的“需求”，也要激发人才的“供给”。无论是需求还是供给，都离不开各种载体，只有建好了载体，有了人才发挥作用的平台和项目，才能让人才愿意留下来。可以说，各种载体的建设是引进人才工作的基础和前提。

因此，佛山市要依托好传统制造业的产业基础优势和战略性新兴产业的后发优势，在传统优势产业如家电制造、金属加工、家具制造、陶瓷建材、纺织服装等以及战略性新兴产业如新一代信息技术、新材料、创新医药与生物医药、节能环保、新能源汽车等领域积极建设各种人才载体，例如国家和省市级实验室、研发中心、企业技术中心、院士和博士后工作站、工业设计中心等。要加大财政资金对人才载体建设的投入力度，市、区、镇三级政府部门应从每年的财政投入中做出相应的预算，确保人才载体建设经费投入和落实，为高层次产业人才开展合作研究、使用科研仪器设备以及科研经费使用等方面创造良好条件；要充分发挥各种人才服务供给主体的作用，引导其对人才载体创建后的高层次产业人才引进、产学研联合、科研成果转化等方面提供服务。另外，还要借力现代通信技术，广泛利用各种媒体加大对人才载体建设的各项政策宣传，对高层次产业人才在推动科技创新和科研成果转化等方面的先进事迹宣传，着力营造尊重高层次产业人才的良好氛围，以此来吸引高层次产业人才加盟。

此外，佛山市在人才载体的建设方面，不能仅仅停留在佛山本地，

还应立足于珠三角、粤港澳大湾区，加强同周边城市例如广州、深圳、东莞等地产业园区、科技创新基地、高等院校、科研平台以及孵化器等的合作。可以采取联合投资、共建、设立分支机构的多种方式，实现人才载体的跨区域分布和高层次产业人才的共享，依托各地优势在载体中实现广泛的项目引才、竞赛引才和以才引才等。

（三）建立人才市场化评价体系，强化市场化机制作用

市场化的人才评价体系，是发挥市场化机制作用的重要保障，也是高层次产业人才开发管理的关键环节，是其发展的重要“指挥棒”。因此，佛山市要推进市场化人才引进评价体系建设，强化市场化机制作用：

第一，积极引入针对高层次产业人才的多主体评价。改变以往高层次产业人才认定评价由政府“一元”主体到包括企业、市场评估机构在内的“多元”主体，全面扩大社会力量参与评价的广度和维度，针对不同产业和行业、不同类别，引入各类用人机构、产业和行业协会、人才市场中介组织等多元主体评价。同时，坚持用人单位自主评价原则，授予一些在行业领域内处于领军地位、具有权威和影响力的用人单位、创业团队在高层次产业人才方面享有自主认定权，授予其机构第一负责人人才认定的决定权。此外，坚持高层次产业人才须得到“业内认可”原则，考虑引入人才市场中介组织、各类产业行业协会、人力资源产业园等研究制定高层次产业人才认定标准。

第二，实施以产业发展需求为导向的高层次产业人才分类评价。由于不同产业对高层次人才的需求差异以及业绩测量标准不一，因此，需要建立结合产业特点的、科学规范的高层次产业人才分类评价机制。突破现有的以学历、职称、资历等方面的局限性，注重以能力和业绩为主的市场导向评价机制。对于基础研究人员，逐渐弱化以中短期业绩为目标的考核，突出其学术水平和学术能力评价，注重其研究项目及其成果对国家经济社会的影响力；对于应用开发类高层次产业人才，调整不恰当的论文数量质量要求，要突出其专利发明、创新成果等创新创造方面的贡献评价；对科技成果转化人才，则要着重突出成果转化的效果效益评价；

对于高层次经营管理类产业人才，则要注重将企业产值、利润、吸纳就业、资源成本节约、环境保护等方面的企业经济和社会效益等。

第三，推动高层次产业人才评价主体的专业化水平和能力。要推进高层次产业人才评价主体的资格和相关评价人员的执业资格认定机制建设，提升专业化评价能力和水平，增加其对高层次产业人才评价认定的信度和效度。同时，需要通过政策法规等形式授予其评价权利，增强其权威性。另外，需要特别注意的是，要注意明确评价单位和相关评估人员在评价过程中的权限，做到有章可循、有法可依，避免其滥用权利。

此外，要做到市场化人才评价，还需要坚持以用为本的原则。由于分布在佛山市各区的产业分布较多，各个产业发展都需要有不同类型的产业人才。因此，要充分发挥市场评价主体的作用，将高层次产业人才的认定尽可能覆盖到佛山市各个产业和行业领域，使各产业和各行业人才都能得到认定。突出“正受聘”和“正使用”人才的认定，围绕其市场价值和贡献来评定，体现“以用为本”的政策导向。

（四）培育多元化人才服务供给主体，完善市场化服务内容

高层次产业人才市场化引进机制的建立，离不开市场化服务主体力量的作用。因此，积极培育多元化人才服务主体、完善市场化服务内容是关键。为此，佛山市应积极推动各类人才服务主体朝着多元化发展，充分发挥其在高层次产业人才引进方面的主导作用。具体而言，要做好以下几方面的重要工作：

第一，要积极培育多元化人才服务供给主体。佛山市应推动各类人才市场服务主体规范化建设，培育各类人才协会和组织，发挥其在政府转移的高层次产业人才引进、管理和服务等方面的职能。（1）丰富人才服务供给主体类型。一是培育和壮大各产业人才行业协会。依托佛山市产业结构特点，结合佛山市 2019 年政府工作报告，重点培育和发展电子信息、机器人及智能装备、新能源、新材料等新兴产业和通用装备、专用装备、环保装备等装备制造产业、家电、家具、铝型材、纺织等家居产业以及文化创意产业等人才协会，依托人才协会的“朋友圈”加强行业内人才的内部交

流和引进。二是积极发展各类人才专业组织和协会例如人力资源协会、职业 HR 经理人协会、人才猎头专业委员会、人才交流服务中心、人才网等。三是依托本地高校、职业院校和科研院所例如佛科院、佛职院等设立的各类产学研组织和平台，建立专家联谊会、海内外同学会等。（2）充分挖掘各类人才服务供给主体职能作用。一是建立市一级的人才行业协会组织，组织联系市、区分散的各级、各类人才服务主体，建立并加强人才行业规范，降低或避免各区间人才市场的无序竞争和“同室操戈”行为，维护人才市场秩序，形成统一、竞争和开放的人才市场格局。二是积极发挥各级各类人才服务主体在鼓励和吸收各方力量建设人才市场方面的作用，打通人才市场与其他生产要素市场之间壁垒，实现相互贯通。三是要依靠各类人才服务主体推动产业人才在产业内、产业间以及国内外的交流与合作，积极培养和引进高层次人才。要推动高层次产业人才在区与区之间业务合作和流动，加快高层次人才资源跨区域间的合理配置。四是要提升人才服务主体的专业化服务能力。市、区、镇街三级政府要加大政府对高层次产业人才服务的市场采购力度，充分发挥自身的引导作用，利用公开招标、公私合营、签约外包和定向委托等多种形式，将部分服务产品委托给第三方或人才服务企业，推动各类市场化人才服务供给主体发展人才服务市场相关核心支撑技术，发展人才网络和人才测评等关键技术，提升服务专业化水平。

第二，推动人才服务供给主体完善服务内容。市场化的过程，也是商品和服务种类不断细化丰富的过程。因此，人才市场化服务供给内容的完善，也就是要实现人才服务供给内容的多样性，以市场化方式增加服务供给的种类：（1）为人才供需双方提供信息。完善的市场交易信息是促成买卖交易的重要基础。一方面，高层次人才由于其数量的稀缺性以及工作的特殊性例如相对封闭性，其各种供给信息如数量、分布、价值以及市场定价等信息往往不易被用人单位完整获得。另一方面，用人单位对高层次人才的需求信息也往往不容易被高层次产业人才所接触，用人单位的工作环境和工作条件、企业文化、各种平台载体等也很难被准确知悉，因此，需要发挥市场化服务供给主体的作用，及时搜集和发布相关信息。例如，建立人才数据库、人才评价中心、高层次产业人才供需动态发布平台，等等。（2）为高层次人才提供各种咨询服务。例如提供各种政策咨询、战略咨询、创新指引、寻找合作伙伴、成果转化、融资帮助、法务服务、商务服务、品牌价值塑造等。鼓励各类市场化人才服务主体直接参与各类人才公共服务，包括高层次产业人才的认定、卫生医疗服务、子女教育服务等。

第三，要强化对市场化人才服务供给主体的激励。多元化人才服务供给主体的建设和服务内容的完善离不开有效的公共政策激励。因此，佛山市应重点做好以下几方面的工作：一是加大对新落户人才服务供给主体的税收优惠和奖补力度。对落户在佛山市的人才服务机构，在办公场地租赁、员工招聘等各方面给予补贴，在运营初期给予相应的税收优惠。二是加大对大中型人才服务机构各种研发平台的扶持，推动其向高级猎头、高端培训、服务外包、管理咨询、市场拓展等高端化、品牌性服务产品升级，提升其向高端人才提供服务的能力。三是奖励为佛山引才做出突出贡献的人才服务供给主体。每年遴选一批在高层次产业人才引进方面做出突出贡献的服务机构，根据其引进人才的数量和质量等进行奖励。

四、发展人力资源产业化，形成高质量的人力资源产业集聚

当前，人力资源服务业发展已上升为国家战略层面，为人力资源服务实行产业化发展提供了“体制推力”。党的十九大报告中，明确提出要着力加快建设实体经济、科技创新、现代金融、人力资源协同发展的产业体系。2017 年 10 月，人力资源和社会保障部印发了《人力资源服务业发展行动计划》，要以产业引导、政策扶持和环境营造为重点，健全管理制度，完善服务体系，提高服务质量，推动人力资源服务业快速发展，力争到 2020 年，人力资源服务产业规模实现 2 万亿元。人力资源服务产业的发展，也将成为未来推动其他相关产业发展的重要组成部分和战略性增长极（董良坤，2013）。

佛山具有雄厚的制造产业基础优势和现代战略新兴产业的后发优势，产业人才需求量大，因此，要研究制定一系列政策和措施培育和拓展人力资源业态，促进人力资源服务产业化。具体而言，包括：

一是制定并落实好人力资源产业发展规划。要结合南海的金融产业、顺德的制造产业和禅城的服务产业等优势，规划好全市各区的人力资源产业布局和功能定位，引导人力资源服务企业业务从单一到全面发展，延伸产业链。

二是做大做强人力资源服务产业园。尽管目前佛山市的人力资源服务产业园区已建立并发挥着积极作用，但仍有很大的提升空间。在政策扶持方面仍然需要进一步加大力度，通过税收、金融等政策重点支持产业园区引进一批国（境）内外享有较高知名度的人力资源服务机构，快速形成产业聚集效应。支持园区内的一些优质人力资源服务机构通过兼并、收购、参股、联盟、新建等市场化方式做强做大，扶持优质企业上市，形成一批有特色、有影响、成长性好、在国内外人才市场具有非常高竞争力的人力资源服务企业集团，提升行业整体素质和竞争力。

三是推动建设佛山市高层次产业人才服务产品研究中心、维权服务中心和信息发布中心。产品研究中心方面，鼓励和引导人才服务供给机构开展政策研究、用人单位与高层次人才需求研究和国内外最新高层次人才服务产品研究；维权服务中心方面，鼓励和引导人才服务机构、用人单位和高层次人才联合建立纠纷调解委员，更好地协调和维护好相关主体的权益；信息发布中心方面，鼓励和引导人才服务供给机构发布各类人才指数、建立高层次产业人才公共服务网站等，从而更好地畅通行业人才供需信息发布渠道。

四是引导高层次产业人才引进服务需求，拓展人力资源产业服务空间，提升其发展动力。一方面，要围绕佛山传统制造产业升级、打造先进制造基地以及大湾区建设的需要，对接市、区相关的产业规划和人才发展规划，将高层次产业人才引进和培养规划融入其中。同时，引导用人单位将高层次人才服务业务外包给各种人才服务机构，实现高层次产业人才市场扩容。

五、因地制宜设计人才政策，形成高质量的人才发展制度体系

（一）加强人才政策的整体设计，形成政策合力

人才政策体系应该是一个完整地政策系统。在开展人才工作时，不仅要根据当前工作的需要安排实施相关政策，也要对人才政策进行总体框架规划设计，以保证人才政策的系统性、完整性和动态性。因此，政策总体框架规划是人才政策设计的必要要素之一。佛山市在政策制定过程中，应在分析目前佛山人才政策现状的基础上，结合公共政策系统性的特点，对人才政策进行总体框架的规划。

具体而言，应做好以下几个方面的整体设计：（1）完善人才政策本身的内容设计，保证政策的完整性和协调性。要在现有的人才引进政策和人才保障政策的基础上，进一步设计完善人才使用政策、人才培养政策、人才评价政策和人才激励政策，做好统筹与平衡，防止政策偏颇、缺失与冲突。同时，针对以上六个方面结合政策评价的结果和政策改进思路，针对存在的问题，寻找各政策模块的缺口对其政策模块内容进行补充与修订。（2）要从整体出发来完善人才政策的过程设计。一是做好人才政策制订的前期准备工作，包括政策预测、政策调研、政策可行性论证以及内容设计。二是做好政策实施过程管理，包括政策宣传、政策实施、政策执行等。三是做好政策后期管理，包括政策执行效果评价、信息反馈、政策调整等。（3）要注意人才政策与其他各项政策的系统协调性。在政策的制订和实施过程中，应注意同住房、卫生医疗、社会保障、民政、财政等部门的沟通，争取相关部门的参与和合作，必要时建立区一级的人才工作协调小组，避免人才政策与其他相关政策的冲突。（4）加强政府与用人单位在人才政策方面的协同设计。引进人才需要靠政府对人才环境的整体打造，但留住、使用和激励人才更需要靠用人方面自身的努力。在人才政策的设计与实施方面，政府和用人单位应加强沟通，做好政策的分类、分工以及协同。

（二）强化差异化人才政策管理，提升政策针对性

人才竞争的激烈化态势以及人才在层次、专业、来源等方面的众多差异化特征要求在保持一致性的基础上，实现人才政策的个体化差异——增强政策实施对象的针对性。具体而言，佛山要做好以下几个方面的差异化人才政策管理工作。

第一，人才政策要注意针对不同人才群体分类设计。要针对企业经营管理人才、专业技术人才、技能人才、海外留学人才等展开分类设计，建立符合人才特点的评价标准和优惠政策措施，避免一些优秀人才根据一般性的人才评价标准而无法被认定为各类高层次人才。尤其是对高层次海外人才和留学归国人员，要突出不同人才的不同特点与需求，建立按照以人才的层次、紧缺程度为主，行业、国别文化等为辅助指标的多维综合分类标准体系，以明确各类海外人才的管理原则、管理重点。

第二，人才激励力度要注意针对不同人才层次进一步拉大距离。从当前佛山所确定的高层次人才来看，高端人才偏，这些人才往往是非常稀缺的，各地对这几类人才的争夺非常激烈，力度非常大。他们也往往是企业迫切需要的人才。从佛山现有的人才政策与深圳、广州等其他地区对比来看，政策对这几类人才的优惠力度还不够大，区分度不够明显。应进一步拉大同其他几类层次的优惠差距，同时在政策优惠覆盖范围方面，应在医疗、社会保险、养老、荣誉激励等领域突破，建立全方位的高层次人才保障体系。

第三，应适当拉宽人才分类的层次。相对于高层次人才而言，一些中年中端层次的人才和一些年轻的、具有较大发展潜力人才更需要来自安居、子女入学、薪酬补贴等方面的政策帮助。然而，按照现有的高层次人才分类标准，他们达不到现有的人才评定标准，因此，为留住、激励和使用好这些人才，应在现有人才认定基础上，适当拉宽高层次人才分类层次。

第四，建立荣誉激励制度，对有突出贡献的人才给予奖励。完善以市政府奖励为导向、用人单位奖励为主体的多层次、多形式人才奖励体系，充分发挥物质奖励和社会荣誉双重激励作用。建议由市财政拨款和社会捐

款建立人才奖励资金，设立佛山市优秀人才奖励基金。对为佛山经济社会发展做出突出贡献的人才实行重奖并给予荣誉称号。完善科技成果转化奖励办法，对实施转化的有功人员给予奖励。探索人才资源开发奖励办法，对在培养、引进、使用人才方面成绩显著的用人单位或个人给予表彰奖励。

（三）建立存量人才业绩档案，加强存量人才激励

对引进人才的激励固然重要，但现有存量人才的激励同样也不能忽视，否则容易给现有存量人才带来不公平感，影响存量人才队伍的稳定。因此，佛山应加强存量人才的激励政策研究制订工作，提高存量人才的积极性。具体而言，要做好以下几个方面的工作：

第一，要研究制定针对存量人才的评价制度。针对本地经营管理人才，以任期制和任期目标责任制为核心、突出对经营业绩和综合素质考核的人才评价体系；针对本地专业技术人才，建立以岗位要求为基础、以能力和业绩为导向的人才评价体系。探索资格考试、考核和同行评议相结合的专业技术人才评价方法，分类制定人才职业能力评价标准，开展专业技术水平能力认证工作；针对本地技能人才，建立以职业能力为导向，以工作业绩为重点，注重职业道德和职业知识水平的技能人才评价体系。

第二，以本地存量人才评价为基础，建立业绩档案管理制度，对其工作实绩进行跟踪考察，动态管理。首先，明确列入人才建档的主要对象，包括各类本地经营管理人才、专业技术人才以及技能人才等，并定期补充更新符合条件的新建档人员信息。其次，将企业和政府对人才及其业绩评估等有关信息存入档案，由市人力发展服务中心做好档案管理工作。最后，研究针对本地人才各项优惠政策，实行定期奖励制度，对拥有良好业绩的本地人才给予优惠政策。

第三，对人才业绩贡献实行积分制。研究制订人才业绩贡献积分办法，每年根据高层次人才的业绩成果评价结果进行积分，划分为不同等级。对不同等级的人才享受不同程度的奖励，达到一定积分的，可授予佛山人才终身成就奖或荣誉称呼，在人才退休以后给予人才养老、医疗方面的终身保障，解决其后顾之忧，建立人才对佛山的忠诚度。

（四）简化优化政策审批流程，提高人才服务效能

首先，应进一步精简各项政策的申报材料，简化优化行政审批流程，压缩政策特殊程序办理时限，进一步提高审批时效。加快实施网上申报，减少或取消纸质材料提交和申报手续，缩短材料提交、退回修改的时间。

其次，要加强佛山市人事人才公共服务中心等人才服务机构的建设，配齐服务专员，加强业务培训，提升服务高层次人才的素质完善服务机制，认真做好人才资源统计调查工作。构建服务周到、快捷高效的引进人才服务绿色通道，简化引进人才来佛山工作和创新创业手续办理，建设引进人才一站式服务窗口。积极为引进人才协调办理相关手续，协助落实引进人才有关优惠政策和待遇，及时掌握创新创业人才需求信息，开辟注册绿色通道，对高层次优秀人才创业创新进行全程跟踪，真正落实全程式、一站式、保姆式的服务机制。

（五）创新人才公共服务政策，完善人才服务体系

人才公共服务体系是支撑人才公共服务有效供给的工作框架系统，是由人才、主体、政策和工具四个结构要素构成，涵盖人才资源配置、人才评价、人才管理、人才信息共享、人才权益保障等公共服务职能。佛山市人才公共服务应突出政府主导，要从人才服务组织网络，人才公共服务平台、人才服务机制、保障措施等层面着手，搭建体系的框架。

具体而言，要做好以下几个方面的工作：（1）整合信息资源。政府应投资新建或购买人才公共服务信息平台，使得无论是民营人才服务机构还是国有人才服务机构、各用人单位之间的信息都能互通有无，资源共享，并充分利用各类人力资源网站的现有资源，运作统筹，实现有形市场和网络市场的统一。（2）整合公共资源。统一规划建设人力资源公共系统的基础建设，减少重复建设和资源浪费。建立统一的人力资源统计服务机构、统分结合的档案、资料管理系统、统一信息库、数据库、人才服务网站等，要尽可能实现相互贯通。综合利用资金、设备、场地等公共资源，消除资源分布不均衡的现状，确保重点项目、重点工作的顺利开展。（3）整合

各区各镇街资源。进一步加强各区各镇街合作，加快各区各镇街内人才政策、项目、信息、资金、技术、设施、网络等公共资源的有效整合，以资质互认、信息互享、网络互联为基础，大力开发跨区域的人才公共服务项目，为区域经济一体化提供人才公共服务。与此同时，要积极主动与财政、教育、科技、发改等部门沟通合作；加强与国外、境外和国际组织的交流合作，共同开发好一系列人才公共服务项目。

六、发展并完善人才专项基金制度，实现高质量的基金效益

人才引进专项基金是高层次产业人才引进中一个十分重要的吸引条件。当前佛山市市、区两级人才政策的各种奖补都是基于人才专项基金的基础上，在面对日益激烈的人才市场争夺战中，雄厚的基金实力是一个“硬条件”。然而，仅仅依靠政府财政拨款的方式，所吸纳资金非常有限，需要借助市场化手段来扩充规模。

一是广泛筹集社会各界力量，吸引社会资本、风投资本参与，扩充人才专项基金的来源。构建政府、用人单位、个人和社会多元化的人才发展投入机制。用人单位作为人才引进的主体、受益方和直接责任方，在其引进的高层次产业人才享受各种人才待遇的同时，也应通过捐赠、缴纳、人才项目投资等多种方式为基金运营提供资金；鼓励人才市场服务供给主体、个人通过各种形式投资基金；鼓励和发动社会力量对人才专项基金进行捐赠。

二是加强基金市场化手段运营。聘请行业内具有多年人才基金管理经验的机构和高管对基金进行管理。采取 “政府引导、市场运作” 的引才专项基金运作模式，在运营架构、管理模式、激励机制等方面进行大胆实践；支持和引导人才专项基金重点支持盈利性人才服务项目，例如各种针对高层次产业人才的培训、资格认证、对外交流、人才项目孵化对接、科研成果转化、猎头服务等，提升人才基金运行的科学性和效益性。

七、强化企业人才主体责任意识，提高企业人才管理水平

（一）强化企业高层次 HR 培训，增强企业人才规划意识和能力

建立佛山市人力资源管理（HR）人才储备库，实施动态管理、跟踪培养。加大企业 HR 的培训力度，建立创新型 HR 培训基地，定期选派重点产业领域的企业 HR 到国（境）外学习交流。实行 HR 培养导师制度，选择全球知名 HR 担任导师，对佛山本地企业的 HR 提供指导、咨询和建议。建立佛山市常态化的企业 HR 参与各类人才战略决策对话咨询制度。通过上述对外交流活动，扩充企业 HR 视野，使之更充分地把握人才市场竞争态势，增强人才规划意识和能力。

（二）培养企业制度设计能力，完善人才制度体系建设

定期组织市内企业 HR 开展优秀企业人事制度参观学习活动，学习一些企业在招聘、培训、考核、薪酬等一些重要人力资源管理领域的制度设计和管理经验。积极开展一些企业人力资源制度设计研讨活动，邀请知名企业 HR、高校 HR 学科领域的专家教授、政府人事组织部门人员等开展广泛研讨，交流意见，从而帮助佛山 HR 培养制度设计和人才管理能力。同时，为有效激励企业提升内部人力资源管理水平，佛山可设立优秀企业 HR 人才奖，优秀企业人力资源管理实践奖，每年定期评选一些优秀 HR 和优秀企业。对他们的一些成功做法加以总结和宣传，使之能够为其他企业提供一些借鉴和参考。此外，在企业人才制度建设上，要积极推动和帮助企业 HR 树立系统化思维，从整体角度来设计企业的各项人事制度。

（三）鼓励企业重视文化建设，营造良好的人才成长氛围

政府部门要明确自身在推动企业文化建设方面的角色和作用，应将自身定位为企业文化建设的服务者，扮演好其引导、指导和服务的角色。优秀的企业文化是一只无形的手，他将企业的发展目标融入员工事业心

与成就欲的实现中，可以减轻企业硬性制度的约束，缓解员工的自治心理与被治现实之间的矛盾，使员工与企业之间、各级员工之间形成一种相互尊重、彼此理解信任的氛围，形成强大的向心力与凝聚力。此外，政府应该通过广泛地宣传和教育，使企业认识到企业文化建设的重要意义，引导企业做好企业文化建设。在引导的同时，政府也要充分利用自己的行政资源，做好企业文化建设的指导和服务，比如联系企业和行业协会进行培训、演练等活动。

（四）指导企业做好配套制度建设，有效对接政府人才政策

要建立政府或人才服务中心与企业 HR 的沟通渠道，在宣传人才政策的同时，帮助企业树立人才主动服务意识，明确自身在政府人才政策当中所处的位置以及相关工作任务。指导和帮助企业建立与现有人才政策相配套的人才服务措施，为企业高层次人才申请各种优惠政策提供帮助。不仅如此，政府还应帮助企业充分认识到企业在人才市场当中的主体作用，在政府制订各项专项人才政策的同时，制订符合企业自身实际的其他有利于本企业的人才制度，形成政府的人才政策和企业人力资源制度互补。

第十章　佛山市人才高质量发展的保障措施

一、组织保障

人才的高质量发展是一项系统性的长期工程，涉及各项发展规划、组织资源调配、制度建设、各部门协调等诸多方面。只有建立健全党委统筹的领导保障机制，加强党对人才工作的全面领导，充分发挥党在组织和思想政治、密切联系群众等方面的优势，创新人才工作的方式方法，才能为人才的高质量发展提供坚强的政治和组织保证。2012 年 9 月，中共中央办公厅印发的《关于进一步加强党管人才工作的意见》明确指出，保证人才工作的方向，促进人才强国更好实施和顺利实现，必须坚持和落实好党管人才原则。党的十九大报告中进一步明确指出，要坚持党管人才原则，聚天下英才而用之，明确党委在人才发展当中的统筹领导地位。

打破各区间人才无序竞争，避免相互"挖墙脚""哄抬人才引进待遇"，建立全市统一的人才市场，全面提升政府对人才的全面服务能力，协调处理人才遇到的各种问题，这些都需要依靠建立健全党对人才工作的集中统一领导来实现。要将对人才工作的统一规划与在人才工作实际中落实"党管人才"结合起来，做到将全市人才工作置于党委政府的统一领导之下，通过专门人才管理部门负责全市人才工作的综合协调、政策研究与执行落实，以进一步加强和改善党和政府对人才工作的领导；形成党委统一领导，组织、人事部门牵头，各职能部门各司其职、密切协调，以市场配置人才资源为基础的人才工作体系。

具体而言，统筹党对人才工作的集中统一领导，至少要做好以下几个方面的工作：

一是加强党对人才工作的思想理论引领，强化并落实人才高质量发展理念。市区镇（街道）村各级党委要结合党的思想和理论学习，进一步强化人才高质量发展意识，按照党管人才的基本原则，将“创新”“协调”“绿色”“开放”和“共享”的人才高质量发展理念渗透到各项人才工作当中。创新理念上，要依托党的组织人事部门，推进包括人才政策在内的各种人才工作体制机制改革创新，激发人才各项工作活力。在协同理念方面，扩大和巩固党对人才工作的统一战线，强化各类型、各层次、各行业、各部门人才队伍建设的协调。建立市、区、镇、村等各级人才的统筹协同，推动人才协同引进、协同培养、协同使用、服务协同，建立健全跨区域人才评价互动互认机制等。依托行业协会、商协会的党组织，加强对相关企业人才工作的领导，指导和帮助企业改善内部人才环境，提高人才使用效益。在绿色理念方面，强化人才培养和引导人才创新创业。要结合各级各部门、各企事业组织中党的后备干部队伍建设，强化和突出人才培养工作，尤其是后备人才的培养和开发。发挥党的宣传优势，将绿色、健康、生态等理念植入人才价值体系，引导其创新创业。在开放理念方面，促进人才合理有序流动。要树立更加开放的人才观，抢抓粤港澳大湾区、一带一路、广佛同城等发展机遇，积极拓宽人才发展思路，吸引和集聚境内外、国内外人才，推动本地人才跨地区交流发展。在共享理念方面，以党组织为纽带，推动人才资源和人才服务共享。紧抓党建工作发展契机，以人才高质量发展为目标，联合各区、各镇街、各村党组织，盘活现有人才资源，促成各地区各部门在人才资源方面的合作共享，充分挖掘和利用人才潜力，使社会共享人才成果。

二是依靠党的强大领导力，加强顶层设计，制定并落实好人才高质量发展战略。从市级层面要进一步明确人才工作方向和任务，坚持人才发展与佛山经济社会发展相结合，将佛山在粤港澳大湾区建设的定位、佛山产业特点以及转型升级的实际需求等方面结合起来，探索具有佛山特色的人才发展模式，构建符合佛山未来产业发展规划和城市定位的“十四五”人才发展规划，为人才创新创业发展搭建各种平台、创造各种有利环境，充分挖掘粤港澳大湾区内的各种人才资源。同时，从区级层面而言，各区也要在市级人才工作小组的统一领导下，结合各区实际情况，凝练自身的人才发展特色，建立健全各区人才高质量发展战略。

三是依靠党的组织力量，加强各级、各部门党委对人才工作的监管督导和考核。要依靠党的组织力量，将各项人才工作纳入党组织建设考核当中，建立健全相关考核指标体系，完善考核办法，优化考核流程。

四是发挥党的宣传工作优势，增强人才的归属感和认同感。要充分发挥党的政治引领，增强人才的思想认同和情感认同，吸引和留住人才。例如，可以依托各种“红色教育”、事情、区情教育，增加人才对党组织以及地区经济发展、文化理念等认同，让人才获得归属感，愿意来佛山就业和定居。

二、产业和企业发展保障

人才高质量发展中，产业和企业发展保障是基础。产业和企业的发展集聚，不仅能为人才带来就业机会，也是人才开展创新创业的重要条件。北京中关村、美国的硅谷等之所以能成为人才集聚地，一个重要的条件就是高新技术产业发展集聚。因此，佛山要实现人才高质量发展，集聚更多、更高质量的人才，必须进一步巩固产业发展基础，依靠科技力量推动产业转型升级。具体而言，要做好以下几个方面的保障工作：

1. 完善科技创新生态体系，谋划建设科技创新集聚区

具体而言：一是要科学布局“科技创新 +”体系。要开展深调研，有效整合企业、研发机构、创新创业中心、孵化平台、高校、人才等科技创新要素，精准制定“网络 +”“智慧 +”“数字 +”等战略；要集中有限资源重点培育一批创新型龙头企业、高新技术龙头企业、规模以上优质龙头企业，充分发挥龙头企业对产业集群的带动作用。二是要强化企业在科技创新生态体系中的主体地位。要以佛山传统优势产业和一些新兴产业为基础，围绕“强链、补链”目标，通过奖补政策扶持，吸引相关优质科技创新企业投资佛山，以做大做强产业基础；引导佛山有研发优势和行业地位的国企进行战略性关键技术的攻关和产品研发，提高自

主创新研发水平；支持和鼓励佛山有实力的民营企业参与国家重大基础设施项目技术研发；培育发展创新型企业，支持高水平研发机构与企业联合创新，通过人才链、技术链、产业链、价值链、创新链带动企业发展。三是全面提升各类创新平台载体质量。整合佛山电商平台、直播平台、移动支付、快递物流、智慧城市、众创空间等平台设施资源，推动新经济和传统产业发展；培育专业性科技创新孵化器，在团队建设、资金支持、对接资源等各个方面，为创新主体提供服务，帮助创新主体解决实际问题；搭建科技资源开放共享平台、技术转移服务平台等重要企业推介载体，为创新主体提供从交流合作、研发设计，到成果市场转化的全链条服务。通过市场化运营模式，将科技创新、人才培养、管理服务和创业投资等功能融为一体，成为发展创新型经济和新兴产业的重要载体。

2. 主动融入大湾区创新网络

一是要树立和强化积极主动融入大湾区创新网络的思想意识。要以习近平新时代中国特色社会主义思想和习近平在深圳经济特区建立 40 周年庆祝大会上的讲话为指导，以全球视野推动科技创新革新，借助大湾区力量，取长补短，嵌入大湾区创新链条。二是构建和完善融入大湾区的信息平台。要高度重视创新系统的开放性，打通信息壁垒，加强与周边地区合作，建立科技创新信息共享平台。为创新主体协同创新提供合作平台，实现资源的共享、积聚，重新整合、优化整体配置，促进科技创新的规模化综合化发展。三是积极探索融入大湾区协同发展机制。要加强组织领导和统筹协调，在政策、规划、机制、措施等方面开展前瞻性战略研究，消除相关体制机制障碍，形成重点以企业为主体，高校、各类研发机构所为依托，市场导向、政府推动、社会参与的大湾区创新合作机制。四是充分发挥自身优势加强与周边地区全面合作。借助区位优势充分利用广州、深圳等临近城市的科技创新能力、成果辐射，加强在经贸、金融、科技、教育、文化等多领域与周边地区的合作。五是鼓励佛山企业与大湾区企业联合攻关。鼓励支持佛山企业、高校和各类研究机构积极融入粤港澳大湾区创新网络，参与联合科研项目申报、联合研发、联合组建科研团队等，提高研发水平。

3. 加强核心技术攻关，增强企业竞争和发展能力

一是强化企业加强核心技术攻关的意愿。通过税收减免或抵免方式，鼓励企业和社会资金资助基础研究，多途径加大基础研究投入；加强标杆企业发展模式和有益经验的总结推广，引导更多企业学习工匠精神和持续创新理念，推动更多企业加强核心技术攻关。二是鼓励和支持重点企业加强核心技术攻关。加强对佛山单项冠军企业核心技术攻关的指导服务。落实促进制造业单项冠军发展的政策措施，鼓励企业聚焦关键核心技术，加大创新投入；加快培育一批竞争力强的主导企业和“专精特新尖”的中小企业，发挥其在细分领域的核心技术攻关作用。三是发挥龙头企业对相关企业核心技术攻关的带动作用。依托相关龙头产业和龙头企业的比较优势，促进龙头企业与相关配套企业开展协同创新、协同制造，提升配套应用能力。四是充分发挥各类科研机构的作用。推动建设一批国家级、省级企业工程（技术）中心、研究院、重点实验室等，提升企业技术创新能力。五是继续用好相关扶持政策。进一步实施好“六稳”政策，帮助企业解决短期困难；继续深化“放管服”改革，着力优化营商环境；用好国家、省、市、区各级科技发展政策，降低企业创新成本。

三、资金扶持保障

资金保证是人才高质量发展的重要保障条件之一，无论是人才的引进、培养、激励、使用和保留，还是各种人才环境的建设，都离不开大量的资金投入。具体而言，要做好以下几个方面的保障工作：

一是加强人才高质量发展资金需求分析研判，提高各项人才投入预算的精准性和合理化。要结合“十四五”地区经济发展和人才发展规划内容，对人才发展所需要的各项资金做好前期调研和专家论证工作，依靠大数据和现代信息技术，做好资金需求预测分析，统筹安排好各项开支，平衡各类型、各层次人才及人才项目的资助力度。按照人才资金投入方向，

做好专项细分，统筹运用好本区域（本市或本区）各部门各项人才投入经费，可以考虑将各种分散人才或人才项目资助资金集中整合到人才高质量发展专项资金，提高人才资金整合使用效率。

二是建立人才高质量发展的资金投入体系，健全多元投入机制。近年来，尽管佛山市、区两级政府越来越重视人才发展，财政资金投入也在不断加大。然而，从投入与需求对比来看，资金需求还存在较大缺口。从市一级财政而言，财力相比广州、深圳等地还存在一定差距。而从区一级来看，南海和顺德的财政收入比高明和三水明显要高，对人才投入要大，造成投入不均，人才集聚容易形成“马太效应”。因此，市、区两级政府，均应进一步加大财政资金投入力度。尤其是人才吸引力不足的地区，更应该加大力度。除加大财政资金投入来源以外，还应发挥用人单位主体作用，通过各种优惠政策、资质认定、荣誉激励等方式，鼓励和引导企业加强各种人才投资，包括增加员工培训费用、加大研发投入、增加用于员工福利和改善工作环境等方面的支出。此外，还要积极鼓励社会和民间资本对人才发展的投入，建设人才服务机构，通过市场化方式，促成社会机构和企业在人才引进、人才交流、人才培训、人才租赁、人才服务等方面的合作。鼓励和支持各类资本在各区建设中、高等职业技术学校，探索并建立“政府主导、行业指导、社会和企业参与”的办学机制，为人才培养注入社会人力资本投资力量。

三是建立健全人才资金投入的激励约束机制，提高资金使用效益。对于财政投入资金，明确人才与所在单位的职能、责任、权利、义务，根据资金投入量、性质、使用对象，做好分类监管，加强审计。对人才资金投入的效益做好跟踪调查，明确绩效考核指标，完善考评方法和手段，逐步探索建立短期或长期绩效评价机制。在资金的投入方式上，可以参考国内其他一些地区的做法，采取人才+科研、团队扶持、项目资助、补助+奖励等多种方式。另外，在资金投入内容上，要形成以人才引进和人才培养资金为主、科技和产业资金相协同、租房和生活服务等补贴相配套、卫生医疗保障资金为补充的人才投入体系。

四、其他基础环境保障

一是进一步改善公共交通环境。加快五区内部以及区与区之间的道路、公交等交通基础设施建设。进一步加强城市公交线路优化，增加公共交通车辆投入，增设和优化公交站点，提升公共交通密度。加快地铁、城市轨道建设，推进公交智能化建设，为人才出行提供便利，节约时间等各种成本。拓宽城市道路，规范交通秩序，缓解城市交通拥堵。加强停车库和停车位规划，优化空间布局，增设车位，解决停车难问题。

二是积极推进教育和卫生医疗事业发展。教育方面，要从长远的战略高度充分认识教育在提升人才资本存量中的作用，努力打造教育强市、强区。大力提升职业技能教育、高等教育，积极引进相关院校落户佛山各区。创新育才模式，拓宽育才途径，以用人单位为主导，发挥社会资源的协同作用，加强与海内外知名高校、科研院所合作，开展急需紧缺人才培训，提升教育质量水平。医疗卫生方面，进一步加大医疗卫生的财政投入，通过共建、联建、单建等多种方式推进大型综合医院、品牌医院建设，加大对医疗类学术带头人、专业骨干力量的引进力度，大力提升医疗服务水平。大力发展特色医疗、高端医疗、健康医疗产业，以满足区域内民众对于医疗卫生服务多层次、多样化的要求。切实解决“看病难、看病贵”的问题，使居民健康水平与卫生服务指标达到省内先进水平、走在国内前列。以建设“粤港澳大湾区”“一带一路”和“广佛同城”为契机，进一步加强与广州、深圳、香港以及国内外其他地区在医疗、保健服务领域的深化合作，大力引进国际一流医疗资源，加大医疗领域的科技创新，不断提升医疗水平，全面提高医疗服务的水平和质量，对接国际及粤港澳医疗服务标准，建立医疗服务标准化体系。

三是加强生态环境和公共休闲环境建设。受早期制造业粗放式发展模式的影响，佛山的自然环境和城市公共休闲环境受到一定影响。虽然近几年佛山加强了自然环境的治理和修复，在公园、绿道、河流整治等方面成效显著，但与苏州、杭州等地相比，仍然还有进一步提升的空间。

老城区的旧城改造、道路扩宽、绿化等方面还需要加大更新力度。

四是进一步优化科技创新环境。引进和建立股权投资机构、小额贷款公司、融资性担保公司和其他科技金融专营机构；积极探索服务中小微企业担保融资、信用贷款、信用保险和贸易融资、集合债和集合信托等一系列信贷创新试点；通过政策、土地、税收优惠、融资、财政补贴等方式，鼓励引导实力较强的民营企业加大研发投入；健全财政、审计、纪检等部门联动机制，建立宽松、开放、包容的创新文化和社会环境；优化创业创新环境，通过降低创业门槛、分担创业风险、完善中小微企业金融服务等举措，进一步激发科技创业活力。

五是营造良好的文化环境。高度重视人才发展与文化环境的关系，积极推进佛山文化建设，培育适宜创新创业的人文环境，把佛山打造成创新创业文化汇聚区、弘扬先进文化的前沿阵地，展示佛山独特的岭南文化形式与内涵，实现佛山文化和品牌在全国的地位与佛山在全国的经济地位相匹配。通过举办各类学术交流会、学术研讨会、人才联谊会、人才项目对接会、高技术交流会、留学人员交流会、专家联谊会等多种形式营造学术文化氛围，通过举办高水平、高质量、国际化的音乐会、书画展、舞台剧等多种形式营造积极向上、开拓进取的文化氛围。充分发挥文化对人引导力，在全社会形成崇尚科学、崇尚创新、团结务实、关爱协助互助的良好氛围。

参考文献

[1] 钞小静，经济增长质量：一种理论解释及中国的实证分析 [D]. 西北大学博士学位论文，2009.

[2] 陈海梁 . 论经济增长质量的内涵 [J]. 中国统计，2006(8): 56—57.

[3] 陈杰，叶小刚，练星硕，刘佐菁 . 广东省高层次人才政策历史回顾与展望—基于 1978—2018 年的政策文本分析 [J]. 中国人力资源开发，2019(21): 33—39.

[4] 陈珉 . 温州人才发展环境的比较分析与对策研究 [J]. 中国人力资源开发，2014(7): 87—91.

[5] 陈盛荣 . 创新人才学概论 [M]. 广州：中山大学出版社，2015.

[6] 陈套，尤超良 . 我国科技创新系统的治理与创新治理体系建设 [J]. 科学管理研究，2015(4):10—13，25.

[7] 陈雄辉，萧艳敏，崔慧洁，邵辉栋，呙林义，朱永海 . 我国实施创新驱动和人才强国“双战略”的历史演变 [J]. 科技创新发展战略研究，2020，4(04)，46—52.

[8] 程有为著 . 问学集上——中国古代人才思想史 [M]. 兰州：甘肃人民出版社，1986 年 .

[9] 程有为，南北朝人才思想略谈，《中国魏晋南北朝史学会第三届学术讨论会论文集》，1992.

[10] 辞海 [M]. 上海：上海辞书出版社，1980:302.

[11] 崔宏轶，潘梦启，张超 . 基于主成分分析法的深圳科技创新人才发展环境评析 [J]. 科技进步与对策，2020(7)，35—42.

[12] 寸守栋，姚凯 . 基于人力资本价值链理论的中国城市国际人才集聚研究 [J]. 科技进步与对策，2020(6)，2—10.

[13] 邓纯东 . 我国发展不平衡不充分体现在哪些方面 [J]. 人民论坛，2019(20)，58—61.

[14] 董博，中国人才发展治理及其体系构建研究 [D]. 吉林大学博士学位论文，2019.

[15] 冯沙沙 . 云南省人才发展分析与预测 [D]. 云南财经大学硕士学位论文，2017.

[16] 谷人旭，许波 . 区域人才资源开发及其优化管理问题探讨——以上海市为例 [J]. 经济地理，2001(2)，150—154.

[17] 郭评生 . 江西经济发展中的人才优先发展战略研究 [D]. 江西财经大学博士学位论文，2009.

[18] 何伟 . 中国区域经济发展质量综合评价 [J]. 中南财经政法大学学报，2013(4): 49—56.

[19] 黄津孚 . 人才是高素质的人—关于人才的概念 [J]. 中国人才，2001(11): 31.

[20] 霍丽霞，王阳，魏巍 . 中国科技人才集聚研究 [J]. 首都经济贸易大学学报，2019(5): 13—21.
[21] 蒋阳生 . 什么是人才？——人才概念新探 [J]. 干部人事月刊，1996(2): 28—29.
[22] 江游，张新岭，焦永纪 . 现代人才发展治理体系的内涵、框架及构建策略研究 [J]. 中国集体经济，2018(29): 25—26.
[23] 荆雷 . 我国东部地区人才环境优化研究 [D]. 西安科技大学硕士学位论文，2013.
[24] 冷崇总 . 关于构建经济发展质量评价指标体系的思考 [J]. 陕西发展与改革，2008(4): 21—26.
[25] 李帮彬，方阳春 . 杭州市创新人才发展政策分析 [J]. 科研管理，2017(38)，159—163.
[26] 李变花 . 中国经济增长质量研究 [D]. 吉林大学博士学位论文，2005.
[27] 李蕾 . 城市人才引进政策的潜在风险与优化策略 [J]. 中国行政管理，2018(9)，154—155.
[28] 李梅香 . 地区人才环境构成要素与评价指标体系探讨 [J]. 人事天地，2013(5): 25—26.
[29] 李平，刘利利 . 政府研发资助、企业研发投入与中国创新效率 [J]. 科研管理，2017(1):21—29.
[30] 李宜馨 . 新时代人才分类与人才发展领导力方略探要 [J]. 领导科学，2020(1):5—14.
[31] 李欣，范明姐，杨早立，郭丽峰 . 基于结构方程模型的科技人才发展环境影响因素 [J]. 中国科技论坛，2018(8):147—154.
[32] 李政，胡中锋 . 大学生人力资源质量体系的构建——基于 WICS 领导力模型的实证研究 [J]. 高教探索，2017(9):29—35.
[33] 李周为，钟文余 . 经济增长方式与增长质量测度评价指标体系研究 [J]. 中国软科学，1999(6):37—42.
[34] 连翠美 . 福州市人才环境建设研究 [D]. 福建农林大学硕士研究生论文，2012.
[35] 廖筠，赵真真 . 中国经济增长质量的区域比较研究 [J]. 北京工商大学学报（社会科学版），2015(4):118—126.
[36] 梁文群，郝时尧，牛冲槐 . 我国区域高层次科技人才发展环境评价与比较 [J]. 科技进步与对策，2014(9):147—151.
[37] 林道谧，路江涌 . 建设促进移动互联网产业海归人才发展创新创业环境研究 [J]. 管理现代化，2015(5):60—62.
[38] 刘贵芹，石国亮 . 人才强国战略的提出及其重大意义 [J]. 思想理论教育导刊，2004(5):32—36.
[39] 刘树成 . 论又好又快发展 [J]. 经济研究，2007(6):4—13.
[40] 刘亚建 . 我国经济增长效率分析 [J]. 思想战线，2002(4):30—33.
[41] 刘阳 . 科学发展观引领下的区域经济发展质量指标体系构建与评价 [J]. 哈尔滨商业大学学报（社会科学版），2009(1):94—96.
[42] 刘亦晴，于晶，许春冬 . 中西部地区人才环境评价研究 [J]. 江西理工大学学报，2010(6):18—22.

[43] 刘玉雅，李红艳．京沪粤苏浙地区人才政策比较 [J]. 中国管理科学，2016(24): 733—739.

[44] 刘玉鑫，王巨兵．加强人才分类管理的思考 [J]. 组织人事学研究，2004(10):16—18.

[45] 刘忠艳．创新驱动发展背景下的政府人才治理：内涵、发展困境及应对策略 [J]. 中国人力资源开发，2016(17): 78—82.

[46] 罗发友，王建成．农业经济增长及其影响因素的典型相关分析 [J]. 系统工程，2001(6): 34—38.

[47] 罗洪铁．“人才”含义之商榷 [J]. 人才开发，2000(7): 24—25.

[48] 罗洪铁．再论人才定义的实质问题 [J]. 中国人才，2002(03):23—24.

[49] 罗洪铁．人才学原理 [M]. 北京：人民出版社，2007:15.

[50] 罗静．战略性新兴产业对经济高质量发展影响的实证研究——基于资源配置视角 [D]. 广东外语外贸大学硕士研究生论文，2019.

[51] 吕鹏．中国经济高质量发展测度评价研究 [D]. 云南大学硕士研究生论文，2019.

[52] 马抗美．“人才争夺战”的理性思考 [J]. 中国党政干部论坛，2018(6):17—21.

[53] 马克思恩格斯选集第 1 卷 [M]. 北京：人民出版社，2012.

[54] 彭德芬．经济增长质量研究 [M]. 武汉：华中师范大学出版社，2002.

[55] 钱纳里，塞尔昆，李小青．发展的格局 :1950—1970[M]. 北京：中国财政经济出版社，1989.

[56] 任保平．新时代中国经济高质量发展的判断标准、决定因素与实现途径 [J]. 中国邮政，2018(10):8—11.

[57] 任嵘嵘，杨帮兴，郑念，王博．中国科普人才政策25年以来的演变、趋势与展望[J]. 中国科技论坛，2020(4):139—150.

[58] 沈邦仪．人才生态论 [M]. 蓝天出版社，2005.

[59] 沈荣华．解读《人才工作决定》的 43 个新亮点 [J]. 石油教育，2004(03):11—13.

[60] 沈肇章，陈酉晨．财政科技投入、全要素生产率与经济发展不平衡——基于广东省 21 个地级市面板数据分析 [J]. 科技管理研究，2020(6):100—106.

[61] 史丹，李鹏．中国工业 70 年发展质量演进及其现状评价 [J]. 中国工业经济，2019(9):5—23.

[62] 师博，张冰瑶．新时代、新动能、新经济——当前中国经济高质量发展解析 [J]. 上海经济研究，2018(05):25—33.

[63] 石玉莉浅析如何优化人力资源质量控制 [J]. 知识经济，2012(1):8.

[64] 宋斌．中国经济增长质量的测度与区域比较研究—基于包容性增长视角的分析 [J]. 宏观质量研究，2013(12):63—71.

[65] 宋明顺，张霞，易荣华，朱婷婷．经济发展质量评价体系研究及应用 [J]. 经济学家，2015(2):35—43.

[66] 孙健，王保玲．北京高端金融人才发展环境满意度及其影响因素分析—基于北京市 490 位高端金融人才的调查数据 [J]. 北京社会科学，2019(7):27—37.

[67] 孙瑕，白明东．领导科学词典 [M] 长春：东北师范大学出版社，1988.

[68] 陶静，胡雪萍．环境规制对中国经济增长质量的影响研究 [J]. 中国人口 · 资源与环境， 2019(6):85—96.
[69] 田兴国，吕建秋，黄俊彦，程雄，叶李，蒋艳萍，孙雄松．高校教师对创新型科技人才发展环境认知及改革意愿研究 [J]. 科技管理研究，2017（6）：106—111.
[70] 田银华，贺胜兵，胡石其．环境约束下地区全要素生产率增长的再估算 :1998—2008[J]. 中国工业经济，2011（1）：47—57.
[71] 王彩霞．新时代高质量发展的理论要义与实践路径 [J]. 生产力研究，2018（10）: 20.
[72] 王成新，孙冰，刘照胜，韩德志，刘照全．我国经济社会发展不平衡性的结构化分析 :1978—2016[J]. 干旱区资源与环境，2019（12）：16—21.
[73] 王晖．创新人才的分类管理 [J]. 创新科技，2003（12）：20
[74] 王见敏，康峻珲，王杰．基于 AHP 模型的人才发展环境评价分析—以贵州省为例 [J]. 贵州财经大学学报， 2019(1):31.
[75] 王康，王通讯．人才学基础 [M]. 哈尔滨：哈尔滨工业大学出版社，1987.
[76] 王思琛．新时代背景下我国高质量发展中的高质量需求研究 [D]. 西北工业大学硕士学位论文，2019.
[77] 王通讯．人才学基本名词注释 [J]. 人才研究， 1988(06): 40—43.
[78] 王通讯，叶忠海，于文远．人才学基本名词注释 (第二部分)[J]. 中国人才， 1990(7): 36—38.
[79] 王通讯．人才学通论 [M]. 北京：中国社会科学出版社，2001:2.
[80] 王通讯．人才学新论 [M]. 北京：蓝天出版社 .2005.
[81] 王晓慧．中国经济高质量发展研究 [D]. 吉林大学博士学位论文，2019.
[82] 王雅林，何明升．论现代化的发展质量 [J]. 社会学研究，1997(03):38.
[83] 王一鸣．推动高质量发展取得新进展 [J]. 现代企业，2018(4):4—5.
[84] 汪玉莲．贵州省科技人才效能提升研究 [D]. 贵州财经大学硕士学位论文，2019.
[85] 王震．人才队伍分类研究——创新人才队伍分类方式在国有企业人才分类中的应用 [D]. 中央民族大学硕士学位论文，2012.
[86] 温志兴．浅析如何建确的人才标准 [J]. 沿海企业与科技，2005（11）:187—188.
[87] 魏婕，任保平．中国各地区经济增长质量指数的测度及其排序 [J]. 经济学动态，2012(4):27—33.
[88] 吴志明．江西人才环境评价研究 [D]. 华东交通大学硕士学位论文，2009.
[89] 习近平：《习近平在同外国专家座谈时强调中国要永远做一个学习大国》，《人民日报》2014 年 5 月 24 日。
[90] 习近平：《在上海考察时的讲话》，《人民日报》2014 年 5 月 25 日。
[91] 习近平：《习近平在同外国专家座谈时强调中国要永远做一个学习大国》，《人民日报》2014 年 5 月 24 日。
[92] 现代汉语词典（修订本）[M]. 北京：商务印书馆，1996:1061.
[93] 徐光耀，杨超．我国人才产出能力综合评价指标体系及国际比较研究——兼论就业困境 [J]. 科技管理研究， 2014 (13):145—149.

[94] 徐坚成．优化创业型创新人才发展环境的对策研究 [J]. 科技管理研究， 2012 (3): 119 —122.
[95] 徐庆东．新形势下的人才分类 [J]. 前沿，2005(11):210—211.
[96] 徐维．我国人才概念的现代演变 [J]. 中国人事科学，2017(12)： 60—64.
[97] 闫治国．高校高层次人才发展体制机制改革研究 [J]. 中州学刊，2017(10)： 74—79.
[98] 杨志晨．试析人才资本投资在经济发展中的增生催化作用 [J]. 商业研究，2004(17)： 72—73.
[99] 叶忠海．人才学概论 [M]. 长沙： 湖南人民出版社，1983.
[100] 严利，叶鹏飞．长三角城市群发展过程中创新创业人才发展 [J]. 哈尔滨工业大学学报 (社会科学版)，2017(3)： 75—80.
[101] 叶忠海．新编人才学通论 [M]. 北京： 党建读物出版社，2013.
[102] 印建兵．基于协调度模型的江苏创新型人才投入与产出评价 [J]. 商业时代，2014(23):139—140.
[103] 于海波，张璐，李旭琬，侯悦．中国省级战略人才发展的比较研究 [J]. 中国人力资源开发，2014(19):90—95.
[104] 喻修远，王凯伟．城市人才争夺 : 问题生成、利弊博弈与化解策略 [J]. 中国行政管理，2019(3):88—92.
[105] 袁岩．浅议人才资本投入产出统计指标体系的设计 [J]. 价值工程，2007(6)，129—132.
[106] 曾红颖．雄安新区人才发展战略思考 [J]. 前线，2018(5)，79—81.
[107] 张博雅．长江经济带高质量发展评价指标体系研究 [D]. 安徽大学硕士学位论文，2019.
[108] 张大力，葛玉辉．基于质性研究的河南省科技人才政策焦点分析 [J]. 科技管理研究，2020(9): 93—97.
[109] 张家建．人才定义理论的历史发展与现代思考 [J]. 人才开发，2008(2):7—9.
[110] 张丽伟，田应奎．经济高质量发展的多维评价指标体系构建 [J]. 中国统计，2019(6):7—9.
[111] 张晓慧，胡青善．制造业城市的企业人才发展现状、问题及对策——以东莞为例 [J]. 中国人力资源开发，2016(1):86—89，104.
[112] 赵英才，张纯洪，刘海英．转轨以来中国经济增长质量的综合评价研究 [J]. 吉林大学社会科学学报，2006(5): 27—35.
[113] 赵芸叶．家政服务企业人力资源供给质量评价及对策研究 [D]. 河北科技大学硕士学位论文，2019.
[114] 中央人才工作协调小组办公室、中共中央组织部人才工作局．《国家中长期人才发展规划纲要（2010—2020 年）》学习辅导百问 [M]. 北京： 党建读物出版社，2010.8:11—16.
[115] 周海林．经济增长理论与自然资源的可持续利用 [J]. 经济评论，2001(2):35—

38.

[116] 朱雪兰，张霞 . 人才资本投入产出指标体系构建 [J]. 浙江统计，2002(2): 22—24.

[117] 朱燕青 . 江西省经济高质量发展评价指标体系构建及实证分析 [D]. 江西财经大学硕士学位论文，2020.

[118] 邹颖 . 重庆市高质量发展指标体系构建及应用研究 [D]. 重庆工商大学硕士学位论文，2020.